## "小学语文十大青年名师"丛书编委会

顾　　问　杨再隋　周一贯
总 主 编　杨永建
主　　编　杨　伟
编　　委　杨永建　杨　伟　郭艳红　郝　波
　　　　　宋园弟　郝　帅　杨壮琴　田　晟
　　　　　刘　妍

小学语文十大青年名师

总主编 杨永建

主编 杨伟

# 基于建构主义学习理论的单元整体教学

徐颖 著

山东城市出版传媒集团·济南出版社

**图书在版编目(CIP)数据**

基于建构主义学习理论的单元整体教学/徐颖著.
—济南:济南出版社,2022.9
　　ISBN 978-7-5488-5213-1

　　Ⅰ.①基… Ⅱ.①徐… Ⅲ.①小学语文课—教学研究
Ⅳ.①G623.202

中国版本图书馆 CIP 数据核字(2022)第 168675 号


**基于建构主义学习理论的单元整体教学**
　　徐　颖　著

|  |  |
|---|---|
| 出 版 人 | 田俊林 |
| 责任编辑 | 张慧泉　梁广堂 |
| 封面设计 | 李　一 |
| 出版发行 | 济南出版社 |
| 地　　址 | 济南市二环南路 1 号 |
| 印　　刷 | 济南龙玺印刷有限公司 |
| 版　　次 | 2022 年 9 月第 1 版 |
| 印　　次 | 2022 年 9 月第 1 次印刷 |
| 开　　本 | 170mm×240mm　16 开 |
| 印　　张 | 18.75 |
| 字　　数 | 270 千字 |
| 定　　价 | 58.00 元 |

济南版图书,如有印装质量问题,请与出版社出版部联系调换。
电话:0531-86131736

# 序·"语文"代有才人出

周一贯

我自15虚岁以绍兴越光中学初一学生的身份参军入伍,就与语文教学结缘:在部队当文化教员,为干部战士扫除文盲,深感贫苦农民子弟对识字学文的强烈心愿。我才明白原来学语习文对生命成长是如此重要,也因此种下了我对语文教学深情厚爱的种子,乃至在转业地方时,我只要求当一名农村小学语文教师。由此一直干到八十七岁,从事语文教学事业整整七十二年。

在我从事语文教育的生涯里,一直有着名师的榜样引领和精神鼓舞,才令我得以将语文教育奉为终生的事业而乐此不疲。

绍兴是"名士之乡",自然也是"名师之乡",因为名士的背后少不了名师的引领。记得我上小学三年级时,我的二姐和三哥都已上初中。假期归来,他们张口闭口说的都是《爱的教育》,出于好奇,我也开始读他们带回来的《爱的教育》,才知道翻译这本书的还是我们绍兴的一位语文老师夏丏尊。于是,又进一步知道他是哥哥姐姐们当时常念叨的上虞春晖中学的老师。他应当是令我心动的第一位名师。

在转业地方后,我也当上了语文教师,最感兴趣的是春晖中学语文名师团队。除夏丏尊之外,朱自清、范寿康、蔡冠洛……都令我十分关注,由衷钦佩。

改革开放以后,百业俱兴,教育事业也乘风破浪,一日千里。我不仅与我特别关注并深受感召的名师王有声、霍懋征、斯霞、袁瑢、丁有宽等见过面,还有过深深的交谈,他们自然对我感召有加,成为我心中的楷模。

在面向新世纪的那些岁月里,我与诸多语文名师,如靳家彦、于永正、贾志敏、支玉恒、徐鹄、孙双金、窦桂梅、王崧舟等自然有了更为深入的交往,他们的专业成就也同时内化为我的生命力量。

我国小语界名师队伍的俊彦迭起，名流荟萃，令我方落数笔，已觉烟霞满目，神驰意飞……

名师队伍得以不断发展壮大，最关键的在于有强健的内在"机制"。"机制"是什么？第一，其本义应当指机器的构造和动作原理（《辞海》），但现在已有了十分广泛的引申，可以泛指所有内在的工作方式和相互关系。"名师培育"这一事关提升教育质量、事关立德树人关键举措的伟业，其内在机制，首要的当然是教育行政部门的引领和扶掖。第二，当是研修平台的搭建和展示，诸如课堂教学评优、教育论著评选、专业能力评审等，都是名师进阶不可或缺的平台。第三，它更要教育传媒的提携和播扬。在这方面，《小学语文教学》编辑部做得可谓有理有据，有声有色。《小学语文教学》曾经是我国小语会的会刊，一直为国家小语事业的改革开放尽心尽力。现在一样为全国小语界的繁荣发展而殚精竭虑。如《小学语文教学》与《小学教学设计》杂志社已联合为"全国十大青年名师"的遴选举办了六届，推选出了60位全国各地的优秀语文青年名师。2019年联合济南出版社，出版了"十大青年名师"丛书（第1辑），有徐俊、杨修宝、李斌、鱼利明、王林波、许嫣娜、史春妍、孙世梅、张学伟、彭才华等十位名师的专著问世，社会反响十分热烈。因此，2022年又将出版李文、李虹、李祖文、赵昭、张龙、陈德兵、汤瑾、顾文艳、付雪莲、徐颖等十位老师的十部论著。

当然，在价值多元时代，教师专业发展的高度正在被不断解构，记录被不断刷新，因此，名师也在不断发展之中。"与时俱进"应该是名师们共有的生命信念。我们都会时刻警惕：切忌对未来展望的可怕短视，对已有成就的自我高估和对现实问题的视而不见。这是语文名师的大忌，也是我们所有语文教师的大忌。

在人类崇高且富有审美情趣的语言化生存中，我们正在构筑的是一道美丽的生命风景。我们应当为此而欢呼。

语文代有才人出，共襄伟业万年春！情动笔随，书写到此，该画上句号了。恭以为序。

2022年6月11日于越中容膝斋

# 目 录

### 教学主张

2　基于建构主义学习理论的单元整体教学

13　任务统整　关联学习意义
　　——以三年级下册第五单元为例探索习作单元整体教学

23　思维统整　关联学习路径
　　——以四年级上册第二单元为例探索策略单元整体教学

28　聚焦思维与审美　关联学习方法
　　——以四年级上册第一单元为例探索散文单元整体教学

36　深入知识体系　关联学习心智
　　——以五年级上册第三单元为例探索复述单元整体教学

45　基于"一般"特点　关联"独特"之处
　　——以四年级下册第三单元为例探索现代诗单元整体教学

### 教学实录

56　读懂藏在言语形式中的有趣
　　——《雾在哪里》教学实录及点评

78 顺应民间故事表达特点　抓住关键信息简单复述
　　　——《漏》教学实录及点评
100 在"想象"中落实语言文字的训练
　　　——《繁星》教学实录及点评
124 多角度思考　学习"批注"
　　　——《牛和鹅》教学实录及点评
134 着眼元认知能力　展开思考的过程
　　　——《一个豆荚里的五粒豆》教学实录及点评
147 循着诗歌的"一般"特点　探寻文本的"独特"之处
　　　——《在天晴了的时候》教学实录及点评
159 综合运用所学　尝试阅读实践
　　　——《红楼春趣》教学实录及点评
182 在单元整体教学中触摸散文的韵味
　　　——《四季之美》教学实录及点评

## 教学设计

196 三年级下册第五单元单元整体教学规划　习作单元
197 任务统整　激发兴趣
　　综合运用　完成习作
　　　——《奇妙的想象》分步教学设计
205 感受神奇想象　发现作者的"想象地图"1
　　　——《宇宙的另一边》教学设计
214 感受神奇想象　发现作者的"想象地图"2
　　　——《我变成了一棵树》教学设计
221 尝试运用"地图"感受想象的乐趣
　　　——"交流平台"与"初试身手"教学设计
226 四年级上册第二单元单元整体教学规划　策略单元

227 学习针对部分和全文提问
　　——《一个豆荚里的五粒豆》教学设计
235 学习从内容、启示、写法等不同角度提问
　　——《夜间飞行的秘密》教学设计
244 学习筛选出对理解课文有帮助的问题
　　——《呼风唤雨的世纪》教学设计
252 四年级下册第三单元单元整体教学规划　现代诗单元
253 走进诗歌单元　初步感受诗歌特点
　　——《短诗三首》教学设计
262 课内课外结合　深入体会诗歌特点
　　——《绿》教学设计
271 循着诗歌特点　朗读摘抄与创作
　　——《白桦》教学设计
280 循着诗歌特点　阅读想象与创作
　　——《在天晴了的时候》教学设计

## 名师评说

286 行走在能力极限的边缘
　　——徐颖印象／张咏梅
290 语文路上的好伙伴／薛法根

# 教学主张

基于建构主义学习理论的单元整体教学

任务统整　关联学习意义

思维统整　关联学习路径

聚焦思维与审美　关联学习方法

深入知识体系　关联学习心智

……

# 基于建构主义学习理论的单元整体教学

这是一个针对课堂教学的实践研究过程，在这个过程中，笔者希望能把学习理论与统编小学语文教科书的编写特点结合起来，探寻更科学的课堂教学形式，从而提升小学语文课堂教学的有效性。

**一、问题的提出**

**（一）"课时教学"存在的问题**

传统的小学语文教科书虽然也有以人文主题组元的单元，但承载教学内容的主要还是一篇一篇的课文。因此，传统的小学语文课堂教学是以单篇课文为载体的"课时教学"。语文的学科特点决定了语文的知识是借由一篇篇组成课文的文学作品传递给学生的。从某个角度说，一篇文学作品可以折射出文学的世界，一堂语文课可以是整个语文教学的缩影。所以少数优秀的老师可以凭借自己深厚的文学修养，通过对文本的解读设计出精彩的课堂教学，"课时教学"似乎也可以让学生获得知识、能力与情感的综合成长。可是，对绝大多数老师来说，"课时教学"的弊端也是显而易见的：一是一篇课文中包含着无数的教学信息，对于本年级学生到底需要学习什么，老师往往凭经验和个人喜好进行取舍；二是一篇课文中包含的教学信息往往又隐藏在文本内容之中，并不是所有老师都能发现，不同的文本和不同的文本解读能力让课堂教学内容难以确定。因此，在现实的语文课堂教学中存在如下现象：学生"吃不到"：有的课堂教学在文本内容或情感中打转，隐藏在文本中的语文知识的展现及对学生能力的训练严重缺失；学生"吃不透"：有的课堂教学中的知识与能力训练是随意的，东一点、西一点，太多、太碎，又往往点到为止，无法深入，也就无法帮助学生形成真正的能力；学生"不消化"：有的课堂教学中的知识点与训练点又太深，虽然来自对文本的解读，但超越了学生的年龄特点，学生一样无法真正吸收。

综合起来，小学语文传统"课时教学"的主要问题可以归纳如下：

1. 语文教学内容随意化，不利于学生对学科的整体认知。
2. 语文知识学习碎片化，不利于学生建构学科系统思维。
3. 语文能力训练割裂化，不利于学生能力的序列化发展。
4. 语文策略技能模糊化，不利于学生迁移理解形成能力。

由此可见，小学语文急需新的教学形式来替代传统"课时教学"中的"单篇思维"，让教学可以从散点到统整，从割裂到关联，从无序到有序。

（二）课堂教学中师生关系存在的问题

语文核心素养提出了学生发展的四个维度：语言建构与运用、思维发展与提升、审美鉴赏与创造、文化传承与理解。对学生核心素养的培养该如何落实到每一堂课的学习活动中呢？以"语言建构与运用"的能力培养为例，"语言建构与运用"的能力又可以具化为能积累较为丰富的语言材料和言语活动经验，具有良好的语感；能在已经积累的语言材料间建立起有机的联系，能将自己获得的语言材料整合为有结构的系统；能理解并掌握汉语言文字运用的基本规律，能凭借语感和语言运用规律有效地完成交际活动；能依据具体的语言情境有效地运用口头和书面语言与不同的对象交流沟通，能将具体的语言作品置于特定的交际情境和历史文化情境中理解、分析和评价；能通过梳理和整合，将自己获得的言语活动经验逐渐转化为富有个性的具体的语文学习方法和策略，并能在语言实践中自觉地运用。从以上具体的表述中可以看出，这实际上就是学生通过言语"实践"去"建构"知识与能力的过程，强调的就是学生在学习中的主体地位。离开学生的主动学习，围绕核心素养的能力形成就无从谈起。

虽然以学生为中心的教学方式的改革已经不是新事物，但在真实的语文课堂教学中仍然充斥着大量的串讲串问现象。究其原因，可以从教师的思想和技术两个方面去梳理。思想上的问题体现在教学仍以得数为目的，忽视学生学习能力的培养；没有树立正确、科学的儿童发展观，忽视学生作为学习主体在学习中应有的重要作用。技术上的问题体现在虽然教师已经意识到学生主动参与学习活动的重要性，但在实际教学中却做不到，或者呈现出完全相反的教学行为。教师不清楚怎样的教学方式才能真正体现学生在学习中的主体地位。

由此可见，要将培养学生语文核心素养的教育过程落实到日常教学中，教师除了转化思想，还需要研究教学行为背后的学理，用一定的理论知识来指导教学，形成科学有效的教学策略。

综合以上两个方面的分析，核心素养下的语文教学，围绕统编版小学语文教科书的语文教学需要采用一种新型的师生关系和课堂教学形式，这样才有利于学生在主动学习的过程中习得系统的知识，形成素养。

### 二、基于建构主义学习理论的单元整体教学价值探索

（一）理论阐释

1. 建构主义教学观。

（1）建构主义知识观。建构主义认为，知识并不是对客观世界的一种终极反映，不是对世界法则的精确概括，它只不过是一种解释或假设，并且这种假设会随人类的进步而被新的假设所代替。美国建构主义理论的倡导者舒尔曼也指出：建构主义是关于知识本质的一系列相关的理论，这些理论的共同点是，知识是由人创造的并接受他们的价值观和文化的影响，所以，个体经验具有丰富性和差异性。[1] 因此，基于建构主义的学习可以说是无止境的探

---

[1] 杨玉春、温勇：《建构主义教学观及对我国新课程改革的影响》，载《当代教育科学》2006年第20期。

索，这种观点有助于学生树立不迷信权威的观念，激发学生敢于挑战不同观点、主动学习的愿望。

（2）建构主义学习观。与建构主义的知识观相应，建构主义认为学习的核心是建构，是利用已有经验及意义对相关新知识进行的积极处理（再构）。学习是一个过程，是对观点、技能、思维的整合，是动态变化的，是对过去、现在、未来的联系，且不断循环往复。这样的观点让课堂教学无法"孤立"，每一堂课的学习都是先前学习经验的延续并连接着学生未来的学习。这样的观点凸显了学生在学习中的主体地位。结合信息加工理论可知，学生在学习中需要建立新旧知识的联系，需要对当前的经验进行反思，需要将学习的结果运用到未来的学习活动中。学生如果没有积极主动地参与，是无法真正学习的。

（3）建构主义师生观。建构主义为学生观、师生观赋予了新的内涵。在教师观上，强调教师的作用从向学生传递知识转向促使学生主动地建构知识。教师更像是学习的合作者、组织者和促进者。在学生观上，强调学生经验世界的丰富性和差异性，学生要善于建构知识，发挥主体潜能。建构主义重视学生元学习能力的重要性，指出学生要会激励自己主动学习，会树立自己的学习目标，善于选择能达到学习目标的学习方法，善于总结与反思，及时调节学习方法等。这无疑体现了建构主义的核心思想：以学生为中心，强调学生的主动探索、主动发现和对所学知识意义的主动建构。

2. 单元整体教学。

（1）单元整体教学生长于单元教学。单元教学最早出现在19世纪末，是欧美"新教育"的产物，是将教材、活动等划分为完整单元进行教学的一种教学法。每个单元均有规定的学习目标和内容，时间长短因学习内容和学生个人情况而异。其目的在于改变偏重零碎知识和记忆文字符号的教学，强调学生手脑并用，获得完整的知识和经验。我国小学阶段早期进行单元教学的典型是霍懋征老师，她是这样定义单元教学的："所谓合理地组织课文，就是根据教学大纲，依据教学目的和需要，把紧密联系或者有相同之处的教材内容组织在一起，成为一个教学单元。在单元教学中，有的精讲、有的略讲、有的留给学生自己阅读。"

（2）单元整体教学立足于统编版小学语文教科书。统编版小学语文教科书分单元组织编排，每个单元都围绕特定的人文主题和语文要素进行选文和规划学习内容。纵向看，不同年级很多单元之间具有联系性和发展性，每个单元都是完整的语文知识和能力体系中的一环，教学需要系统思维，以整个教材为大背景，对每个单元进行整体设计。横向看，虽然单元之间的板块大抵相同，但不同单元有不同的特点，教学需要立足一个单元的具体特点整体设计和实施。从教材的功能上看，统编版小学语文教科书不仅有"信息提供"的功能，还有"学习指导"的功能，具体体现为每个单元通过选文和助学系统分解语文要素的落点，安排学习活动的进阶，形成从学习内容到学习方式的相互关联，整体推进。

（3）单元整体教学符合建构主义学习理论的教学观。从建构主义学习理论的角度讲，"单元"具有结构性，单元整体教学把学习内容与学习方法当成整体架构的系统，充分关注学生的自主学习能力，培养学生建构自己的知识与能力体系。教师在教学的过程中不再是单纯地传授知识，而是通过教学情景帮助学生在教材系统中把已有的知识经验与新的学习任务相联系，让学习成为学生不断探索、不断丰富自己已有图式的过程。

（二）基于建构主义学习理论的单元整体教学的特点

1. 能体现基于课程标准及统编版小学语文教科书的知识、能力体系。统编版小学语文教科书最大的特点之一就是明确地提出了语文要素的概念。什么是语文要素？用温儒敏教授的话说，就是"将'语文素养'的各种基本'因素'，包括基本的语文知识、必需的语文能力、适当的学习策略和学习习惯，以及写作、口语训练等分成若干个知识或能力训练的'点'，由浅入深，由易入难，分布并体现在各个单元的课文导引或习题设计之中。"单元整体视角下，同一单元基于语文要素各部分相互关联，不同单元语文要素之间也有关联。因此，统编版小学语文教科书的编排具有结构性。从建构主义学习理论出发，通过单元整体教学把学习内容与学习方法当成整体架构的系统，有利于教师在单元解读中把握学习规律，从而更好地引导学生自主参与学习，也有利于培养学生建构自己的知识和能力体系。

2. 能体现语文学科知识的学习特点。李海林教授在《如何正确认识"语文知识"问题?》一文中梳理了对语文知识类型的各种探索。他指出，有的知识在学生的"前面"，如陈述性知识或加涅提出的"现象知识"等，这也是传统教学中的学习重点。有的知识是在"外面"，比如程序性知识或加涅提出的"原理知识"等，是对人们行为方式的描述与规范，是可迁移运用的。"外面"的知识在不断的迁移运用中促进学生语文能力的提升。这与建构主义的学习理论不谋而合。基于建构主义学习理论的单元整体教学正是基于单元的结构特点，重视可迁移、可运用的程序性知识及策略性知识的发现与训练，帮助学生在学习这类知识的过程中形成语文能力。

3. 能体现学生在学习中的主体地位。建构主义的核心要义即主动学习，在单元整体的视角下，知识、能力具有更清晰的结构化，教材编排彼此联系，更利于教学活动围绕中心任务展开。任务驱动、目标前置和方法的可迁移性，让单元整体教学更利于学生主动参与学习，体现其在学习中的主体地位。

4. 能体现新的师生关系。基于建构主义学习理论的单元整体教学是立足于统编版小学语文教科书的编排体系的，教师的教学不再是随意的行为。教什么和怎么教都应该在读懂编者意图的基础上充分利用教材的助学系统，引导学生主动思考与参与学习，教师则成为学生学习的同伴和促进者。

（三）基于建构主义学习理论的单元整体教学的价值

1. 依循体系，利于"语文知识"和"语文能力"的系统建构。建构是一个借用自建筑学的词语，原指建筑起一种构造。在学习中则是指学习者建立起知识相互间的意义联系。单元整体教学依托教材的编排，让学生的学习自然地在体系中展开，因而更利于学生发现知识与能力之间的意义联系。

以五年级创造性复述的学习为例。复述分为详细复述、简要复述、创造性复述三类，这是复述的知识体系。在教材中，专门的复述单元从三年级到五年级依次呈现，这是复述教学的编排体系。五年级创造性复述单元的课文是民间故事，可以通过引导学生利用已知简要复述的方法来整体把握课文主要内容，利用已知详细复述的方法来体会故事主要情节，在前两种复述练习的基础上引导学生合理想象完成创造性复述，这是复述学习的过程体系。依循体系，学生就能利用已有知识达到学习新知识的目的，同时，已有知识与新知识之间也有了意义链接。

2. 明确任务，利于学生主动学习、合作学习、学会学习。明确任务可以更好地激发学生的学习兴趣，变"要我学"为"我要学"。比如，在现代诗歌单元的教学中，如果教师只是单篇教学思维，就会出现一首诗一首诗地引导学生学，而学生并不清楚为什么要学的情况。所以即便某些学生对有的诗歌很喜欢，他更多的也只是参与一种被动的审美体验。如果把单元作为整体，就可以打破教材的编排顺序，将单元综合性学习中的最终要求（办一个诗歌会）变为学生的任务愿望，让学生主动走入每一篇现代诗的学习中，乐于与他人合作交流。

明确任务可以更好地培养学生的元认知能力，让学生带着任务主动去思考自己是怎么学习的，怎么学才更有效，通过对认知过程的再认知学会学习。

3. 凸显核心，增强教学的连续性与阶段性，利于方法的迁移与知识的运用。从单元内部来看，统编版小学语文教科书的语文要素就是单元整体教学的核心，凸显核心，单元内的学习内容之间就有了联系。比如习作单元，围绕本单元习作要素，学生从精读课文中学习作者表达的方法，在"交流平台"总结与梳理方法，通过"初试身手"初步运用方法，阅读"习作例文"再次感受方法，最后在单元大习作中综合运用所学完成任务。

凸显核心，让学生更容易迁移、运用已有方法来学习新的知识。

### 三、基于建构主义学习理论的单元整体教学实施策略

（一）整体把握，建构体系

1. 围绕语文要素，深入知识体系是整体把握、建构体系的核心。统编版小学语文教科书中的语文要素指的是语文素养发展的目标要素，包括基本的

语文知识、必要的语文能力、适当的学习策略和学习习惯等。实施单元整体教学，首先就要明确本单元的语文要素是属于哪一类的目标要素，再根据其特点深入研究其内在的结构特点。比如四年级上册第二单元的语文要素是"阅读时尝试从不同角度去思考，提出自己的问题"，属于阅读策略的目标要素。要有效实施单元整体教学，就需要深入提问策略的知识体系，去了解以下几个方面：阅读中提问发生的心理机制是什么？提出问题的思考过程是怎样的？提问与阅读理解的相互关系是什么？国内外专家对培养提问的阅读策略都有哪些好的做法？通过了解它们，建构起学生学习提问策略的知识体系。再比如四上第一单元的语文要素是"边读边想象画面，感受自然之美"。教师如果不结合文体特点，深入理解"想象"的内涵，就不知道想象在散文、诗歌学习中的作用，也不知道如何才能更好地帮助学生展开想象，容易让教学流于表面。

2. 读懂单元结构，理解板块联系是整体把握、建构体系的保障。好的教材不仅提供教学所需的内容信息，还应该提供学习的路径。统编版小学语文教科书用双线组元，围绕语文要素编排内容，用单元页、课后题、交流平台等助学系统将不同的课文联系起来，让学习有了连续性和系统性。因此，对教材的单元整体解读就尤为重要。以诗歌、散文单元的教学为例，尽管不同的作品表达的感情和表达感情的形式都是不同的，但围绕同一语文要素，是可以相互关联，共同达成学生某一方面的知识与能力的学习的。如四上第一单元，围绕"边读边想象画面，感受自然之美"，学生调动视觉、听觉、嗅觉等感官经验，就能从不同的课文中获得边读边想象的乐趣，培养阅读中的想象力。语文的学习不是"举一反三"，而是"举三反一"的逐渐感受的过程，因此，读懂单元结构能让教学更加顺应学生的学习心智，体现学习的渐进性。

（二）高位统整，关联设计

1. 任务统整，让每一课的学习有意义关联。统编版小学语文教科书每个单元都有习作任务，大部分习作任务还与单元课文教学相关联。将单元习作任务前置，激发学生对任务的兴趣，往往能帮助学生更加主动地学习，同时也增强所学知识对于学生的意义感。而发现意义、主动建构就是建构主义学习理论所倡导的学习方式。

以三年级下册的习作单元为例，教师将单元整体教学结合单元页，从"想象岛"专栏展示的活动开始，用真实的写作目的激发学生写作的愿望。有了任务驱动，学生在学习精读课文、习作例文的过程中就会更加主动去发现作者展开想象的秘密。随着对不同课文的学习，学生还会发现作者展开想象的方法是不一样的。于是，学生不断收集作者的"想象地图"，最后形成了自己的"想象地图"。

有时候，任务需要结合教材分析去寻找。比如四年级下册第三单元是现代诗单元，除了课文学习，教科书还安排了综合性学习"轻叩诗歌大门"。单元整体教学可以用"合作编小诗集"与"举办诗歌朗诵会"两个活动来做任务统整，如此，学生在学习课文的时候就不再是单纯的欣赏，诗人丰富的想象和展开想象的方法对学生来说就具有了更大的意义。

任务统整让整个单元的学习朝着共同的目标形成了有意义的相互联结。

2. 思维统整，让不同的文本有路径关联。随着认知心理学的发展，教育越来越重视学生的内在学习过程，语文核心素养明确提出了"思维发展与提升"，强调学生通过学习语言的运用，能够获得思维力的发展，包括直觉思维、形象思维、逻辑思维、辩证思维和创造思维。同时，还要关注学生思维品质的提升，包括思维的深刻性、敏捷性、灵活性、批判性和独创性。可是，在传统的语文教学中，思维力的发展少有提及，教师们往往也不清楚语言文字的学习和思维力的发展是如何联系起来的。统编版小学语文教科书安排了语文要素，增加了阅读策略单元。这说明教科书不仅加强了对语文学科的知识能力结构体系的重视，对学习的方法、技巧及策略也更加重视。简言之，单元整体教学强调学什么的同时更强调怎么学。怎么学就是在利用单元的结构体系更好地关照学生内在学习过程及思维力发展过程。

以策略单元为例，四年级上册第二单元是提问策略单元，其中的四篇课文《一个豆荚里的五粒豆》《飞行的秘密》《呼风唤雨的世纪》和《蝴蝶的家》文体不同，有童话，有科普文，有文艺性说明文。如果用单篇教学思维，不同文体的阅读方法是不同的，它们之间就会缺乏联系，让单元学习陷入碎片化，不利于学生学习方法的迁移运用。但是，围绕提问策略，教学可以站得更高，用思维统整整个单元的教学。就提问策略而言，教学要探索的是学生在阅读中提出问题的思维过程。利用单元助学系统，就能找到展开思维过程的基本学习路径：在真实的阅读中提出问题——思考为什么提问；学习提出问题的思考方法——梳理问题清单发现不同的提问角度；拓展思维的宽度——带着问题阅读，在理解的基础上再提问，拓展思维的深度。这样的路径不仅可以用于不同文体的课文阅读，还在一次次阅读中逐渐培养学生运用提问策略去阅读的能力。

用思维统整，单元各部分教学内容就能彼此关联，让学生的学习循序渐进。

3. 审美统整，让不同的表述有方法关联。审美是人类理解世界的一种特殊形式，指人与世界（社会和自然）形成一种无功利的、形象的和情感的关系状态。审美在理智与情感、主观与客观上认识、理解、感知和评判世界上的存在。审美有"审"、有"美"，在这个词中，"审"作为一个动词，它表示一定有人在"审"，有主体介入，同时，也一定有可供人审的"美"，即审美客体或对象。在阅读中，审美的主体就是读者，而客体则是被阅读的文学作品。从作品来看，不同的文学作品表达的内容、情感、形式都有不同，特别是散文，因融入了不同作家不同的人生经历而显得各具特色。所以，语文教学素有"举三反一"之说，这也从侧面说明如果仅仅从文章的内容、情感、形式等方面入手，很难找到学生可以迁移运用的阅读方法，此时就不妨再站高一点，在审美的层面去发现不同文章的共同点。

以散文单元为例，四上第一单元共有三篇课文，分别是赵宗成、朱明元的《观潮》、吴然的《走月亮》、巴金的《繁星》。几位作者生活的年代和经历完全不同，作品所表达的感情以及表达特点也各不相同。在单元整体教学中教师要高位统整，关联设计，可以从语文要素入手。"边读边想象画面，感受自然之美"中"想象"的过程就是学生将文字转化为头脑中的画面的审美过程。审美感受的产生有其共通之处，比如，通过对文章中关键词句的理解想象，激活学生的生活记忆，唤醒其听觉、视觉、嗅觉等的感知记忆，让文字在学生的头脑里形成内在视象，从而产生愉悦感。学习《观潮》一课，理解想象"白浪翻滚""浩浩荡荡""山崩地裂"等词，能帮助学生感受到钱塘潮壮观的样子；学习《走月亮》一课，理解想象"细细的溪水，流着山草和野花的香味，流着月光"等语句，能在学生的头脑中勾勒出月光下故乡的美好景致。因此，边读边想象画面就成为本单元教学中不同作家、不同作品的共同的阅读方法。

4. 情境统整，让不同的故事有了价值关联。维果斯基认为学习是社会的内在属性并依存于特定的文化情境。情境学习常被描述为一种"文化适应"，或对规范、行为、技能、信念、语言以及特定团体态度的适应。任何具有特定思维方式和行为方式的团体，都可以算是一个共同体。知识不是个体的认知结构，而是一个共同体长期的创造结果。从这个角度理解课堂，学习的过程就是在一个特定的学习共同体中共同建构知识、技能、情感、价值观的过程。

以复述单元为例，五年级上册第三单元是创造性复述单元，围绕"民间故事，口耳相传的经典，老百姓智慧的结晶"的人文主题安排了两则民间故事《猎人海力布》和《牛郎织女》。这个单元的教学不能仅仅停留在学习复述技巧的层面，而要首先站在感受民间故事中的智慧这样的立场去进行民间故事的文化认同。有了这样的文化认同，学生才会以民族文化传承者的身份走进故事，体会故事，为故事所感动，并乐于展开想象，创造出更为丰富的故事并讲述出来。在学习本单元的过程中，老师、学生、文本形成了学习的共同体，共同传播、讲述民族文化。这就让不同的故事学习在情境的统整中有了价值的关联。

# 任务统整　关联学习意义
——以三年级下册第五单元为例探索习作单元整体教学

习作单元在统编版小学语文教科书（以下简称"统编教科书"）中是特殊单元，编写的目的是加大习作在小学语文教学中的分量，更好地突破习作教学的重点、难点，使习作教学更具系统性、针对性和可操作性，力图使学阅读与学表达均衡发展。因此，统编教科书习作单元的编排呈现结构化，具有清晰的学习功能。实施习作单元整体教学首先需要立体、全息地认识单元结构，明确学习任务，在任务的驱动下，单元各个部分的内容就对学生有了相互关联的学习意义。然后依据建构主义学习原理，基于真实学情，整体设计教学。

## 一、认识单元结构，明确学习任务

（一）宏观把握习作单元的结构

从统编教科书的编排内容来看，习作单元包含五个板块："精读课文""交流平台""初试身手""习作例文"和"单元习作"。"精读课文"引导学生从阅读中学习表达，"交流平台"归纳梳理表达的方法，"初试身手"旨在让学生初步尝试如何用所学的方法来表达，"习作例文"是再次通过阅读感受表达的方法，"单元习作"则在前面学习的基础上围绕一个具体的习作任务形成单元学习成果。习作单元的板块及作用形成了习作单元的宏观结构，如下图所示。

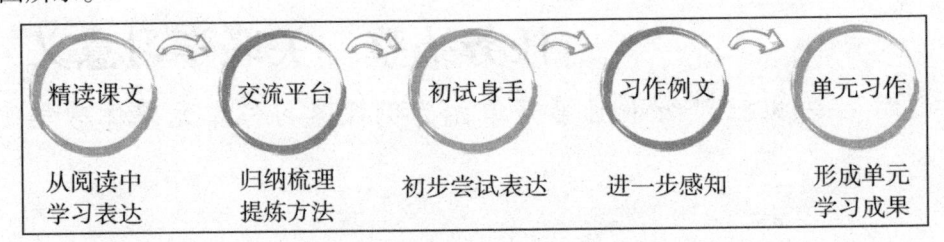

```
精读课文 → 交流平台 → 初试身手 → 习作例文 → 单元习作
从阅读中   归纳梳理   初步尝试表达  进一步感知   形成单元
学习表达   提炼方法                              学习成果
```

通过图式，我们可以进一步从整体解读单元结构中包含的信息。

1. 围绕单元主题，五个板块相互作用，推动学生的习作能力逐渐上升。

2. 阅读和表达交替出现，阅读他人的作品在前，练习表达在后，符合社会认知心理学关于"通过观察他人进行学习"的规律。（还要补充一下，教学中的重组也要遵循这样的心理认知过程）

3. 五个板块的推进过程就是本单元习作的学习过程。

（二）分层梳理习作单元的结构

要走进习作单元的内部知识结构，还需要从具体单元的语文要素入手，在理解语文要素知识内涵的基础上将语文要素与"交流平台""精读课文"、课后题"习作例文"旁批等助学系统相互联结，深入探索。下面我们以统编教科书三年级下册第五单元为例具体说明。

1. 认识语文要素的知识内涵。本单元的语文要素有两条："走进想象的世界，感受想象的神奇"，旨在引导学生在阅读中学习想象的方法；"发挥想象写故事，创造自己的想象世界"，旨在引导学生用方法展开想象并表达出来。两条语文要素分别从阅读和表达两个方面围绕想象展开。从心理学上来说，想象是一种特殊的思维形式，是人在头脑里对已储存的表象进行加工改造，形成新形象的心理过程，它能突破时间和空间的束缚，达到"思接千载""神通万里"的境界。从这个意义上说，想象是创新之源，是人类进步的力量。所以，单元页引用爱因斯坦的名言"想象力比知识更重要"告诉我们，认识本单元的语文要素首先要站到育人价值的角度去思考。

学生展开想象的能力，就是想象力。培养想象力指向的是学生的思维发展。思维与语言本来就相互依存密不可分。语言是思维的物质载体，所以思维要依靠语言进行。反过来，语言也离不开思维，因为语言是思维的结果。所以说要写好想象作文，不能单单从语言表达本身来展开学习。如果只是打磨语言，没有神奇的想象，哪来好的习作呢？所以，基于对语文要素的理解可知，本单元的学习要从想象力的激发与训练入手，学生只有打开思路，大胆想象，有话可说，才能写好想象作文。

2. 探索落实语文要素的路径。

（1）阅读与表达相互促进。首先，本单元编排结构符合习作单元的基本学习路径：先阅读，再习作，再阅读，再习作……循环推进。细读两篇精读课文的课后题会发现，它们也具有相似的编排结构。第一题："课文中的'宇宙的另一边'有哪些秘密？用自己的话说一说。""默读课文，说说你觉得哪些想象有意思。"找"秘密"、发现"有意思"的想象都是在引导学生进入课文，学习作者的想象的方法。第二题："想象一下：'宇宙的另一边'还会有哪些秘密？和同学交流，看谁想得更奇妙。""如果你也会变，你想变成什么？变了以后会发生什么奇妙的事？"这些都是在借助课文的内容激发学生继续想象，并尝试口头表达。所以，无论是单元整体，还是精读课文的编排，本单元的基本学习路径可以如下图所示。

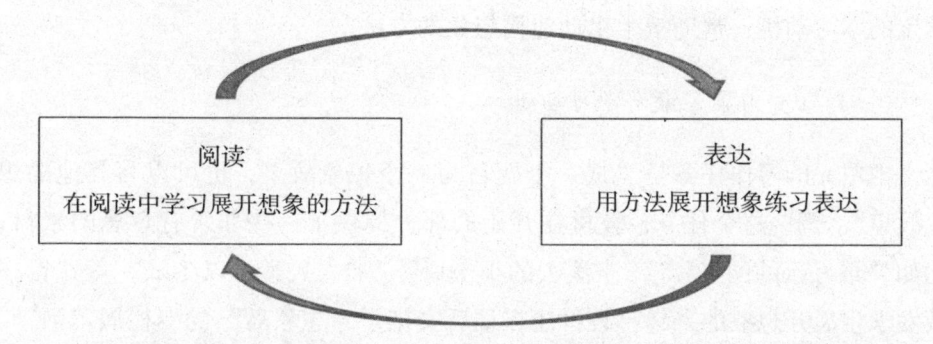

```
┌─────────────────┐         ┌─────────────────┐
│      阅读       │   →→→   │      表达       │
│ 在阅读中学习展开 │         │ 用方法展开想象  │
│   想象的方法    │   ←←←   │   练习表达      │
└─────────────────┘         └─────────────────┘
```

（2）课文、例文与交流平台共同建构学习想象的方法。"交流平台"中总结梳理了具体展开想象的方法——"创造现实中不存在的事物、景象""拥有奇异的经历"。"精读课文"和"习作例文"则用具体文本展现了作者的想象。阅读的过程也就是帮助学生展开想象思维"建模"的过程。

（3）"初试身手"和"单元习作"共同搭建展开想象进行表达的平台。本单元的"初试身手"提供了两个展开想象的情境。一是在纸上按出自己的手指印，再把它画成想象的事物，这是基于形象思维的想象，比较直观，难度较低。二是学生可以选择一个故事的开头，展开想象，接龙编故事。这是在故事情境中去想象，需要逻辑思维的参与，还要把想象表达出来。教材用接龙的方式降低了想象创作的难度。"单元习作"要求写一个想象故事，要大胆想象，创造属于自己的想象世界，给学生的空间更大，重在鼓励学生不拘一格地想象与表达。

3. 明确单元学习任务。通过以上对单元内容的认识，能够明确本单元的学习任务，紧紧围绕培养学生的想象力从两个方面展开教学：一是通过阅读学习展开想象的方法培养学生的想象力；二是通过表达练习展开想象的方法培养学生的想象力。

**二、任务驱动，建构想象的方法**

基于建构主义学习理论，无论是"交流平台"指出的想象方法，还是隐藏在"精读课文"和"习作例文"中的想象方法，都必须通过学生在阅读或表达的语言实践中去真切感受才能被学生内化为可用的能力。教学应该激发学生的学习动机，帮助学生主动建构想象的方法。

（一）任务前置，激发学习动机

本单元的习作任务是"选一个题目写一个想象故事，也可以写其他的想象故事"。围绕这个任务，教材在开始的部分提供了一些非常有意思的素材，比如"最好玩的国王""滚来滚去的小土豆""加入人类可以冬眠"等，旨在激发学生展开想象的兴趣。教材还在最后安排了"想象岛"的专栏展示活动，旨在让学生的作品有交流分享的平台，进一步激发学生编写故事的愿望。利用教材，将单元习作任务前置，将有助于学生明确本单元的学习目标，从而激发学生学习的动机。

(二) 思维建模，建构学习方法

思维模型是将知识转化为现存理论和道理去解决问题的一个方法。本单元的"精读课文"和"习作例文"中隐藏着学者展开想象的思维模型，不同的故事想象的逻辑不尽相同。比如《宇宙的另一边》是围绕"宇宙的另一边是这一边的倒影"这句话展开想象，用"并联"的方式把想象组合起来。《我变成了一棵树》则是从"我想变成一棵树"想象开去，用"串联"的方式构成了一个故事。两篇"习作例文"在精读课文的基础上又补充了一些想象的方式，用图示表述如下。

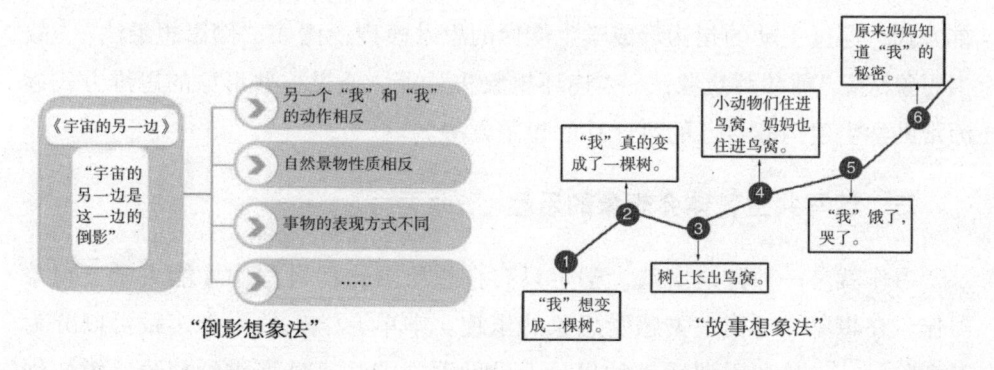

"倒影想象法"

"故事想象法"

"糖葫芦想象法"

《尾巴它有一只猫》

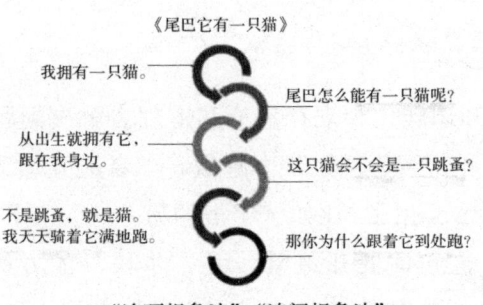

我拥有一只猫。　　　　尾巴怎么能有一只猫呢？

从出生就拥有它，　　　这只猫会不会是一只跳蚤？
跟在我身边。

不是跳蚤，就是猫。　　那你为什么跟着它到处跑？
我天天骑着它满地跑。

"连环想象法""追问想象法"

在本单元的学习中，体会想象的方法不能只是把"交流平台"中提取的点生硬地给学生，而要引导学生在阅读的过程中自己去发现和体会作者的思维方式，通过主动的建构形成学生能懂的思维模型，比如"倒影想象法""故事想象法""糖葫芦想象法""连环想象法"等。通过这些形象的思维方式逐渐帮助学生建构起自己的可迁移的想象方法。

### 三、读写共生，体会想象的乐趣

习作就是一种言语实践，学生只有在想象习作的过程中才能去学会想象习作，在想象的过程中去感受想象的乐趣。本单元学生的习作实践可以分为三个阶段：一是利用课后题的提示，借助课文的故事情境继续想象，模仿创作。二是利用"初试身手"中的两道题给出的素材展开想象，练习表达。三是完成单元习作的要求。

不难看出，想象表达的难度是逐渐增加的。虽然我们可以把单元习作任务要求前置，让单元教学有任务驱动，但并非让学生一走来就进行单元大习作的创作。须知，大习作是学生经历过单元整体学习后自然生成的学习成果。要形成成果，学生需要按照单元整体学习的步骤经历完整的学习过程。这个过程应该是符合学生学习心理需要的，顺应学生能力发展的过程。依据单元部分，大致可以经历以下三个写作学习过程。

（一）跟着作者去想象，读中学写

顺着本单元"阅读与表达相互促进"的学习路径走进"精读课文"，细读两篇课文的课后题后教师分析如下。

| 课 文 | 课后题 | 目 的 |
| --- | --- | --- |
| 《宇宙的另一边》 | 1. 课文中的"宇宙的另一边"有哪些秘密？用自己的话说一说<br>2. 想象一下："宇宙的另一边"还会有哪些秘密？和同学交流，看谁想得更奇妙 | 1. 感受神奇想象，学习作者展开想象的方法<br>2. 运用作者想象的方法，尝试展开想象 |
| 《我变成了一棵树》 | 1. 默读课文，说说你觉得哪些想象有意思<br>2. 如果你也会变，你想变成什么？变了以后会发生什么奇妙的事 | 1. 感受神奇想象，学习作者展开想象的方法<br>2. 运用作者想象的方法，尝试展开想象 |

两篇精读课文的课后题体现了相同的学习路径，即通过阅读，在作者营造的故事情境中感受作者展开想象的思维路径和方法，并尝试运用方法展开想象。所以，这个阶段的创作练习是"扶着"学生走，学习的重点首先在读——让学生读懂故事，读懂思维路径，读懂想象的方法。教学的路径如下图所示。

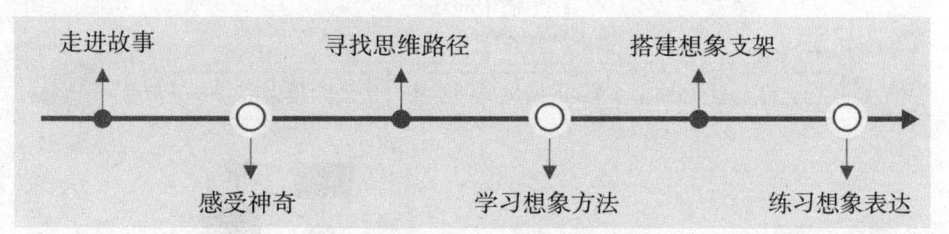

走进故事 → 寻找思维路径 → 搭建想象支架
感受神奇 　　学习想象方法 　　练习想象表达

在这个学习过程中，走进故事，感受神奇是基础，因为学生的想象必须要在一定的故事情境中才能自然展开，学生只有对故事中的神奇想象产生了兴趣，才会有愿望尝试展开想象继续编写故事。寻找思维路径，学习想象方法是重点，想象本来就是一种思维过程，没有机械的方法，背后其实就是千变万化的思维方式。作者展开想象的方法往往藏在故事展开的结构线索中，也就是作者创编故事的思维路径。搭建支架，练习表达是难点，有了方法学生就一定会用吗？此时如能依照作者的思维路径给学生搭建一个支架，学生的想象就有了发生的路径，就会让创作更顺利。故事不同，作者的思维路径就不同，搭建的支架也就会有差异。以本单元的两篇精读课文为例，《宇宙的另一边》采用的是总分的结构，每一个想象都围绕"宇宙的另一边是这一边的倒影"这个中心句展开，好比是"并联"的关系。《我变成了一棵树》则是顺着故事的发展想开去，一环扣一环，好比是"串联"的关系。依据文本特点，就可以设计以下支架供学生学习作者的思维模型，继续展开想象。

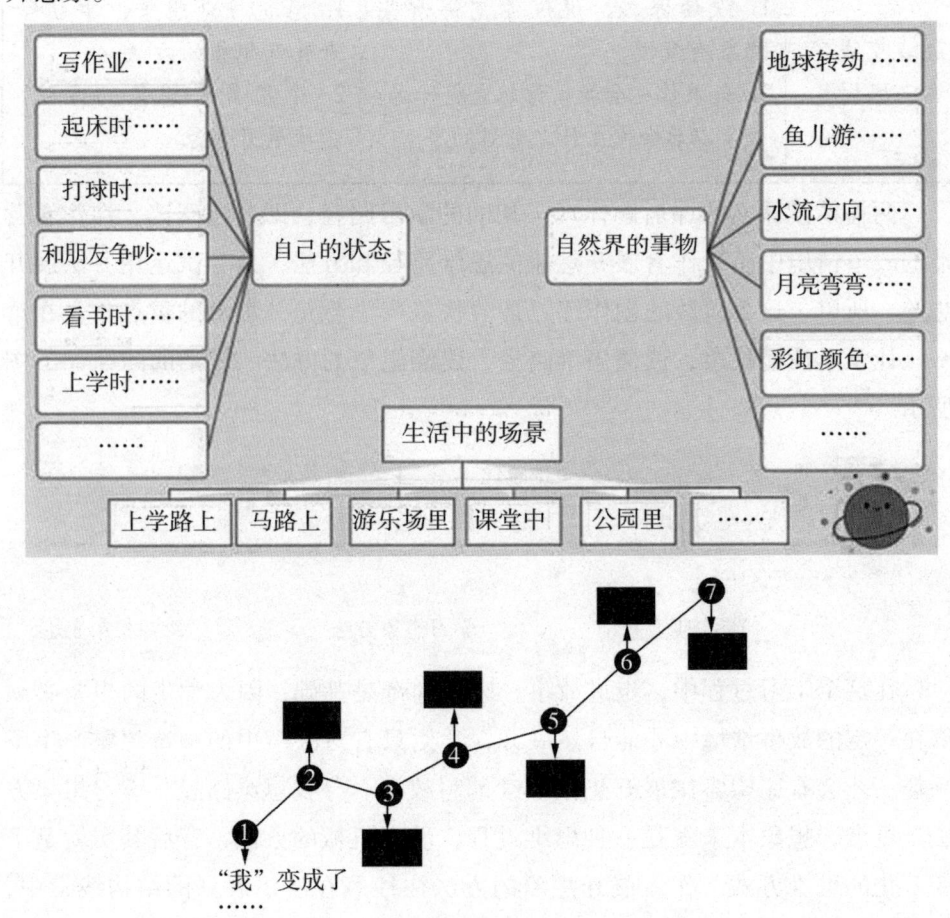

(二)跟着题目去想象，尝试运用

"初试身手"是习作单元才有的"独创"，位置在"精读课文"和"交流平台"之后，符合学生学了方法之后需要用一用的心理需要。同时，"初试身手"之后教材又为学生提供了两篇"习作例文"，帮助学生继续感受作者展开想象的方式。从社会建构主义来说，"初试身手"就是"感受"和"感受"之间的对思维行为状态的保持。"初试身手"能帮助学生把"精读课文"中的所学加以保持，提升再次走进文本的感受力。这个阶段的表达练习是半扶半放的过程。

本单元"初试身手"有两个题目。第一题："在纸上按出自己的手指印，再把它画成想象中的事物，看谁想得新奇。"这是在形象思维上的一种拓展想象，动手动脑相结合，让学生在喜爱的绘画创作中轻松走进想象的大门，通过和同学的交流促进其把想象转化为口语表达出来。

第二题："选一个开头，展开想象，大家一起接龙编故事。"这一题则回到了在故事情境中想象。教材提供的两个开头分别对应着两篇"精读课文"的思维模型："颠倒村"的故事围绕"颠倒"展开想象，可以把一个个颠倒的情节"并联"成一个故事；而"瞌睡虫"飞出去以后，一个又一个可能发生的有趣故事既可以彼此独立地"并联"在一起，也可以相互关联地"串联"在一起。只要掌握了展开形象的思维模型，学生的想象与表达也就不难了。

(三)大胆创编自己的想象世界，综合运用

第三阶段，完成单元习作任务。本单元的学习是从单元习作任务出发，有目的地经过一个单元的过程学习，当学生再次得到最后的单元习作任务时，教学需要对此时的学情有新的准确分析。从习作内容看，"大胆想象，创造出属于自己的想象世界"说明通过跟着作者去想象（"扶着"想），跟着题目去想象（半扶半放），现在需要放手让学生去综合运用所学来创造自己的想象作文了。从习作完成的过程来看，学生大致要经历如下的阶段。

打开思路 选择题目 → 按一定的思维模型展开想象 → 将想象的内容按顺序写下来

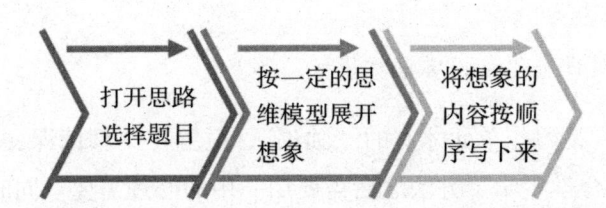

从创作的过程图示可以看出，按一定的思维模型展开想象是本次习作的重难点，也是本单元的学习重难点。通过一个单元的学习，学生已经对故事构思的模型与想象的关系有了初步的体会，此时可以引导学生通过自读"习作例文"去发现故事结构，进一步丰富展开想象的思维模型。然后，鼓励学生打开思路，尝试运用不同的思维模型展开想象，建构故事的线索。以《滚来滚去的土豆》这个题目为例，学生可以模仿《宇宙的另一边》和《一支铅笔的梦想》，围绕"滚来滚去"想象出土豆滚到不同的地方发生的不同的事情，再把这些事情"并联"起来组合成一个丰富的故事。比如：土豆滚到美容院，决定去美白一下；土豆滚到溪边，伪装成一块鹅卵石；土豆滚到学校，想要去逛一逛……学生也可以模仿《我变成了一棵树》或者《尾巴它有一只猫》的思维模式，让想象出来的情节有一定的先后关联，一步一步往前发展。比如：土豆滚到美容院想要美白，结果美容失败，变得更"丑"的土豆又会滚到哪里？遇到了哪些意外的惊喜等。当然，教材中的例子仅供学生参考，教学应该不断打开学生的思维，让学生的想象世界更加丰富。

最后，教材中的"想象岛"作为作品交流的平台，让学生的创作有了真实的交际价值，可以作为单元任务前置。同时也应该成为学生真实交流与分享的平台，在和同伴的相互阅读交流中继续读写结合的学习。

# 思维统整　关联学习路径
## ——以四年级上册第二单元为例探索策略单元整体教学

研究表明，阅读理解水平高的学生通常更善于使用多样的阅读策略，因此，引导学生掌握一定的阅读策略成为提升其阅读能力的重要途径。统编版小学语文教科书编写了专门的阅读策略单元，就是为了凸显阅读的方法和策略。与传统阅读单元的教学相比，阅读策略单元不仅关注学生"读懂了什么"，还会进一步关注学生"是怎么读懂的"。这其实就是对学生的内在学习过程的关注，阅读策略单元教学的重难点也就在于要把这样的内在学习过程"显现"出来，变成学生可以依循的学习路径，从而帮助学生用这样的路径掌握阅读策略，提高阅读能力。从培养学生思维力的角度实施单元整体教学，能让单元不同课文的学习找到路径的关联。下面以提问策略单元的教学为例加以说明。

四年级上册第二单元就是围绕"提问"编排的阅读策略单元。提问对于学生来说不是零起点、零经验，一边阅读一边思考首先是一种自然的读者心理，伴随着学生的阅读自然发生。但是，学生对提问不陌生，并不意味着学生知道提问的方法。要学习提问需要学生关注提问思考的过程，还需要学生通过对"问题"的整理去发现提问思考的角度。"思考的过程"与"思考的角度"就是本单元学生的"内在学习过程"，是教学需要展开的学习路径。本单元通过单元页、三篇精读课文、一篇略读课文、助学系统和语文园地的整体编排，不仅明确提出了本单元的学习任务，还依托课后题对学习任务进行了分解，让每一课的教学有重点、单元教学有梯度。读懂教材的编排意图，能帮助教师整体把握单元总目标，制定各课时分目标；还能帮助教师找到适用于提问策略的学习路径，从而设计出简单有效的基本教学活动。

**一、围绕单元语文要素制定教学目标**

（一）结合语文要素和交流平台，确定单元教学总目标

本单元第一条语文要素明确提出"阅读时尝试从不同角度去思考，提出自己的问题"。"交流平台"则进一步从要养成思考并提出问题的习惯、不同角度提问能促进思考、提问能帮助理解等方面说明了学习提问的重要性。从中我们清晰地看到，策略单元中对阅读策略的学习是显性的，第一条语文要素的内容就是本单元最重要的教学目标。

（二）依据课后"学习小伙伴"的对话，确定每篇课文的具体教学目标

教材在每一篇精读课文的课后题中都围绕"小组问题清单"的讨论精心设计了学习小伙伴的对话。比如，第5课《一个豆荚里的五粒豆》泡泡里的话是这样的："我发现有的问题是针对课文的一部分内容提的，有的问题是针对全文提的。"第6课《夜间飞行的秘密》以学习小伙伴的语气写道："……第1个问题是针对课文内容来提问的。""第2个问题是从课文的写法上来提问的。"梳理学习小伙伴的对话，我们可以把单元教学总目标进行任务分解，如下所示。

| 单元总目标 | 课　文 | 分课目标 |
| --- | --- | --- |
| 阅读时尝试从不同角度去思考，提出自己的问题。 | 5《一个豆荚里的五粒豆》 | 学习针对部分和全文进行提问 |
| | 6《夜间飞行的秘密》 | 学习从内容、写法、启示等角度提问 |
| | 7《呼风唤雨的世纪》 | 学习筛选对理解课文内容有帮助的问题 |
| | 8《蝴蝶的家》 | 尝试综合运用提问策略理解课文 |

这样的编排，就把本单元的学习任务分解到具体的课文教学中，通过一篇一篇课文的学习，逐步达成单元总目标。

（三）厘清其他教学目标与学习"提问"的关系

1. 理解课文内容与学习提问的关系。除了学习阅读策略，从课后题中我们依然能发现针对课文理解的问题，比如第5课的课后题3："伴随着豆苗的成长，为什么小女孩的病就慢慢好了呢？和同学交流你的想法。"其实，学习提问离不开阅读，离不开对课文的理解。学生通过阅读才能提出问题，随着学生对课文理解的加深，提出的问题也才更有深度。由此可知，提问策略的学习与课文内容理解是双线并进的，以读促问，以问促读。课文是学生学习提问的载体；同时，提问能帮助学生深入理解课文。需要注意的是，在阅读策略单元的教学中，以策略学习为主，课文内容理解为辅。

2. 本单元习作教学与学习提问的关系。本单元第二条语文要素为"写一个人，注意把印象最深的地方写出来"。与提问没有必然的联系，可以纳入教材"写人"的表达序列去研究。但具体的习作内容中有这样的表述："想一想：你的家人和哪些动物比较像？"并通过插图，将妈妈的头发、爱好和性格与绵羊做了对比。这与提问策略学习中"尝试从不同角度思考"在思维的发散训练中有一定的联系。

**二、依据教材助学系统发现学习路径**

（一）"导语"是课文学习的起点

本单元每一篇课文的开头都用一段导语简洁清晰地指出学生进入本课学习的第一个学习活动。导语中的活动要求有共性，那就是"读课文，提出自己的问题"。这也是本单元每一课的教学起点。不同课文的导语也有差别。一是导语中的学习要求会在前一课的基础上逐渐加大难度。比如第5课导语为"……看看你可以提出什么问题"。第6课、第7课的导语就要求把问题"写下来"。而第8课的导语则进一步要求学生把问题分类，选择问题，并尝试解决。二是导语的要求会呼应本课的学习要求。比如第 6 课在课文的旁边和文后编排了示范提问，导语就用"一位同学读了这篇课文，针对课题和内容，提出了一些问题，写在了旁边和文后。你的问题是什么呢？把它们写下来，和同学交流"。以这样的方式引导学生主动关注、学习别人的思考。读懂导语，就能用正确的方式开启每篇课文的学习。

（二）课后题的顺序是学习的一般路径

梳理每一篇课文的课后题会发现，教材在课后题的安排顺序上有一定的规律，题 1、题 2 都是指向提问策略的学习。题 1 鼓励学生自己展开学习活动，题 2 在题 1 的基础上借由学习小伙伴的讨论来聚焦本课的具体学习任务。题 3 则指向对课文内容的理解或其他文本的阅读。由此，我们可以找到学习本单元课文的一般路径：

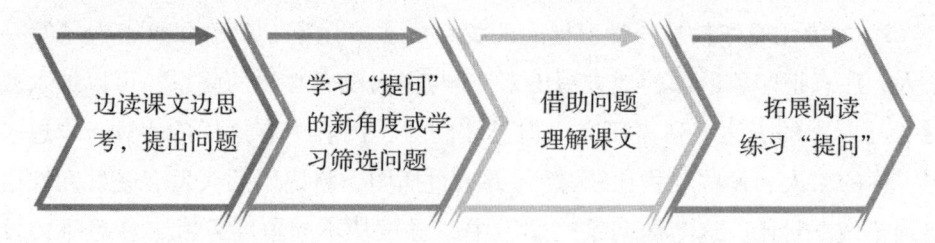

边读课文边思考，提出问题 → 学习"提问"的新角度或学习筛选问题 → 借助问题理解课文 → 拓展阅读练习"提问"

这样的学习路径不仅突出了策略学习的重要位置，也将策略学习与课文理解融合了起来。

（三）"整理问题清单"是重要的学习活动

三篇精读课文的课后题都安排了整理问题清单、讨论提出的问题、发现提问方法等学习活动。这是因为提问策略单元的教学中，"问题"和"提问"之间是紧密关联的。本单元要学习的有用知识不是"问题"本身，而是通过梳理提出的"问题"，学习如何提问。具体来说，梳理提出的"问题"就是在帮助学生留意自己的思考过程，发现提问思考的角度，从而提升提问的能力。所以，这是三篇精读课文最重要的学习活动。要精心设计，帮助学生发现提问的思考路径。

## 三、关注教材细节，有效实施教学

**（一）"提出自己的问题"**

教材中多次提到"提出自己的问题"，这个细节很重要，因为提问策略中的"提问"是指给自己提问，类似"自问自答"。自我提问能引发学生的独立思考，激活学生已有知识，提高理解能力。所以本单元教学可以从单元页开始，引导学生明白"自己的问题"是自己不明白的问题，是真问题。这是学习"提问"的基础。

**（二）"读课文"**

每一篇课文的导语总是要求学生从读课文开始学习，这个细节告诉我们，阅读是提问的前提，所以，本单元的教学需要在课堂上留出充足的时间，让学生在自然阅读中主动思考才能提出问题。"读课文"是学习"提问"的前提，也是帮助学生突破学习难点的手段。比如，当学生针对全文提问有困难时，最好的办法就是让学生带着问题读课文找答案，在理解课文内容的基础上再尝试提问。当学生不知道如何筛选问题时，同样可以带着问题读课文找答案，在理解的过程中去感受、甄别哪些问题对理解有帮助。

**（三）"不同角度"**

教材通过课后学习小伙伴的交流提出了可以针对部分或针对全文，从内容、写法、启发等角度去提问。可是，"不同角度"对于学生来说不能只是概念，学生需要知道怎么思考才能从这些角度提出问题。这就需要教师找到教学的下位支架，帮助学生发现学习的路径。比如，教师可以在学生提出问题的时候适时追问"你是怎么想到要提出这样的问题的"。借助问题支架就能引导学生回忆产生问题的思考过程，及时总结思考的方法，用这样的方法去帮助更多学生打开思路，提出更多的问题。

总之，基于教材编写意图，思维统整，关联学习路径，能切实地帮助教师确定教学目标、设计学习活动、有效实施提问策略单元的课堂教学。

# 聚焦思维与审美　关联学习方法
## ——以四年级上册第一单元为例探索散文单元整体教学

统编版小学语文教科书（以下简称"统编教科书"）最大的特点之一就是明确地提出了语文要素的概念。什么是语文要素？用温儒敏教授的话说，就是"将'语文素养'的各种基本'因素'，包括基本的语文知识、必需的语文能力、适当的学习策略和学习习惯，以及写作、口语训练等，分成若干个知识或能力训练的'点'，由浅入深，由易入难，分布并体现在各个单元的课文导引或习题设计之中"。这段话包含两个重要信息。一是统编教科书的编排具有结构性，从建构主义学习理论出发，通过单元整体教学把学习内容与学习方法当成整体架构的系统，有利于教师在单元解读中把握学习规律，从而更好地引导学生自主参与学习，有利于培养学生建构自己的知识和能力体系。二是语文要素是理解单元整体架构和实施单元整体教学的入口。

本文将基于以上观点，以统编教科书四年级上册第一单元为例，探索散文单元如何实施单元整体教学，落实语文要素。

### 一、理解语文要素，读懂单元结构

本单元以"自然之美"为主题，编排了《观潮》《走月亮》《现代诗二首》《繁星》四篇课文。指向阅读的语文要素是："边读边想象画面，感受自然之美。"深入理解语文要素，从单元文体特点和单元编排意图两个方面入手，能更清晰地了解本单元的整体架构。

（一）认识单元文体特点

本单元最主要的文体是散文。《观潮》中作者用生动的语言、丰富的想象记叙了一次观潮的盛况，表达了对钱塘江大潮奇观的惊叹与热爱。《走月亮》是儿童文学家吴然的一篇抒情散文，语言温暖，画面温馨，全文洋溢着对家乡、对亲人的爱。《繁星》则是著名作家巴金早年的一篇散文，描绘了作者眼中三个不同时期、不同地方的繁星图。两首现代诗作为略读课文，同样描绘了自然的美景，学习要求是抓住景物想象画面，其内容与训练点都与本单元散文的学习一致。所以，认识本单元的文体特点可以主要从散文的角度去思考。

"散文不尚虚构，但散文的写实也不是客观的写实"[1]，因此，无论是写潮水、月光还是繁星，课文中作者的所见所闻构成的画面来自大自然，但又不完全是对大自然景物的客观描摹，而是带着作者独特的情感体验，用作者独有的语言形式描绘的画面。这是本单元最重要的文体特点，决定了散文单元具有以下多重教学价值。

1. 借助文质兼美的课文的表达，训练学生对语言文字的感受与运用能力。
2. 走进文本，感受作者传达的独特情感体验，丰富自己的人生经验。
3. 借助文字展开想象，感受作者笔下大自然的美，培养审美情趣。

（二）理解单元编排意图

围绕人文主题和语文要素，双线组织单元，导语、课后题、交流平台、语文园地等助学系统渗透人文主题和语文要素的学习要求是统编教科书的单元"共性"。依据这样的编排特点，可以得出本单元的单元结构图。

---

[1] 王荣生：《散文教学教什么》，华东师范大学出版社，2014.

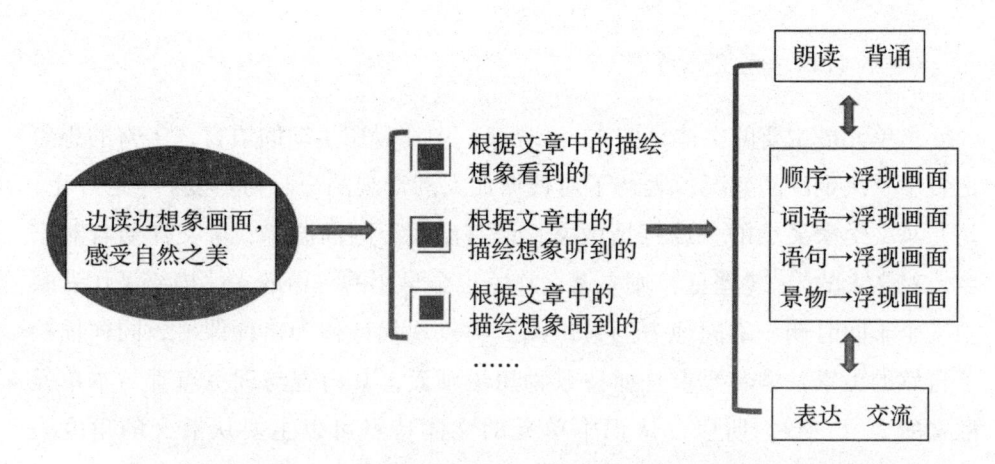

```
                                    ┌─ 朗读  背诵
                                    │       ↕
         ┌─ 根据文章中的描绘          │   ┌─────────────┐
         │  想象看到的      ─┐       │   │ 顺序→浮现画面 │
┌──────────┐ │                 │       ├───┤ 词语→浮现画面 │
│边读边想象画面,│→├─ 根据文章中的   ─┼──→   │ 语句→浮现画面 │
│感受自然之美  │ │  描绘想象听到的 │       │   │ 景物→浮现画面 │
└──────────┘ │                 │       │   └─────────────┘
         │  根据文章中的   ─┘       │       ↕
         └─ 描绘想象闻到的          └─ 表达  交流
            ……
```

从单元结构图可知,本单元的编排分为三个层次。语文要素是本单元编排的核心。围绕语文要素,"交流平台"列举了三个边读边想象画面的方法,分别是想象看到的、听到的、闻到的,意在引导学生借助文字唤醒身体的感觉记忆,犹如身临其境,从而展开想象。

课后题和"语文园地"进一步将边读边想象画面的方法与具体课文的具体语言表达联系起来,分为三个板块的学习内容:一是朗读与背诵;二是从不同的角度引导学生借助文字展开想象;三是表达与交流。

可以看出,整个单元的编排是有层次的,从目标到方法到路径形成了单元整体框架。可是,为什么本单元要安排这样的语文要素与人文主题?为什么要编排这样的学习方法和路径呢?要准确理解教材的编排意图,还需要从理解语文要素的知识内涵入手,深入思考语文要素与单元各部分之间的内在有机联系。

1. 语文要素的知识内涵。从思维的角度看,认知心理学认为想象是人在头脑里对已储存的表象进行加工改造形成新形象的心理过程,能突破时间和空间的束缚。其中,再造想象就是根据别人对某一事物的描述,在想象主体的大脑中形成相应的新形象的心理过程。由此可知,"边读边想象画面"需要建立在学生对具体语言的理解和激活头脑中已有相关信息的基础上。也就是说,加深对课文的理解,丰富学生头脑中相关信息的储备有利于学生借助文字想象画面。

从审美的角度看，审美感受是一种主观的心理活动过程，与审美对象形成的是形象与情感的关系状态，有"审"才有"美"。因此，作者的文字描绘必须经过学生主观的联想与想象才能转化为具体的形象，从而感受其中的美。所以，想象的过程也是学生阅读散文的重要审美心理过程。

2. 语文要素与人文主题的关联。语文要素"边读边想象画面，感受自然之美"本身就包含着本单元的人文主题。从字面上看，"边读边想象画面"是"感受自然之美"的方法与路径，"感受自然之美"是"边读边想象画面"的目的。从"言象意"的文学理论来看，"边读边想象画面"就是从"言"到"象"的过程，"感受自然之美"则是从"象"到"意"的过程。由此可知，语文要素与人文主题相互关联与促进，通过"批言寻象""寻象探意"的学习过程，最终帮助学生"得意得言"，既体会到情感，又习得了语言。

3. 语文要素与助学系统的关联。基于对语文要素知识内涵的理解可知，想象既是一种特殊的思维形式，也是重要的审美心理过程。本单元助学系统的设计既遵循了想象产生的条件，又体现了想象帮助学生通过阅读悟情与审美的价值。

"交流平台"引导学生通过视觉想象、听觉想象、嗅觉想象等方式来形成画面的过程，其实就是利用文字不断唤醒学生头脑中相关生活信息储备的过程。被唤醒的信息越多，越有利于学生将文字转化为内部心理视觉形象。

课后题和"语文园地"则围绕"浮现画面"从整体把握、理解词语、理解句子、抓住景物等不同角度引导学生想象画面，学生对语言文字的理解越具体越深入，就越有利于学生展开想象。

朗读与背诵、表达与交流是本单元每篇课文共有的学习方式。所谓"书读百遍，其义自见"，朗读本身就可以加深对文章的理解，有感情地朗读和背诵更能使声音进入大脑，从而产生很强的形象感和画面感。所以，语文要素要强调"边读边想象"，有感情地朗读。熟读成诵是产生想象的重要的学习手段。同时，通过想象由文字所建立起来的"内部视象"每个人各有不同，要培养学生对文学的独特审美，应该在语言认知的基础上引导学生展开想象，关心他们的情感体验过程，同时鼓励他们表达出自己的感受和体验。表达与交流是散文阅读作为审美过程很重要的一步，体现了想象在散文阅读中的价值。

## 二、高位统整教学，落实语文要素

本单元的四篇课文，不同的作者基于各自的生活经验从语言表达特点到传递的情感都不完全相同。但语文要素中提出的"边读边想象画面"是学生阅读理解本单元所有课文共有的重要心理过程。基于语文要素，散文单元可以高位统整，让教学既符合单篇课文的独特性，又超越单篇课文的教学，在思维方式、审美心理上找到统整点。教学要走进文本，基于思维方式产生的路径指导想象，让学生在想象中体悟作者情感，感受自然之美，最后习得语言。本单元的基本教学模式可以用以下图式来表述：

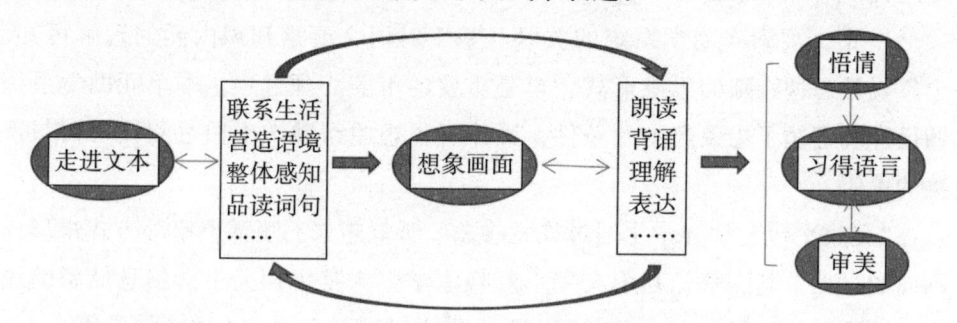

走进文本 ↔ 联系生活 营造语境 整体感知 品读词句…… → 想象画面 ↔ 朗读 背诵 理解 表达…… → 悟情 / 习得语言 / 审美

依据基本教学模式，本单元的具体教学设计可以做以下思考。

（一）遵循想象产生的心理机制，借力助学系统设计教学

1. 身临其境——想象的前提。要让学生在阅读的过程中如"交流平台"提示的那样唤起视觉、听觉、嗅觉等的想象，就要让学生先有身临其境之感。例如《观潮》的第一句话"钱塘江大潮，自古以来被称为天下奇观"足以引发学生的好奇心，但还不足以让学生身临其境。教师可以利用课后资料袋，先让学生对钱塘潮以及观潮有一定的了解，再如导游般请学生找好观察点，带着想象走进课文去观潮。如此，学生就与课文中的人群形成共鸣，有了身临其境的感受。再如《走月亮》的第一自然段也是一句话："秋天的夜晚，月

亮升起来了，从洱海那边升起来了。"这句话为整篇课文奠定了画面和情感的基调，教学时可以顺着这一句话带着学生走进作者笔下的月夜。随着第二句中的四个"照亮了"，学生就会有身临其境之感。《繁星》一课的题目就是学生身临其境的入口，闭上眼睛，边读边想象，可以帮助学生回忆起脑海里有关繁星的画面，产生身临其境之感。

2. 反复朗读——想象的基础。本单元每一篇课文的导语或课后题中都提出了朗读的学习要求，可见，朗读是学生走进课文、展开想象的基础。本单元教学要重视朗读，一是留出足够的时间让学生来朗读，让他们沉浸其中不受打扰，"边读边想象"才能真的发生。二是多种形式的朗读，如《走月亮》一课，带着问题"我和阿妈走月亮，走过了哪些地方呢"，学生可以自己读课文，整体把握；可以挑选自己最喜欢的部分读给同学听，朗读分享；可以在老师的引读下有感情地逐段朗读，用朗读营造出月光下的画卷，走入语境。

3. 整体感知——让想象更完整。认真分析文本会发现，四篇课文的行文线索为读者绘制了广阔、完整的画卷。教学应该顺着课文的行文线索引导学生整体感受，让想象的画面更完整。如教学《观潮》时，可以在学生整体读文、朗读分享的时候追问："此时，潮来了吗？"相机明确时间点"潮来前""潮来时""潮来后"，让学生随着时间的推移在脑中勾勒出一幅动态的涨潮图。《走月亮》中随着作者的行文，看月光图的方式是在发生变化的：先"整体看"，随着月亮的升起看月光下点苍山、大青树、村间大道和小路勾勒的写意图；再"跟随看"，跟着"我"和阿妈走月亮，细看月光下家乡的一处处美景；最后"仰头看"，从阿妈牵着"我"看到天上的月亮也牵着星星。三看后整体感知，才能形成更为生动的、充满民风民俗和浓浓亲情的画卷。《繁星》中作者写了三次看星星的画面，教学可以围绕"作者三次写星星，有变化吗？"引导学生发现时间、空间的变化，补充资料感受作者的人生经历，从而体会作者看星星时感受的不同。把三幅星空图放到作者人生的版图上去整体感知，才能真正读懂得作者笔下的繁星图。

4. 品读词句——让想象更生动。想象离不开对文字的理解，理解越深刻，想象越生动。所以《观潮》的课后题要求选择脑海中浮现的画面中"印象最深"的和同学交流。这是在引导学生聚焦一处，品读理解，深入体会，展开想象。如课文第四自然段中描写潮水的样态，同样是白色，教学可以引导学生抓住作者"白线""白浪""白色战马"的不同用词，联系生活经验，想象相应的画面，让潮水由远及近、声势逐渐浩大的过程变成学生头脑中变化翻滚的画面。《走月亮》课后题：品读"每个小水塘都抱着一个月亮！"，引导学生从"抱"字想开去，会看到什么画面。学生会想到"抱"的结果：月亮会倒映在每个小水塘里；学生会想到"抱"的样子：每个小水塘好像都把月亮放在中央；学生还会想到"抱"的原因：每个小水塘都那么喜爱天上的月亮。由一个"抱"字想开去，学生的想象不仅有画面，还有了情感。

5. 表达交流——让想象更鲜活。表达与交流是散文阅读作为审美过程很重要的一步，本单元每一课都有表达交流的要求，有时表现为口头的"交流"与"说说"，有时还需要学生在说的基础上"仿照着写一写"。教学时，不仅要留给学生边读边想象的时间，还要鼓励学生把想象到的画面表达出来。如《走月亮》中随着"我"和阿妈走过一处处美景，问问学生"你仿佛看到了什么？听到了什么？闻到了什么？"，让学生不断借助作者的文字激活自己的生活经验，再把二者融合起来，组成更为鲜活的画面。

（二）遵循想象促进审美的心理过程，分析文本，设计教学

1. 读题目想象画面。文章的题目往往交代了所写的对象，或者奠定了文章的感情基调。读题目想象画面是走进文本的一种较为直接的方式。如《观潮》，两个字就写出了"看"和"看什么"。读题目想象画面，利于学生从观者角度想象潮水的样子，心中涌动一种气势磅礴的感情基调。而读课题《走月亮》，学生会自然产生疑问：什么是"走月亮"？谁在"走月亮"？为什么要"走月亮"？老师相机介绍云南的风土人情，学生的头脑中就会慢慢出现一幅南方小村庄里明月高挂，"我"和阿妈牵手漫步的祥和画面。《秋晚的江上》，"秋晚"包含着时节和时间，联系江面展开想象，学生就很容易结合经验勾勒出一幅秋日黄昏的江景图，产生宁静美好的感觉。

2. 读词串想象画面。本单元语文园地的"词句段运用"中就出示了表述

声音的一组四字词，要求学生想象画面。词语比句子简单，又包含着想象的空间，将有联系的一组词组成词串，引导学生想象画面，能帮助学生对一类事物有更直观具体的理解。比如《观潮》一课，"白浪翻滚、浩浩荡荡、齐头并进、漫天卷地"构成了大潮的样子；"隆隆、闷雷滚动、山崩地裂、风号浪吼"构成了大潮由远及近的声音变化；"海宁市、盐官镇、钱塘江、中山亭、镇海古塔、海潮大堤、观潮台"则勾勒出观潮时的地理地貌。《走月亮》一课，词串"洱海、点苍山、大青树、村间大道、小路"让人想到的是富有云南风情的小村庄的画面；词串"月光闪闪、月影团团、沟水汩汩"则在舒缓的节奏中让人联想起月下宁静温馨的画面。《现代诗二首》中"江上、鸟儿、斜阳、芦苇""花牛、草地、白云、太阳、西山、青峰"几个景物的名字串在一起，本身就是意象叠加的画面。

3. 读重点语句想象画面。散文中那些特别的表达之处往往隐藏着作者独特的情思。学生在阅读中感受作者情感，体会自然之美，必然要关注文中的重点语句，反复朗读想象画面。如《走月亮》中引导学生品读"细细的溪水，流着山草和野花的香味，流着月光"。初读想象，"溪水、山草、野花、月光"这些景物最容易在学生的脑海中浮现出具体的形象。再读，引导学生围绕这些景物继续想象，于是溪水有了清澈的样子，还发出悦耳的声音；山草野花有了绚丽的色彩，还飘着沁人的香味；月光有了亮度还有了温情……此时，抓住"流着"一词追问学生："作者为什么说流着香味和月光？香味和月光能流动吗？"引导学生感受"流着"让原本画面中看不见或摸不着的味道与光影也仿佛可触、可见，这样的画面才美得丰富，美得立体。教师还可以借助这样的句式请学生继续想象表达"还流着什么"，丰富学生的想象和审美体验。

综上所述，基于语文要素，读懂单元结构，能让散文单元的整体教学聚焦思维与审美，关联起学习的方法，从而帮助学生建构与提升阅读散文的能力。

# 深入知识体系　关联学习心智
## ——以五年级上册第三单元为例探索复述单元整体教学

建构主义学习观认为，学习的核心是建构，是利用已有经验及意义对相关新知识进行的积极处理（再构）。学习是一个过程，是对观点、技能、思维的整合，是动态变化的，是对过去、现在、未来的联系，且不断循环往复。围绕复述教学，统编版小学语文教科书（以下简称"统编教科书"）从二年级开始就在课后题中编排了讲故事的训练，如二上课文《小蝌蚪找妈妈》的课后题"按顺序连连下面的图片，再讲讲小蝌蚪找妈妈的故事"，《大禹治水》的课后题"（依据下列句子）讲讲'大禹治水'的故事"，二下课文《小马过河》的课后题"试着用上下面的词语，讲讲这个故事"，《羿射九日》的课后题"根据表格里的内容（起因、经过、结果）讲一讲这个故事"等，为三年级借助关键信息详细复述做好了准备。依据复述的三种分类，从三年级到五年级教材分别编写了三个专门的复述单元，依次训练详细复述、简要复述和创造性复述。这样的编排体系遵循了复述由易到难、循序渐进的学习过程，与建构主义学习理论的观点不谋而合。如何结合教材的编写特点，遵循复述能力形成与提升的规律，在教学中激发学生主动参与、积极建构复述的知识和能力体系呢？笔者以五年级上册第三单元为例，试着从以下两方面加以阐述。

## 一、深入知识体系，立体认识复述教学

（一）复述的知识内涵

复述在认知心理学中指个体通过言语重复以前识记过的材料，以巩固记忆的心理操作过程。它是短时记忆信息存储的有效方法，可以防止短时记忆中的信息受到无关刺激的干扰而发生遗忘。将这一心理过程运用于语文学习中，复述便是对语言材料吸收、加工、存储、内化、整理和表达的一种训练方法。研究发现，经过系列的复述训练，能提高学生语言表达能力，包括口头语言表达能力和书面语言表达能力；能增进学生记忆能力和阅读理解能力；能发展学生的思维能力。

（二）复述在统编教科书中的编排体系及特点

2021版《义务教育语文新课程标准》按学段提出了具体的复述要求。第一学段"听故事、看音像作品，能复述大意和自己感兴趣的情节"；第二学段"能复述叙事性作品的大意，初步感受作品中生动的形象和优美的语言，关心作品中人物的命运和喜怒哀乐，与他人交流自己的阅读感受"；第三学段"阅读叙事性作品，了解事件梗概，能简单描述自己印象最深的场景、人物、细节，说出自己的喜爱、憎恶、崇敬、向往、同情等感受"。依照课标要求，统编教科书复述知识具体编排内容如下图所示。

| 单元 | 语文要素 | 课后题中的复述方法 | 交流平台 |
| --- | --- | --- | --- |
| 三下八单元 | 了解故事的主要内容，复述故事 | 借助表格复述故事；图文提示复述故事；按顺序复述故事 | 明白复述不是背诵，而是用自己的话把故事内容讲出来。可以借助表格、示意图等梳理故事的主要内容，按顺序复述 |

（续表）

| 单 元 | 语文要素 | 课后题中的复述方法 | 交流平台 |
|---|---|---|---|
| 四上八单元 | 了解故事情节，简要复述课文 | 结合注释用自己的话讲讲故事<br>根据课文内容填空，简要复述课文<br>找出表示故事发展顺序的词句，简要复述故事 | 复述前多读课文，熟悉内容<br>复述时抓住主要内容，其他内容可以适当省略 |
| 五上三单元 | 了解课文内容，创造性地复述故事 | 根据课文内容给海力布的石头写一段简要介绍<br>课文中有些情节写得很简略，发挥想象把情节说得更具体，再和同学演一演 | 用小创作的方式让故事更有新鲜感<br>可以换一种人称复述<br>可以对故事情节"添油加醋"<br>可以大胆想象，续编故事 |

根据上表可知，统编教科书中的复述教学有如下特点。

1. 不同类型的复述对应不同阶段的学生的心智水平。第一学段的学生以形象思维为主，认知水平较低，识字量也较少，注意力集中时间较短，能认读的字数不多。所以二年级时，教材通过课后题适度训练学生的简单复述能力。第二学段，学生的心智水平由形象思维向形象思维与抽象思维并存的阶段发展，社会性心理水平有所提高，识字量和表达能力都有所提升。注意力更持久，能独立阅读较长时间。三年级的详细复述要求和记忆力的联系比较紧密，复述难度相对较低。四年级的简要复述与概括能力联系紧密，在详细复述的基础上需要对关键信息加以取舍和整合，因此难度有所提升。到了第三学段，教材进一步提出了创造性复述的要求。在前两类复述的基础上，创造性复述单元更强调的是学生对语言材料吸收、内化后的想象与表达。这与本学段学生开始有自我意识的追求，开始懂得关心别人，同情弱者，能设身处地地为别人着想，有了较明确的时空概念，能试着从不同角度看待同一个问题的心智发展水平相符合。

2. 复述学习与背诵、概括有交集，也有区别。统编教科书中设计的很多复述练习都是以熟读课文、概括课文内容为基础的。比如"默读课文，说说牛郎和老牛是怎么相处的，他和织女是怎么认识的"，对课文内容越熟悉越能讲述清楚。再如"默读课文，说说课文写了海力布的哪几件事"，需要有概括的能力才能讲述故事。但复述有别于背诵与概括。和背诵不同，复述是用自己的话讲故事，强调的是语言的运用；和概括不同，复述在抓住课文的关键信息、概括课文内容的基础上，还可以有自己的表达。如三下第八单元的交流平台"我知道了复述故事不是背诵文章，而是用自己的话把故事内容讲出来"，就用儿童的语气点出了复述的特点。

3. 复述的方法具有连续性和发展性。梳理每个单元的课后题与交流平台，可以看到复述的方法具有连续性。比如，熟读课文，再根据图文提示复述故事，是从二年级到五年级反复运用的重要方法。说明熟悉、理解课文内容，提取、整合课文中的关键性信息，关注故事的叙事结构，都是复述故事的重要基础，是构成复述方法的核心。同时，随着年段的变化，复述方法也会有相应的进阶。比如，中年级的"说说故事中的哪个部分内容是你最意想不到的，再用自己的话复述这个部分"（三下《方帽子店》）。到了五年级的创造性复述单元就有了更为具体的要求。如"课文中有些情节写得很简略，发挥想象把情节说得更具体，再和同学演一演"（五上《牛郎织女》），明确提出复述时需要加入自己的想象，让故事更具体。再如，从直接借助教材中已有的图文信息复述故事到需要学生自己依据课文内容提取关键信息进行复述，由扶到放，复述的方法具有了发展性。

（三）立体认识复述教学中语言与思维共生的关系

1. 在复述教学的编排体系中发现语言与思维共生的关系。如上图所示，随着学生年龄的增加，学习的复述的类型有所改变，复述时需要的学生思维能力也越来越复杂。语言是思维的外显，思维是语言的内核，从这个意义讲，不同类型复述的学习与训练本身就是语言与思维共生的过程。比如，详细复述时，学生需要唤醒记忆，用作者的构思，积累作者的语言体系来表达。简要复述时，对学生的概括能力与理解能力要求更高，需要学生在理解的基础上抓住关键信息简要表达。同时要注意的是，学生思维能力的发展是有延续性的，不能截然分开。比如，五年级创造性复述中所需要的想象力和推理能力在二年级的讲故事中也存在，只不过在二年级时是学生的无意识行为，到了五年级的创造性复述的学习中，教师要把这种无意识行为变成学生的学习目标，设计合理的支架，帮助学生运用想象和推理等思维力来创编故事，实现创造性复述。

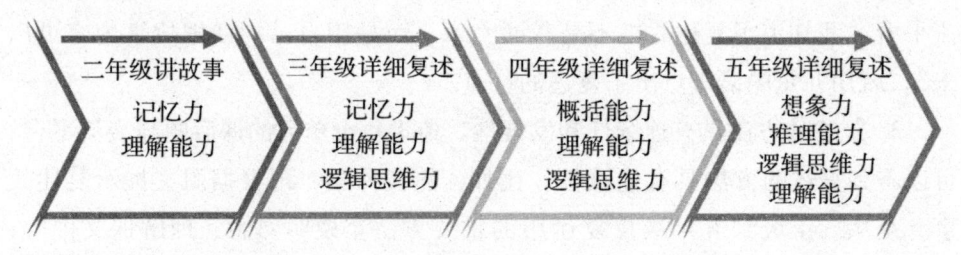

| 二年级讲故事 | 三年级详细复述 | 四年级详细复述 | 五年级详细复述 |
|---|---|---|---|
| 记忆力 | 记忆力 | 概括能力 | 想象力 |
| 理解能力 | 理解能力 | 理解能力 | 推理能力 |
|  | 逻辑思维力 | 逻辑思维力 | 逻辑思维力 |
|  |  |  | 理解能力 |

2. 在单篇课文的学习中发现复述教学语言与思维共生的关系。虽然统编教科书按照不同的年级安排了不同类型的复述学习，但学生进行创造性复述时，曾经学习过的简要复述与详细复述都可以起到助力的作用。以本单元的第一课《猎人海力布》为例，简要复述可以帮助学生抓住关键信息，快速了解课文内容；详细复述可以唤醒学生的记忆，让学生深入故事情节，在入情入境的感受与想象中更好地进行创造性复述。把复述类型与课文理解过程及学生思维力的发展联系起来就形成了以下图式。

| 简要复述 | → | 详细复述 | → | 创造性复述 |
|---|---|---|---|---|
| 概括能力 |  | 记忆力 |  | 理解力、逻辑思维力、想象力…… |
| 把握课文内容 |  | 感受故事情节 |  | 深入理解情感、感受人物形象 |

通过这样的梳理不难发现，在一篇课文的学习中，三种类型的复述可以根据教学需要融合运用，从简要复述到想象复述再到创造性复述的过程，实际上也就是学习一篇课文从初步感知，到熟悉内容，再到深入体会的过程。

由此，课堂教学中复述的学习可以和课文理解相互促进，双线并进。

**二、关联学习心智，整体推进复述教学**

（一）整体关联设计，激发学习动机

建构主义学习理论的核心是学习者要想真正地学到知识，就必须自己去发现和转换复杂的信息。即学习者需要主动参与学习，成为学习的主体。复述单元的教学首先就需要引导学生明白学习复述的意义，激发学生学习复述的愿望。就五上第三单元来说，这是一个民间故事单元。民间故事口口相传，具有强大的生命力。之所以如此，是因为民间故事往往体现了一个民族共同的价值认同，一代一代讲述民间故事也就是对民族文化的一种传承。同时，民间故事生动的内容也让讲述成为一种享受。将学习民间故事的意义与乐趣贯穿整个单元，有利于激发学生主动学习创造性复述的愿望。

1. 单元起始课，明白为什么学。五年级上册第三单元的起始课是《猎人海力布》，教学应该和单元页的要求相联系，首先从学生读过的民间故事说起，结合单元页中的人文主题，引导学生明白学习民间故事的意义，愿意用"口耳相传"的形式讲述"老百姓智慧的结晶"。

2. 课后题，初步体会学的乐趣。利用本单元的课后题引导学生用换角色、演一演、增加情节等多种方式展开合理想象复述故事，让学生走进故事情境，在复述中感受创作的乐趣。

3. 口语交际、单元习作、快乐读书吧，享受成果交流的乐趣。通过本单元三篇课文的学习，学生初步掌握了创造性复述的方法，也体会到了创造性复述的乐趣，教材中的口语交际、单元习作和快乐读书吧就用"输出""输入"相互推动的方式进一步为学生提供了展示创造性复述的平台，让学生能走进更为丰富的民间故事的世界，享受复述故事的成果，拥有继续阅读民间故事、讲述民间故事的乐趣。

（二）针对文体特点，展开复述学习

复述的方法很多，不同文学体裁适合选择的复述方法也不尽相同。五年级上册第三单元安排了两篇民间故事——《猎人海力布》和《牛郎织女》。作为民间故事，两篇课文具有共同特点，依据文本特点来展开复述，会让学生的学习更有抓手。

1. 聚焦关键信息，让复述有序。民间故事作为记叙类文体，故事中有人、有事、有曲折的情节。有的故事人物相对简单，有的故事人物较多，彼此之间还有较为复杂的关系。比如《牛郎织女》的故事中，就有牛郎和哥嫂的故事线索、牛郎和老牛的故事线索、牛郎和织女的故事线索、织女和王母娘娘的故事线索等，给复述故事带来一定的困难。此时可以引导学生提取关键信息，让故事的线索更清晰。再如《猎人海力布》，可以依据课后题"说说课文写了海力布的哪几件事"聚焦事件，让复述更有序；《牛郎织女》同样可以依据课后题"说说牛郎和老牛是怎么相处的，他和织女是怎么认识的"聚焦关键人物的关系，让复述更有序。

2. 聚焦故事"留白"处，让复述有合理的想象。民间故事时代久远、口口相传，导致故事有了一定的模糊性和不确定性；同时民间故事中的夸张和神奇的情节也为读者留下了许多遐想的空间，就如同故事给读者的"留白"。教学时可以抓住文中的"留白"处，引导学生结合故事情节，展开合理的想象，这样的复述就具有了创造性。如《猎人海力布》一课中，海力布劝说乡亲们离开的情节是故事的高潮，课文中却只写了海力布说的三句话，那么，他还会怎么苦口婆心地劝大家，在不断劝说的过程中，在最后下定决心说出真相之前，他的内心又有过怎样的煎熬，有过一些怎样的想法呢？乡亲们并不是不知道海力布好，但大家无法接受离开家乡的建议，文中也只写了一位老人的质疑，其他人又是怎么想的、怎么说的？无疑，这些留白恰恰给学生留有了进行合理想象的空间。加入这些想象不仅能帮助学生进行创造性复述，还能让学生在复述中深深地被海力布的善良所感动。

### （三）关注自我效能，建构学习方法

自我效能指的是在某一特定领域，人们对自己的能力或效力的信念。[①] 将自我效能运用于创造性复述的学习过程，则可以理解为学生对于自身已拥有的复述能力的主观判断，是对自身能否运用阅读能力、复述方法完成创造性复述任务的内心评价。关注学生的自我效能，有助于学生主动建构复述的学习方法。

1. 激活已有复述经验，变无意识创造为有意识创造。学生通过低中年级的学习已经具备一定的复述能力。教学中要激活学生已有的经验，提升学生的自我效能。例如，《猎人海力布》的课后第一题"默读课文，说说课文写了海力布的哪几件事"。学生可以运用简单复述和详细复述的方法依据关键信息进行复述，老师要充分肯定学生的已有经验，并及时为学生指出，复述时属于自己的语言描述其实就是一种创造，让学生意识到创造性复述其实在之前的学习中就已经存在，从而更加有意识地进行创造性复述练习，降低学生对学习创造性复述的难度预期，提高学习的自信心。

2. 结合课后题与交流平台，引导学生在实践中建构学习方法。结合课后题和交流平台可知，创造性复述的方法有关键信息提取法、表演法、变叙法、课文补白法、情节拓展法、情景模拟法等，学会这些方法最好的路径就是引导学生在实践的过程中去主动建构，在建构的过程中提高自我效能，乐于迁移、运用方法。如《猎人海力布》一课可以根据课后题2"试着以海力布或乡亲们的口吻讲一讲海力布劝说乡亲们赶快搬家的部分"设计系列学习活动：首先，让学生读课文，想象自己就在故事的现场，能听到什么，看到什么，运用关键信息提取法找到故事中的"留白"处。然后引导学生展开想象，补充故事中有可能在场的人物以及人物的对话，并换角色进行复述。让学生在情境模拟中自然展开想象，运用课文补白法、表演法、情节拓展法等练习创

---

[①] ［美］安妮塔·伍尔福克著，伍新春等译教育心理学：主动学习版［M］．北京：机械工业出版社，2015.6，第310页．

造性复述。这样的学习过程生动有趣，各种方法的运用在故事情境中自然展开，降低了学习的难度，利于学生自我效能的提升，从而让学生主动把所学方法迁移运用到《牛郎织女》及其他民间故事的复述中。

（四）顺应语言背后的思维方式，推动语言和思维的融合发展

心理学研究发现，语言与思维密不可分，语言是思维的工具，语言的发展推动思维的发展。创造性复述首先需要学生对课文内容进行筛选和整合，这有助于提升学生的逻辑思维能力；创造性复述还需要对故事的情节进行合理想象，这有助于培养学生的想象思维；创造性复述还可以有对故事情节合理的拓展，包括续编故事，这就要求学生还有一定的推理思维。教学只有顺应语言背后的思维方式，才能推动学生语言能力和思维能力的融合发展。体现在本单元教学中，应当看到创造性复述背后包含的几种思维方式：筛选、整合课文内容，补充情节合理想象，变化顺序、变换角色的背后是逻辑思维、想象能力、推理能力等思维方式的综合运用。

（五）探索多元评价，推动复述能力的有效提升

及时评价、及时反馈将有助于学生检验自己的创造性复述的完成效果，有目的、有方向地进行改进。创造性复述单元应该探索评价的多元性，让评价成为学习的一部分，立体推动学生主动参与学习。

1. 评价的主体可以多元化，不仅是老师对学生进行评价，也应该鼓励学生进行互评与自评。

2. 评价内容可以多层化，既要针对复述内容的完整性进行评价，也要针对故事的创造性进行评价，还要针对讲述者的语言表达效果进行评价。

# 基于"一般"特点　关联"独特"之处
## ——以四年级下册第三单元为例探索现代诗单元整体教学

以文体分类组织单元是统编版小学语文教科书（以下简称"统编教科书"）在编排上的一大特点。在小学中高年级教材中，每册至少有一个特定的文体组元单元。这"有利于培养学生的文体意识，消除与文本间的隔阂。也有利于教师根据文本特征确立教学目标，安排教学内容，教给学生阅读不同文体的方法，增强教学指导针对性，丰富阅读教学的面貌"[1]。四年级下册第三单元就是现代诗单元，单元页中第一条语文要素就明确指出"初步了解现代诗的一些特点，体会诗歌表达的情感"。本单元共有三篇精读课文、一篇略读课文，分别为冰心、艾青、戴望舒三位中国诗人的诗歌作品，及一位苏联诗人叶赛宁的诗歌作品。所选现代诗文质兼美，从不同角度描写了美丽的大自然，在内容上回应了单元人文主题"诗歌，让我们用美丽的眼睛看世界"。在表达方式上都具有现代诗的一些特点，如音韵美、结构美、意境美等。但不同的诗人有着不同的人生经历，诗歌表达的情感不尽相同，表达的方式也各有特点。要让学生建构起对现代诗特点的体会，掌握一些阅读现代诗的方法，就需要围绕现代诗的一些特点，找到每一篇课文的具体体现形式，让学生通过每一首诗的学习真切地去感受。所以，现代诗的单元整体教学应该循

---

[1] 何致文：《统编教材文体组元单元的编排思路与教学建议》，《语文建设》（下半月），2020年第4期.

着诗歌的"一般"特点，探寻文本的"独特"之处。

## 一、读懂单元整体结构，发现诗歌的"一般"特点

**（一）从"交流平台"找到本单元教学的入口**

单元"交流平台"中提到的"节奏感""丰富的想象""独特的表达""真挚的情感"就是帮助学生走进现代诗的入口，指向的分别是现代诗的音韵、意象、意境和情感等基本特点。

**（二）从课后题中找到本单元教学的基本方法**

结合诗歌的特点，细读课后题会发现，每一课的学习都是从朗读开始，"体会诗歌的韵味"是学习现代诗的第一步。"这首诗表现的'绿'，是大自然的景象，更是诗人的感觉。说说'所有的绿就整齐地按着节拍飘动在一起'带给你怎样的感受。"（《绿》）这样的课后题引导学生关注诗歌中的意象，感受藏在意象中的作者的情感。"'月明的园中，藤萝的叶下，母亲的膝上'，唤起了你怎样的感受？"（《短诗三首》）诗人把一串景物罗列组合起来，形成了独有的意境。学生随着文字走进意境体会情感，同时也就真切感受到了诗歌的意境美。"艾青笔下的'绿'给我们留下了很多想象的空间，宗璞笔下的'绿'，又带给你怎样的感受？"（《短诗三首》）"结合自己喜欢的诗句，和同学交流读后的感受。有兴趣的同学，还可以用诗的形式，写写自己看到过的雨后天晴的景象。"（《在天晴了的时候》）这两道题则引导学生读诗的时候可以学习诗人的语言形式，可以抒发自己的情感体会。由此可见，读诗（感受诗歌的音韵美）、品诗（感受诗歌的意境美）、悟情（感受诗歌的情感美）、想象与创作（学习诗歌的语言形式）可以成为本单元现代诗教学的基本方法。

**（三）综合考量语文要素，构建单元整体任务图式**

围绕现代诗，本单元共提出了以下三条语文要素。
1. 初步了解现代诗的一些特点，体会诗歌表达的情感。

2. 根据需要收集资料，初步学习整理资料的方法。

3. 合作编写小诗集，举办诗歌朗诵会。结合单元内容可知，三条语文要素各有重点，又相互交织。语文要素1主要指向对四篇课文的学习，语文要素2、3则指向本单元综合性学习的开展。学生通过本单元四篇课文的学习达到"初步了解现代诗的一些特点，体会诗歌表达的情感"的要求。但课文只是例子，是学生走入现代诗的一个窗口，要真正体会现代诗的特点和诗歌带给人的美好感受，还需要学生阅读大量的诗歌，同时在阅读的过程中继续学习。所以，本单元专门安排了一次综合性学习"轻叩诗歌大门"。活动分为两部分。其一是跟随课文的学习：在《短诗三首》一课的课后题中提出收集、抄写现代诗的要求；在《白桦》一课的课后题中提出试着当个"小诗人"写写诗的要求。同时，抄写和自己写一写的要求也分散到课文的学习中，如《白桦》一课的选做题"诗歌中常常写到一些植物，你知道哪些与植物有关的诗歌？摘抄你最喜欢的一首，和同学交流"，指导学生收集、摘抄诗歌的方法。《在天晴了的时候》一课的导语"有兴趣的同学，还可以用诗的形式，写写自己看到过的雨后天晴的景象"，则是结合课文情境引导学生创作诗句。其二是在"语文园地"开始之前安排了专门的综合性学习活动：合作编小诗集、举办诗歌朗诵会。以活动的方式把第一阶段的课文学习与收集、创作诗歌做一个整体的交流。

通过以上分析不难看出，三条语文要素最终的目的都是引导学生走进诗歌的大门，在广泛的阅读与尝试创作中回应单元人文主题——"诗歌，让我们用美丽的眼睛看世界"。所以，本单元的教学目标不能窄化为读懂课文提供的几首诗，更不能停留在关于诗歌的一些特点的概念上，而是要综合考量单元语文要素，建构单元整体任务图式。笔者尝试用以下示意图来厘清单元学习任务。

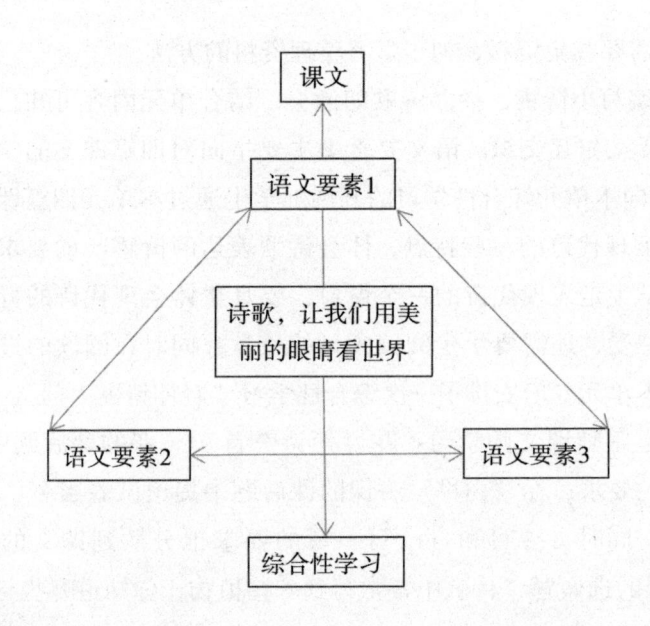

```
        课文
         ↑
       语文要素1
         ↑
    诗歌，让我们用美
     丽的眼睛看世界
      ↙         ↘
  语文要素2 ←→ 语文要素3
         ↓
       综合性学习
```

当然，这个学习图式也不是封闭的，教材中"语文园地"就用一组学生熟悉的古代诗人的名字将现代诗的学习与古诗相连，又在《绿》的课后题中将现代诗的学习与文质兼美的散文相连。

**二、深入理解每首诗歌，探寻文本的"独特"之处**

（一）结合诗人的创作特点，理解诗歌的语言表现形式

要让学生真正读懂单元里的每一首诗，除了基于单元整体了解现代诗的一般特点外，还需要结合诗人独特的创作特色发现音韵、意象、意境等在每一篇诗歌中的具体表现形式。如《在天晴了的时候》，作者是中国现代派象征主义诗人戴望舒。在这首抒情小诗中，诗人用拟人化的手法为我们描绘出一幅雨后天晴的乡村画卷。诗中描写的都是大自然中平凡常见的景物，语言清新简洁，读起来却又令人浮想联翩，回味无穷。这是为什么呢？这就需要进一步细读诗句，寻找这首诗中语言的独特表现形式。结合本单元所选诗歌的共同特点，大致可以从以下几方面去做探索。

1. 发现每一首诗歌音韵美的表现形式。叶圣陶曾经评价戴望舒的诗"创

造了新诗音乐美的新纪元"。作为现代派诗人，戴望舒所主张的是"用现代语言表现现代诗人的现代情感。而其中涉及的音乐美，是法国象征派诗人所运用的诗歌手法，即在诗歌的句子中间利用特有的技巧，比如重复、停顿，把诗的节奏加快或者放慢，从而更好地传递诗情"①。这样的追求在《在天晴了的时候》具体体现为：整首诗押 ou 韵，读起来朗朗上口的同时透出一股柔美；用叠词"试试寒，试试暖"、用"一下子""一开一收"表现快慢和有对比的词、用"赤着脚，携着手，踏着新泥，涉过溪流"这样对仗工整又富于变化的句式、用"在天晴了的时候"这样反复出现的句子来体现节奏的变化。而作为儿童文学家的冰心，她的小诗中的韵律则更符合儿童思维与语言表达。《短诗三首》中的作品更倾向于用口语化的韵律词使儿歌朗朗上口。找到每一首诗不同的音韵美，才能让朗读指导更具有针对性。

2. 发现每一首诗歌意境美的表现形式。在文学作品中，"意"不能赤裸裸地说出，需借助物来表现；"境"不能是纯客观的物象，需由意所触发。因此，所谓意境，可以说是诗人的主观思想感情与诗中所描绘的生活图景有机融合而形成的一种耐人寻味的艺术境界。要探寻诗歌的意境，有时需要先读懂诗人所创作的意象，而词汇则是诗作意象表达的关键。比如"（　　）的（　　）"这样的表达方式能帮助诗人抓住自然之物，又赋予自然之物以个人的情感，形成独特的意象。如《在天晴了的时候》这首诗中的"炫耀着新绿的小草""不再胆怯的小白菊""抖去水珠的凤蝶儿"等。细读这些诗句中的用词能读出以下信息："小草""小白菊""凤蝶儿"都是最最普通的事物，用上拟人的手法，加上"炫耀""不再胆怯""抖去"这样的词汇，普通的"小草""小白菊""凤蝶儿"仿佛就变成了一个个平凡却享受着快乐的人。

同时，颜色的背后往往也隐含着诗人的情绪和感知，具有丰富的隐喻内涵。如"语文园地"中"词句段运用"的第一题就列举了三句包含颜色的诗句让学生读中体会。《绿》一课的课后题更是直接指出"'绿'是大自然的景

---

① 庄泽远、车延宏：《戴望舒与现代派诗歌象征手法的变调》，《现代交际》，2019 年第 10 期.

物,更是诗人的感觉"。这句话就点明了颜色与诗歌的情感关系。有时,同样的颜色,细读还会发现不同程度背后的深意,如《在天晴了的时候》的第一小节中"新绿"一词令人印象深刻。据研究,戴望舒的诗歌创作中最常用到的颜色就是绿色系,但他较少使用纯色,通常会在纯色词的前面再加上一个修饰的词,让颜色更加丰富。比如"新绿",在"绿"的前面加上一个"新"字就能唤醒读者,让读者通过植物不同的绿色有了季节和时段的区分,让颜色有了变化与流动的丰富感。诗人再巧妙地将"新绿"与"小草"搭配,立刻产生出奇妙的化学反应,雨后万物萌发的生命力迎面扑来,在读者脑海中出现小草蓬勃生长的逼真的视觉形象,读者继而产生美好的联想——这平凡的小草也可以在阳光下自由、自信、快乐地生活,多么美好啊!

意象的叠加往往就形成了一首诗的意境。比如《短诗三首》中"月明的园中,藤萝的叶下,母亲的膝上"就构成了诗歌的意象,唤起学生温馨的感受,满满都是孩子对母亲的依恋和爱。再如《白桦》中"洁白的流苏""灿灿的金晖""姗姗来迟的朝霞""晶亮的雪花""银色的光华""白雪皑皑的树枝"就组成了白桦的图像。

(二)结合诗歌创作的时代背景,理解诗人的独特情思

《毛诗大序》记载:"诗者,志之所之也。在心为志,发言为诗。"诗歌的本质就是一种抒情言志的文学体裁。虽然通过品读诗句,感受诗歌的音韵与意境能帮助学生对诗歌的情感有一定的体会,但要真的读懂现代诗,还需要结合作者创作的时代背景。《绿》创作于1979年春天,国家刚刚进入改革开放的新时代,诗人沉冤昭雪,所以诗人笔下的"绿"不是某一物,而是万事万物生机盎然的意境。而《在天晴了的时候》则创作于1944年6月,当时抗日战争即将胜利,所以诗人写这首诗的基调是积极向上的,是歌唱光明和解放的。王金双教授曾点评诗人:"他这个正直知识分子表现了顽强的斗争精神……"基于这样的创作背景,诗人用象征手法让诗中的"小草""小白菊""凤蝶儿"等形象具有了更丰富的内涵,代表着在战争阴云下乐观顽强地迎接新生活的平凡的人。只有体会到这样的情感,学生才能更好地理解为什么诗

人在写小草的时候要用"炫耀"这样的词。"炫耀"在此处不仅不是自以为是的骄傲，反而表达了一种蓬勃的生命力。了解了时代背景，学生才能对诗中的情感有更深刻的理解。

### 三、顺应儿童的学习心理，逐步建构学生对现代诗的初步了解

带着以上对文本的具体分析走入课堂教学时教师仍要注意：文本解读不等于教学过程。教学应该结合单元整体编写意图，符合学生心理，在系统学习中激发学生的学习兴趣，帮助学生主动建构起学习现代诗的一些方法。具体来说，可以有如下单元整体教学策略。

（一）关联设计，形成单元整体教学

统编教科书通过单元内容的合理编写，已经形成一个现代诗学习的单元体系。在这个体系中有活动、有学习，活动与学习相互交织，相互促进；有阅读、有创作，阅读与创作相互交织，相互促进；有对名家名篇的深入学习，也有从这几篇到这一类作品，从现代诗到古诗、到散文的开放的学习路径。所以，本单元的教学不能只是按照课文的顺序单线条推进教学。教师在每一课的教学中都应该心中有单元整体学习图式的存在，把各部分内容关联设计，形成单元整体教学。具体来说，可以有如下教学思路。

1. 围绕单元页的人文主题，引导学生回忆过去知晓的古诗、现代诗、儿童诗，通过朗读或背诵，用朗朗读书声唤醒学生对诗歌的记忆，让本单元的学习具有延续性。

2. 根据综合性学习的要求，任务前置，激发学生主动参与本单元学习的兴趣。学习有了目标，更利于学生在名家名篇的学习中主动建构关于现代诗的知识和学习现代诗的方法。

3. 课文的学习与综合性活动的开展，以及"交流平台""语文园地"融合交织，整体推进。课文无非是个例子，教学可以以综合性活动为推进主线，在学生有需要的地方停下来，通过对名家名篇的学习让学生更加充分地了解现代诗。然后，鼓励学生带着所学走进活动，在自主收集、阅读、写作中更

加深入地触摸现代诗。当然,"交流平台"及"语文园地"中提供的方法和练习如能结合课文的学习则会起到助力作用,事半功倍。

(二)遵循规律,探索诗歌学习路径

现代诗具有音韵美、结构美、意境美、情感美等审美特点,教学应该遵循学生认知的规律,由表及里,由浅入深。中国古典文学理论中"言象意"的顺序对应现代诗歌,大约是从音韵到意境再到情感的顺序。这个顺序对应学生的学习又可以转化为朗读、想象、体会等学习方式。首先,学生学习诗歌不是从概念开始,而是顺应诗歌的特点,用最简单的"读"一步步走进诗歌。留心诗人独特的表达形式,把诗歌读得"好听",感受诗歌中的音韵美;关注诗歌中一个一个的意象,边读边想象画面,由意象到意境,读出诗歌的"好看",感受诗歌中的意境美;在"好听""好看"的基础上,结合诗人及创作的背景才能读出诗歌的情感,感受到读诗"好有意思"。"好听""好看""好有意思"是学生视角下学习诗歌的一条路径,也应该是单元每一篇课文学习的一般路径。教师要引导学生逐渐走进诗歌,像诗人一样"用美丽的眼睛看世界",并初步了解现代诗的一些特点。

(三)统整教学,建构诗歌学习方法

通过以上分析不难看出,诵读、想象、体会、创作等都是学习现代诗的好方法。建构主义学习理论的核心观点是:学习者要想真正地学到知识,就必须自己去发现和转换复杂的信息。建构主义理论强调学生是主动的学习者,因此教学策略也应该以学生为中心,教师的任务则是帮助学生去发现诗歌学习的意义、方法使用的意义等。如何帮助学生实现建构的过程呢?可以从整体入手,综合思考几种基本学习方法在单元教学中的运用。

1. 充分朗读,感受诗歌的音韵美。朗读是一种古老而传统的教学方法。古人云:"熟读唐诗三百首,不会作诗也会吟。"《毛诗序》中也谈道:"情动于中而行于言,言之不足,故嗟叹之,嗟叹之不足,故咏歌之。"朗读能帮助学生叩开诗歌的大门,同时也是情到浓时的表达需要。单元整体教学中,朗读应该呈现出立体的学习样态，多个层次、多种方式地推进诵读。多个层次是指，将朗读定位为主要的学习方法，从新课引入，到学生初步感受诗歌，到学习每篇课文，到最后的综合性学习活动中，朗读一直都是学生最重要的学习方式。多种方式是指，可以用朗读来初步了解、感知整个单元，初步体会诗歌的美好；也可以结合重点字词句的学习，边读边想象；还可以和同伴一起合作朗读，让朗读具有表演艺术的形式等。总之，要让朗读自始至终伴随本单元的学习，要让朗读代替老师的逐字逐句的讲解，要让朗读成为学生主动调用的学习方法。

2. 情境想象，体会诗歌的意境美。从审美的角度看，审美感受是一种主观的心理活动过程，作者的文字描绘必须经过学生主观的联想与想象才能转化为具体的形象，从而感受其中的美。所以，想象的过程就是学生阅读散文的重要审美心理过程。再结合认知心理学的研究可知，"边读边想象画面"需要建立在学生对具体语言的理解和激活头脑中已有相关信息的基础上。所以，让学生在情境中展开想象，是帮助学生体会诗歌意境的重要学习方法。而学生的想象力，特别是借助文字展开想象的能力是需要反复练习、逐渐培养的。单元整体教学中应该有对这个学习方法的指导、训练过程，经由课文的学习引导学生从感受到总结出方法，再到主动启动"边读边想象"的方法去理解诗歌。

3. 写作与交流，用创作的方式感受诗歌的情感。统编教科书的一大特点就是阅读与表达并重，这在本单元也有较为鲜明的体现。除了阅读与朗读，教材分别在《白桦》一课后面的"活动提示"中、《在天晴了的时候》一课的导语中、在综合性学习的"合作编小诗"栏目中安排了学生创作。创作是对学习诗歌效果的一种检验。同时，在创作的过程中学生尝试着用诗人的眼光来看、来想，创作让学生有了一颗诗人的心，能帮助学生更好地理解诗歌的情感。所以，创作既是成果，也是学习方法，在教学中应该灵活使用、整体推进。

# 教学实录

读懂藏在言语形式中的有趣
——《雾在哪里》教学实录及点评

顺应民间故事表达特点 抓住关键信息简单复述
——《漏》教学实录及点评

在"想象"中落实语言文字的训练
——《繁星》教学实录及点评

……

# 读懂藏在言语形式中的有趣
## ——《雾在哪里》教学实录及点评

点评：薛法根
单位：江苏省苏州市教育科学研究院

**教学目标：**

1. 能读懂故事大意，并随文识字，发现雾的淘气与顽皮，感受阅读故事内容的趣味。

2. 能通过比较阅读，提取信息、整理信息、分析信息、运用信息。从相似的词、句、段中去发现雾的淘气与顽皮，在阅读中感受言说方式传递的趣味。

3. 能模仿本文的语言特点，大胆想象，练习说话，感受大自然的神奇有趣。

**教学实录：**

**一、唤起生活记忆，激发阅读兴趣**

（一）师生相互认识，引出课题

师：上课！

生：起立！老师您好！

师：今天，我想给你们介绍一个小朋友，他的名字只有一个字。

生：雾！

师：哦，猜到了，那请举起手来，我们一起来把他的名字写一写。先写什么？

生：雨字头。

师：然后再写？

生：务！

生：家务的务。

师：你是一个爱做家务的好孩子吗？写好了，我们再来读一读他的名字吧。

生：雾——

师：看看这个字的字形，猜一猜"雾"可能和什么有关呢？

生：和雨有关。

师：为什么？

生：因为它是雨字头。

师：说得多清楚呀！还可能和什么有关呢？

生：天气。

师：还可能和什么有关呢？

生：和水气有关。

师：这个雨字头让我们想到了好多，你们真聪明！那你们在什么地方见到过雾呢？

生：重庆。

师：这地方好大。来，请起立回答：重庆的哪里？

生：学校。

师：重庆的学校可多了。说清楚，谁？什么时候？

生：我在龙塔实验学校的早晨见到过雾。

师：原来雾跑到我们学校来啦。你说。

生：我在星辰幼儿园见到过雾。

师：雾跑到我们幼儿园去了。还有呢？

生：我在山上见到过雾。

师：雾跑到了山上。起雾的时候是什么感觉？

生：雾蒙蒙的，前面的车如果是灰色就看不见。

师："雾蒙蒙"这个词用得好。你来说。

生：高速公路上看不见前方。

师：是的，有时候高速公路上起雾了咱们开车要——

生：小心！

师：你看这个雾呀，一会儿跑到这儿，一会儿跑到那儿，这雾它到底在哪里？（板书课题）我们来读一读这个故事的名字吧——

生：雾在哪里。

师：上课以前，你们读过这个故事吗？

生：读过。

师：读过几遍？

生：1遍。

生：3遍。

……

| 点 评 |

围绕"雾"字提了三个问题：可能与什么有关？在什么地方见过雾？起雾的时候是什么感觉？激活了学生的生活经验，为阅读童话铺垫了一个科学常识：雾会弥散，会遮住别的事物，雾也会散去。

（二）学习生字词

师：这故事里面有好多生字呢，你们认不认识？

生：认识。

师：真的？那我要考考你们，看看你们是不是真的认识了。第一行，谁来读？声音要响亮，读准，读连贯。

生：雾、淘气、顽皮、于是、变暗。

师：怎么样？

生：好。

师：掌声送给他。

师：非常不错。我提点小建议，如果把"淘气""顽皮"读得连贯点就更好了。谁再试试？

生：雾、淘气、顽皮、于是、变暗。

师：怎么样？

（生鼓掌。）

师：确实不错，真的读得更连贯了。第二行，谁来试一试？

生：躲、街道、桥梁、甚至、海岸。

师：有一个词，你犹豫了一下。想一想，再读一读。

生：甚至。

师：是不是这样？

生：是！

师：这个词我要提醒一下，因为他读的是前鼻音。你再试试。

生：甚至。（读成了后鼻音。）

师：甚至。

生：甚至。

师：这次读好了，掌声送给她。

（生鼓掌。）

师：我们一起来读一读吧。一词一遍，不要拖声儿。雾、淘气，起——

生：雾、淘气、顽皮、于是、变暗、躲、街道、桥梁、甚至、海岸。

师：声音非常洪亮。我猜，同学们一定是希望在场所有的老师都能听见，对吧？

生：对！

师：可是我们读书的时候声音不能太尖，如果声音太尖就不好听了。咱们试试控制一下音量，把每个词语读连贯、读好听。雾、淘气，不要吼着读，好吗？

生：好！

师：雾、淘气、顽皮，预备，起——

生：雾、淘气、顽皮、于是、变暗、躲、街道、桥梁、甚至、海岸。

师：好听多了！再读一读。

生：变暗、海岸。

师：发现了什么？

生：变暗的暗和海岸的岸读音相像。

师：相像还是——

生：相同。

师：两个同音字，怎么记住呢？

生：变暗的暗，就是太阳被遮住。海岸就是在山上。

师：海岸在山上？哇，那海水好累好累呀，一直要涌到山上去。海岸的岸指的是水边的陆地。想一想，再给岸组个词，除了海岸，还可以组什么？

生：岸边。

生：对岸。

生：两岸。

师：海边的陆地叫海岸，那河边的陆地叫——

生：河岸。

师：湖边的陆地呢？

生：湖岸。

师：水边的陆地呢？

生：水岸。

生：江岸。

师：同学们，记住了这些词，相信你们再读故事时就能把这个故事读得更好了。现在请你们拿起故事单,把这个故事再读一读。特别喜欢的地方可以多读两遍。开始吧!

(生自由读故事。)

| 点 评 |

  识字是阅读的前提,将文中的生字词集中教学,可以针对难读、易读错的字进行重点指导,比如"暗"与"岸",同音不同字,徐老师采用组词的方式来区分,学生就读得对、记得牢了。低年级的字词教学是一项重要任务,一篇课文中常常会出现十多个生字,对学生来说就是一道阅读障碍。字词教学就是需要教师教得细致、学生读得熟练,为他们阅读课文打好基础。

**二、比较阅读,发现言语表达中的有趣,用句式来练习说话**

(一) 整体把握,感受"雾"的淘气

师:你们读故事的声音真好听呀。最后那几个同学虽然慢一点,但还是把它读完了。给你们的建议是:下一次自己读自己的,可能感觉会更不一样哦。孩子们,这个故事读起来有意思吗?

生:有!

师:那你们读了这个故事最想说点什么呢?如果只能说一句话,想好后请高高举手。

生:我想说,雾是个顽皮的哥哥。

师:雾变成了小哥哥,看来他真的是个孩子。

生:我觉得雾是一个魔法师,他把一切都藏起来了。

师:你的句子多完整啊!你把他比成了课文里都没有出现的魔法师。

生:我觉得雾是一个……是一个神仙。

师:呵呵,神仙,比魔法师还厉害是吧?我发现同学们很棒,总能说出和别人不一样的感受。还有吗?

生：我觉得雾是一列小火车。
师：嗯，为什么？
生：因为他一下开到这，一下开到那。
师：有趣的想法。
生：雾是一个淘气的孩子。
生：雾为什么一会儿跑到这儿，一会儿跑到那儿，让所有的东西都消失了？
师：你在思考提问了。
生：我也有一个问题，雾最后消失到哪里去了？

| 点 评 |

阅读要有目的，不能为读而读。为分享而阅读，激发的是高层次的阅读需要。徐老师组织学生进行阅读交流，学生有各自的感受和想象，"顽皮的孩子、魔法师、神仙、小火车"，还有学生提出"为什么要让所有的东西消失？"这样的问题，开启了边读边思的大门。

师：看来这个故事真的有意思。那就让我们一起来读吧！故事开始了，第一句话，谁来读一读？
生：从前有一片雾，他是个又淘气又顽皮的孩子。
师：又淘气又顽皮，这两个生词读得很好。那你平时见过又淘气又顽皮的孩子吗？
生：我们班就有。
师：你们班就有啊？
生：对！
师：今天老师太多了，你可以不说他的名字，说说他做了什么？
生：……
师：很想说出他的名字的样子，那你悄悄告诉我吧。
生：张××。
师：他怎么了？

生：吃饭的时候，他经常用勺子敲敲桌子。

师：有点淘气。

生：还有他跟其他同学一起去路边捡石头扔。

师：扔石子儿，嗯，淘气的小朋友喜欢玩的游戏。

生：他还很喜欢在桌子上跳上跳下。

师：哎哟，确实太顽皮了。好吧，故事里的雾呀，跟你们说的这个同学虽然不认识，但我觉得他们有点相同，既淘气又顽皮。刚刚你们说的淘气的同学做了淘气的事情，而这个雾宝宝呢，是说话淘气。淘气顽皮的孩子会怎么说话呢？自己读读试试。

（二）比较阅读，感受"雾"的淘气

1. 读句子，发现相同。

生：我要把大海藏起来。现在我要把天空连同太阳一起藏起来。现在我要把海岸藏起来。现在，我该把谁藏起来呢？我要把自己藏起来。

师：看你们读得多投入呀。那表情呀，真的像一个淘气的孩子在说话。这几句话里面，有什么是相同的呢？

生：都有"藏起来"。

生：都有一个"我要"。

师：（板书：藏起来）说明这个雾宝宝他最喜欢玩的游戏是——

生：捉迷藏。

师：想一想，又顽皮又淘气的雾宝宝为什么喜欢玩藏起来的游戏呢？

生：因为他要让东西消失掉。

师：消失掉，然后他会感到——

生：他会感到很高兴。

生：他会感到很好玩。

生：他会感到很骄傲。

师：骄傲，这个词用得好。还可以说——

生：得意。

师：哦，原来玩藏起来的游戏这么有趣呀。那他为什么还要不停地说"我要，我要……"你们感觉到什么？

生：感觉很霸道，就像逼着妈妈买冰淇淋。

师：你逼着妈妈买冰淇淋？

生：是弟弟。

师：嗯，感觉很任性。还有其他的感受吗？

生：我感觉到他很淘气。作者用淘气、顽皮这两个词很适合。

师：哦，这两个词用得很适合。你从"我要"里面体会到了是吧？那好，抓住这些相同的词，你们会怎么来读好雾宝宝的语气呢？谁能读？第一句。

生：我要把大海藏起来。

师：淘气，真够淘气。第二句。

生：现在，我要把天空连同太阳一起藏起来。

师：哎哟，一听这语气就知道顽皮，现在……第三句。女孩子也能读？

生：现在我要把海岸藏起来。（学生很投入，一不小心把凳子碰倒了。）

师：哟，你看这声音读得多淘气，把凳子都掀翻了，够淘气的。最后两行啦，谁能读？都能读。那一起来读一读！

生：现在，我该把谁藏起来呢？我要把自己藏起来。

2. 读句子，发现不同。

师：说完了相同，你们发现这些句子里有什么是不同的呢？

（生陷入思考，好像有一点难。）

师：开始藏的什么？后来呢？你们发现了什么不同？

生：天空连同太阳一起藏起来了。

师：是，这句就不同。为什么他不说光藏天空，还要说连同太阳一起藏起来呢？

生：因为太阳就在天空上。

师：只要太阳还在，天空就在。请坐，非常不错。还有什么不一样？

生：最后他没有藏的，就把自己藏起来了。

师：这个发现很了不起。一开始的时候他藏的全是——

生：东西。

师：别的东西，就是藏别人。最后呢？最后他藏谁了？

生：他自己。

师：哎呀，你这个发现很了不起。可是还有一个秘密你们没有发现。瞧瞧前面三句和后面两句，有什么秘密？发现没有？

生：他们都是藏起来。

师：是，相同的。看看前面三句，再看看后面两句。有什么不一样呢？

（生陷入思考。）

师：哎哟，还没有人发现，我急呀，我要说出答案了。（马上有学生开始举手）你想说是吧？

生：前面三句写的不是人，后面是人。

师：不对呀，再看看句子，你还能发现什么不一样？

生：前面的"现在"没有打逗号，后面的"现在"打了逗号。

师：很好很好，他关注到了句子的标点符号了。可是还有一个很重要的标点符号，我真的要说答案了。（更多的学生举手了）你要说？好。

生：第四句有个问号。

师：答案对不对？

生：对！

师：你们是不是都是这样想的？

生：是！

师：掌声送给自己。

师：这个秘密发现得好艰难哦！

生：我早就发现了。

师：你早就发现了呀，你早不说？等我们说出来了，你才说。

（大家笑。）

生：老师您没请他说呀。

师：哦，我没给他机会。你们看前面三句都是句号。到这儿，他问了一个问题。雾宝宝是问谁这个问题？

生：是问自己（我们）。

师：是问我们呀。

生：不是，是问他自己。

师：自问自答。读一读这个问句，自问自答哟，预备——起。

生：现在，我该把谁藏起来呢？我要把自己藏起来。

师：同学们，你们刚刚一直说谁谁调皮，谁谁顽皮。其实淘气又顽皮的孩子有时候是很——

生：聪明的。

师：说得好，聪明。他会动脑子，他会给自己提出问题。那现在你们可以把雾宝宝的话从头读到尾了吧？可以吗？

生：可以。

师：坐端正！帮雾宝宝好好地把他的话读一读，读出雾宝宝的语气。我要把大海，预备——起！

生：我要把大海藏起来。现在我要把天空连同太阳一起藏起来。现在我要把海岸藏起来。现在，我该把谁藏起来呢？我要把自己藏起来。

3. 抓住句子的"相同"与"不同"，背诵与拓展。

师：现在，我要把句子里相同的地方藏起来，你们还能读吗？

生：能！

师：自己试试。

生：我要把大海藏起来。现在我要把天空连同太阳一起藏起来。现在我要把海岸藏起来。现在，我该把谁藏起来呢？我要把自己藏起来。

师：现在，我要把那些不同的地方藏起来。你们还能读吗？第一行，你试试。

生1：我要把大海藏起来。

师：厉害了！第二行。

生2：现在我要把天空连同太阳一起藏起来。

师：太厉害了！第三行了。

生3：现在我要把海岸起来。

师：海岸已经在你心里，最后两行了。

生4：现在，我该把谁藏起来呢？

师：回答。

生4：我要把……我要把自己藏起来。

师：这个淘气又顽皮的雾宝宝，难道只是想把它们藏起来吗？你们觉得他还可以把谁藏起来呢？用这样的句子，你们也来说一说。

生：我要把花园藏起来。

师：哟，小姑娘就是喜欢花园，朦朦胧胧的，漂亮极了。

生：我要把森林藏起来。

师：男孩子就是不一样，藏大的。

生：我要把地球藏起来。

师：这样子我也不见了，你也不见了，是吧？

生：我要把学校藏起来。

生：我要把火山群藏起来。

师：为什么是火山群呢？

生：因为我看过火山群。

生：我要把小车藏起来。

师：哦，小车，只用一小团雾哈。

生：我要把宇宙藏起来。

师：哇，大得不得了了！还有很多同学在举手，看来读这个故事很好玩呢，是吧？那请问，刚才我们是怎么读的？哟，一下子忘了。我们先找到句子里面相——

生：相同的。

师：再说一次，找到句子里面——

生：相同的。

师：对，想一想什么感觉。然后还要找到——

生：不同的。

师：说得真好。找到——

生：不同的。

师：对！再想一想什么感觉？这样读书你们学会了吗？

生：学会了。

| 点　评 |

　　寻找五个句子的相同与不同，实际上是要学生借助五个句子整体把握故事的内容。雾就像个又顽皮又淘气的小孩子，在和世界玩"捉迷藏"：先把大海藏起来，再把天空和太阳藏起来，接着把海岸和城市也藏了起来，最后没什么可藏的，就把自己藏了起来。五个句子就是故事的叙事线索，把握相同的"藏"，记住不同的"物"，就能把故事讲得既完整又有条理。对于学生来说，理出那根叙事的线，再长的故事都会变得简单起来。这，就是低年级故事教学的诀窍。

4. 读自然段，发现相同与不同。

师：咱们班有没有合作小组？四个人一组。

生：有（没有）。

师：意见那么不统一呀。到底有还是没有？

生：有（没有）。

师：行，现在我们来分一分，四个同学一组拉拉手，看看你们找不找得到小组伙伴。

师：哎哟，都拉上小手了，123！

生：请坐端！

师：真开心呀！那我们比一比哪个小组最厉害。准备喽，任务来喽。

生：什么任务？

师：第一个任务，我们把雾宝宝的话放进自然段里，你能不能把整个自然段都读通顺？

生：能！

师：一起读吧，预备，起！

生：我要把大海藏起来。于是，他把大海藏了起来。无论是海水、船只，还是蓝色的远方，都看不见了。

师：这个任务完成得很好，但是还没有用到小组合作呢。看，其实这是我们故事的第——

生：3自然段。

师：听好了，要求来了。其实在我们的故事里还有两个自然段和这一个自然段长得很像，请你们四个同学一起，比比哪个小组最先找出那两个自然段，并且把它读一遍，开始吧。

（生分组学习。）

师：都找到了吗？

生：找到了。

师：你们找的是哪两个自然段呢？

生：4、6自然段。

师：是不是这样的？

生：对！

师：看来这个任务难不倒你们。不过我不知道你们会不会读。抽查一下，我请三个同学连起来读一读，你就代表你们小组哦。你，拿着话筒自己读。

生1："我要把大海藏起来。"于是，他把大海藏了起来。无论是海水、船只，还是蓝色的远方，都看不见了。

师：你读得真好！

生2："现在我要把天空连同太阳一起藏起来。"于是，他把天空连同太阳一起藏了起来。霎时，四周变暗了，无论是天空，还是天空中的太阳，都看不见了。

师：好听吗？

生：好听。

师：掌声送给他。最后一段了。

生3："现在我要把海岸藏起来。"雾把海岸藏了起来，同时也把城市藏了起来。房屋、街道、树木、桥梁，甚至行人和小黑猫，雾把一切都藏了起来，什么都看不见了。

师：读得多好呀，谢谢你！同学们都喜欢读，这个任务你们也完成得很好，接下来新的任务来了，有信心吗？

生：有！

师：听好了，请你们四个同学看看这三个自然段，商量商量，在这三个自然段里面有什么是相同的。找出来之后你们要去想想，给了你们什么样的感受。开始吧。不止一处哦，不止一处哦。

（小组讨论。）

师：我发现有的同学很聪明，他在雾宝宝说的话里面又找了一遍。不行哦，刚才我们已经一起找过了哟。除了雾宝宝说的话，你还找到其他相同的地方了吗？好，我们听一听。

生1：都看不见了。

师：找得真好，都看不见了。我写下来。从这个相同的地方，你感受到了什么呢？

生2：说明就是天看不见了，被雾挡住了。

师：雾很厉害，说到他就——

生：做到。

师：还有相同的吗？

生3：都有句号。

生4：都有"我要"。

生5：全都有雾宝宝说的话。

师：嗯，是的，是的。还有什么相同的词，提醒一下：关注词。

生6："于是""连同"。

师：有的同学找到了两个"于是"，是什么意思呢？我们把两个句子连起来读一读。来，我要把——预备，起！

生：我要把大海藏起来，于是，他把大海藏了起来。

师："于是"的作用是什么？

生：他怎么想的就怎么做了。

师：好的，"于是"这个词找得好！还有其他词吗？

生："无论"。

师：读一读这个词——

生：无论……还是……都

师：见过这样的词吗？这是三部分呢。谁见过？你说说。

生1：关联词。

师：大声说。

生1：关联词。

师：掌声送给她。

师：那这个词有什么作用呢？想知道吗？

生2：我知道。

师：哦，你说说。

生2：就是和什么，天空"连同"，就是和的意思，和他一起藏起来了。

师：有可能同学们没听懂，但是我好像听懂了。你的意思就是说，这个雾宝宝藏了很多东西，藏了什么呢？

生：海水、船只、远方。

师：然后就用这个关联词把所有的东西都——

生：连了起来。

师：哦，连了起来。你看，再多的东西用关联词可以连起来。我们看看，预备，读！

生：无论……还是……

师：无论是——

生：无论是天空，还是天空中的太阳，都看不见了。

师：连起来了。哎，这个时候，作者换了一个词，换成了——

生：甚至。

师：它可以把藏了的这些东西连起来吗？

生：可以。

师：试试。哪些东西连起来了？读——

生：房屋、街道、树木、桥梁，甚至行人和小黑猫。

师：这么多的东西！再多的东西作者都可以用一些词把它们给——连起来。你们真了不起，发现了这个。好，我要奖励你们，坐端正。什么奖励？我给你们读一段故事，你们仔细听一听。但是请你们边听边想，这段故事里面藏着一个和"看不见了"不一样的词，我开始读了。

"不久，大海连同船只和远方，天空连同太阳，海岸连同城市，街道连同房屋和桥梁，都露出来了。路上走着行人，小黑猫也出现了，它摇着黑尾巴，悠闲地散步。"发现什么啦？一起说吧，那么多小手。

生："都露出来了"。

师：哦，露出来了，是的。

| 点 评 |

寻找段与段之间的相同，实际上是要学生把握段落的结构。让学生借助"于是"这个词语把握前后两个句子之间的关系："我要……"是"怎么想"，"他把……"是"怎么做"；让学生借助"无论……都……""是……还是……"以及"同时、甚至"等关联性的词句，把握"怎么做"的结果"怎么样"。"怎么想、怎么做、怎么样"构成了一个段落的内容结构，发现关联词就是把握段落结构，把握段落结构就是把握故事的叙事结构，进而促进学生认知结构的改变。教学的意义就在于改善学生的认知结构与心智模式。

(三) 对比体会，感受故事的有趣，大自然的有趣

师：来看黑板。想一想，我们今天是怎么读故事的？我们发现雾宝宝最喜欢玩的游戏是——

生：藏起来。

师：他先把——

生：别人藏起来。

师：结果别人就——

生：看不见了。

师：后来呢，他把——

生：自己藏了起来。

师：结果别人都——

生：露出来了。

师：怎么回事呀？奇怪了。雾到底到——

生1：哪里去了？

师：是，到底到哪里去了？怎么回事？

生2：他去天上了。

师：很浪漫的想法。我们还可以编故事。听好了，雾到底去哪里了？

生3：他被阳光分解了。

师：分解，好科学哟，等会儿你要好好阐释一下。

生4：消失了。

师：嗯，是啊，我知道他消失了，但是他到哪里去了呢？

生5：他又去藏东西了。

师：哦，这是你的想法。

生6：他飞出去，藏星星了。

师：哇，好美呀，藏星星了。

生7：雾在城市里。

师：躲起来了，是吧？你们的想法太多了。现在，我想请你们结合你们所了解到的科学知识说说雾到哪里去了。刚刚有同学说了科学的术语——分解。你说说。

生：他被阳光分解成小水分子，飞上天了。

师：哎哟，水分子你都知道。他还变成彩虹了，太美了。也就是说，随着温度的增高，雾里面的水汽就慢慢地散了，于是雾也就散了。说到这儿，刚刚有同学就问了，雾是什么样子。现在你们想不想看看？

生：想。

（师播放图片。）

师：看，雾起来了，无论是远处的——

生：大山。
师：还是近处的——
生：树木。
师：都——
生：看不见了。
师：连远处的——
生：房子。
师：近处的——
生：树。
师：也都——
生：看不清了。
师：漂亮吗？
生：漂亮。
师：所以淘气的雾宝宝，有时候带给我们的其实是美好的享受！
师：这是哪儿呢？
生：重庆。
师：你怎么知道这就是我们的重庆？
生：它是雾都呀。
师：对呀，雾都呀！无论是远处的——
生：山。
师：还是近处的——
生：高楼。
师：都——
生：看不见啦。
师：你看看，山、树、田野，甚至，甚至什么呀？
生：桥。
师：都——
生：看不见了。

师：所以呀，这个雾其实就是一种——

生：自然现象。

师：跟吹到我们脸上的什么一样呢？

生：风。

师：还有从天上落下来，落在我们头上的——

生：雨（水珠）。

师：都是——

生：自然现象。

师：所以当雾起雾散的时候，小黑猫有没有觉得很惊讶或者很生气呀？

生：没有。

师：没有的。来，我们一起来读一读，预备，起！

生：路上走着行人，小黑猫也出现了，它摇着黑尾巴，悠闲地散步。

师：因为它知道，雾就在我们身边，是一种自然的现象。今天这故事好玩吗？

生：好玩。

| 点　评 |

　　围绕"雾在哪里"这个问题，让学生先回顾故事，再回到现实，探究雾的科学原理及观察生活中的雾，实际上是想让学生懂得这篇童话故事是怎么写出来的。根据生活现象中的"雾"及科学原理，用童话的方式来写"起雾"与"雾散"的变化过程。故事的转折点就在最后，雾最后把自己藏了起来，自己不见了，被它藏起来的所有事物却都出现了。这也是故事最有趣、最有意思的地方，是最值得学生思考的地方。教学就是要聚焦那些关键点，让学生前后关联、与生活关联，在多维联系中有所发现、有所领悟。这比直接告诉学生一个科学的结论要有意思得多。

师：我还要考考你们，我们今天是怎么读的？先找到文中——

生：相同的地方。

师：相同的是吧？想一想，然后再找到——

生：不同的地方。

师：用这样的方法能够读很多有趣的故事哦！好，在今天这节课结束之前。我还想请你们把这些生字宝宝读一读。坐端正，一起来吧。雾、淘气，预备，起！

生：雾、淘气、顽皮、于是、变暗、躲、街道、桥梁、甚至、海岸。

师：忍不住就高兴了是吧？好了，今天的故事就读到这里，下课。

―――― 总 评 ――――

一堂好课要给学生两种感觉。一是愉悦感，有积极的情感体验，这是学习的情感动力。人都喜欢选择愉悦的事情，而不愿意做痛苦的事情。教学首先要让学生体验学习的愉悦感，越学越开心，越学越想学，有饱满的学习热情才能持续学习。二是进步感，看得到学习的变化，这是学习的成功动能。学有所获，习有所得，练有所悟，从不知到知，从不会到会，从生疏到熟练，这些学习带来的变化，能增强学生学习的自信心。只有进步感，而没有愉悦感，学得"苦"；只有愉悦感，而没有进步感，学得"空"。徐颖老师正是从"趣"字入手，带着学生"有趣"地学，"生动"地练，把一个科普童话教得绘声绘色、趣味盎然。

一、抓住"藏与露"，体验故事内容的"趣味性"

徐颖老师充分运用童话故事的"趣味性"，从雾的特点出发，围绕"藏与露"这一对矛盾，先是让学生联系生活，勾起已有的生活经验：起雾的时候，什么都看不见；雾散的时候，什么都看得见。然后让学生借助五个"雾把事物藏起来"的句子，在反复朗读中感受雾的顽皮和淘气，在连贯讲述中体会雾的神奇和有趣。最后让学生思考"雾去哪里了"，想象各种可能后，揭晓最终的谜底，那就是雾变成了看不见的气，飞到天空中了。如果能借助图片或动画，将雾把自己藏起来之后，前面藏起来的事物又一样一样地露出来了生动地展现在学生面前，露一个讲一句，就像变魔术一样，把雾变没的东西又变出来，这样的对比性阅读和讲述或许更有情趣感，也更切合这篇科普童话还原式的故事结构。

## 二、抓住"同与异",发现语言结构的"规律性"

徐颖老师充分运用童话故事"重复构段"的叙事特点,让学生在自我阅读中发现句子和段落的"相同与不同",将阅读的焦点从情节内容转移到语言形式上来,这是具有挑战性的阅读任务。学生在多次尝试中逐渐发现了"把"字句和设问句,读懂了不同的句式表达不同的含义和情感;逐渐发现了由关联词串起来的段落结构,揭示了"怎么想—怎么做—怎么样"的叙事模式。学生如果能借用这个叙事模式,可以创编更精彩的童话故事,在运用中形成有逻辑的叙事心智模式。句式和段落的"异"是同中的"变化",没有变化就僵化了,就无趣了,故事就变成了简单的重复。所以,语言的变化,就是故事的变化。懂得了这个规律,学生在阅读时就有了一双会思考的眼睛。

## 三、抓住"讲与评",创造交互过程的"舒适性"

学习的愉悦感和进步感需要通过教师放大,学生才能强烈地感受到,否则就会一闪而过。徐颖老师深谙此理,在教学中特别注重"讲与评"。讲就是提醒、点拨,将学生的思考方向引向正确的轨道,引向更深的层次。必须要讲的地方就是要言不烦,三言两语就给学生讲清楚,而不是在一问一答中猜谜般地纠缠。评就是点评、鼓励,将学生的思考和亮点再放大,强化正确的思考,激励学生的持续学习,更重要的是,营造一种安全、温暖而积极的学习氛围。对低年级学生来说,老师一个肯定的眼神和一句赞赏,足以让他倍增"愉悦感"。从这个意义上说,徐颖老师的课真的是让孩子喜欢的语文课。

# 顺应民间故事表达特点
# 抓住关键信息简单复述
——《漏》教学实录及点评

点评：魏小娜

单位：西南大学文学院

**教学目标：**

1. 能通过多种形式的朗读，了解故事内容，体会民间故事的生动有趣。
2. 能借助课后图标复述故事大概内容。
3. 能结合故事的语言特点，尝试把有意思的地方复述得更生动。

**教学实录：**

课前引入：复习单元要求，明确学习任务。

师：上课。

生：老师好！

师：哟！真有礼貌！那我也得问个好，同学们好！咱们开始今天的学习！开始今天的学习之前，我要先请同学们回忆一下，这一课之前本单元咱们学了哪一课？

生：我们学了《慢性子裁缝和急性子顾客》。

师：这个单元，咱们的学习任务是什么？

生：这个单元我们学了用画图的方式或者表格的方式复述故事。

师：真好！你说得很清楚，首先你告诉了我们这个单元一个很重要的学习任务，那就是复述。（师板书：复述）你不仅知道复述，还告诉了我们要怎么复述。刚才他说了一个什么方法呢？一起大声说！

生（齐声）：表格。

（师相机板书：表格。）

## 一、读一读，学习重点生字词，感受民间故事的生动有趣

（一）学习"漏"字，发散思维，分层理解

师：好的，那么这节课我们要继续用这样的方法去复述一个很有趣的故事。这个故事的名字只有一个字，叫什么？

生：漏。

师：如果你们喜欢的话，来，举起你们的右手，和我一起来写这个字，好吗？

生：好。

师：来，我们开始写！首先写三点水！接着写——

生：尸字头。

师：然后是——

生：雨。

（师相机写：漏。）

师：用心写了这个字，你们就能感受到这个字的字形结构，你们觉得这个字是什么意思？

生：一个东西漏掉了。

师：一个东西！但愿不是一把刀漏下来了。你们看这个字，它本来的意思是什么东西漏掉了？

生：水落了下来，雨水。

师：对呀，有三点水，很好。谁还想猜漏字是什么意思？

生：一个房子它这个地方有水，有雨水漏下来！

师：怎么会漏下来呢？

生：它那个地方破了！

师：哦！破了可能就漏！那你们就想着它的意思组个词吧。

生：漏雨。

师：还有呢？

生：漏洞。

生：漏网之鱼！

生：我觉得是漏掉。

生：漏水。

师：这个跟漏雨有点像。刚刚同学们组的词都是指一些具体的事物掉了，漏出来了，很好。还有什么也可以"漏"？比如有的东西放到我们的脑子里不见了，可不可以用漏呢？忘掉了，可不可以用漏呢？

生：泄露。

师：哦！泄露，是把什么东西泄露了？

生：是把我们记住的知识。

师：学到的知识想不起来了，叫"遗忘"。不想让别人知道的结果让人知道了，叫"泄露"。

生：漏出。

师：什么漏出？

生：知识漏出来了。

师：那叫"展露"。

生：我觉得是遗漏。

师：我们应该掌握而忘记去学习的知识可以叫遗漏。当然我们最好把知识记学得全面一点，不要遗漏。掌声送给他！

师：同学们，看，同一个字，我们想着它的意思就可以组出很多词。

(二)通过三次"考考你",学习生字词,了解故事大意

师:在这个故事里不止"漏"这一个生字。你们课前读过这个故事吗?

生(齐声):读过。

师:你们是怎么读的?你说!

生:我是先把自然段标上,圈出生字,然后默读几遍,最后再多读几遍生字。

师:挺好的,你觉得生字都会读了吗?

生:嗯。

师:他对自己比较满意。你呢?你是怎么提前学的?说说看。

生:我把故事读熟以后,把关键词和关键字勾画出来,然后再把故事用自己的话读出来。

师:用你自己的话读出来?这个我有点不太懂。你就是把它读出来,对不对?待会儿你可以用自己的话把这个故事讲出来。如果是你自己的话,那就是讲出来。那么读呢?你读的是作者的语言。明白了吗?请坐。

生:我预习就是把课文读了,标上自然段序号,也会圈上生字。

师:很好,看来我们班的同学预习时要读课文,还关注生字。我们还有一个预习的方法,可以借助课文中的导语去思考。如果没有导语,我们可以借助课后题去思考。明白了吗?(PPT 出示生字词串。)

考考你

老婆婆　贼　胖驴
黑脊背　胶　旋风

师:这些词你们会认吗?自己可以小声练习一下。

(生1朗读词语。)

师:掌声送给她!她第二排第一个词语读得很准确哦!(师正音:黑背)好,你们自己再练读一遍,起!我再请一个同学。

(生2朗读词语。)

师：对了吗？掌声送给他。同桌之间相互读一读，一遍。

（生朗读。）

师：不错，我都听到了！看看第一排，你们觉得把这三个词放在一起是为什么？

生：因为这三个词都是指人物。

师：都是写的故事中的人物。太棒了，就是这样的。其实这个故事中还有其他的角色，因为不涉及生字词，所以我没写。想想还有什么？

生：老虎。

师：正确。还有谁？你大声说。

生：老公公。

师：对不对？

生（齐声）：对。

（PPT出示带生字词的句子。）

> 考考你
>
> 莫非"漏"比我还厉害？
>
> 颠得贼骨头架都要散了。
>
> 贼顺势一纵，蹿到树上。

师：你们好聪明啊！来，继续读。这几个词有点难，所以我就把它们放在了句子里，你们能读通这些句子吗？来，第一句。

（生1朗读。）

师：再大声一点。一起读。

（生齐读。）

师：第二句。

（生2朗读。）

师：对吗？一起读。

（生齐读。）

师：请一位同学读一读第三句。

（生3朗读。）

师：跟着他读一遍。

（生齐读。）

师：都会读了吗？读给你的同桌听一听。

（生同桌互读。）

师：觉得自己三句都会读的举手。

（生都举起了手。）

师：都会读了，我就不请你们读了。但是我要问问你们，这些词是什么意思呢？第一句"莫非"什么意思？

生：它跟"难道"是近义词。

师：你用"难道"换一换，说一说。

生：难道"漏"比我还厉害？

师：你太厉害了，用这样的方法就把这个生词的意思弄清楚了，太棒了！再来，第二个字放到句子中，你一定懂，是吧？

生：我觉得可以把"颠"换成"摔"。摔得贼骨头架都要散了。

师：这个"摔"恐怕不太妥当吧，这个"摔"的意思就是从虎背上怎么样啊？

生：掉下来了。

师：那贼真的掉下来了吗？"颠"是什么意思呢？

生：我觉得"颠"是"抖"的意思。

师：更接近了。在虎背上抖来抖去的，抖下来没？

生：没有。

师：抖下来就摔了，目前还没抖下来。第2个字的意思也懂了。看看第3个词，"一纵"。

生：是跳的意思。

生：我觉得一下趴在树上更准确。

师：说得很有画面感。"一纵"指的就是身体向上的动作，可能跳起来了，可能趴在树上了。那就想着这样的画面，咱们再把这个句子读一读。预备,起。

(生齐声朗读句子。)

(师 PPT 出示三个问题。)

> 考考你
>
> "漏"到底是什么?
>
> 虎和贼偷小胖驴成功了吗?为什么?

师:刚刚是考考你们生字,现在考考你们这个故事是不是都懂了。故事挺长的,这有三个问题,你们自己读一读。

(生齐声朗读问题。)

师:知道答案吗?

(生举手。)

师:有一半人知道,有几个同学还不知道。老师建议你们打开课本,翻到第 105 页,用默读的方式快速地把这个故事再读一读,在心里面把这三个问题再想一想。可以吗?开始吧。

(生默读课文。)

师:读完的同学在心里想一想这三个问题,在心里面说给自己听。谁站起来说一说?说清楚。第一个问题,"漏"到底是什么?

生:"漏"就是"漏雨"的意思。

师:在故事里,"漏"到底是什么?

生:漏雨。

师:这是他的答案,但是他有点怯生生的,自己判断一下对还是不对呢?听听你的答案。

生:我觉得是被老虎和贼抓破的那个窟窿。

师:漏是个窟窿?在这个故事里面漏是个窟窿吗?说说你的答案。

生:我认为漏是个窟窿,其实是漏雨漏水的过程。

师:这个故事讲的就是漏雨漏水的过程吗?说说你的答案。

生:我觉得就是漏雨。因为最后一段文章有说明。

师：我喜欢他，因为他不仅说了答案，还说了得出答案的依据和原因。我们都打开课本找一找吧。

（生纷纷翻看课本。）

师：找到了吗？哪一段呢？

生：最后一个自然段。

师：拿起书，我们一起读一读。预备，起。

（生齐读最后一个自然段。）

师：这不就是漏吗？原来漏就是漏雨。我们把掌声送给所有找到答案的同学。大家还要向他（指向刚才提出"证据"的学生）学习，他不仅找到答案，还找到了依据，这样的话就更准确了。这个问题好像很简单，下一个问题呢？他们去偷小胖驴成功了吗？一起说。

生（齐声）：没有。

师：我仔细听了都说没有，有不同答案吗？

（有一生举手。）

师：啊？成功了呀？这个贼和这个虎到底偷到小胖驴没有？

生（齐声）：没有。

师：打开课本看一看，哪个地方能证明？课文上明明白白地写了，但我还是要感谢刚才举手的同学。是不是想给老师救个场呀？明明就没偷到，老师怎么还要问有没有不同答案，那我来提供一个不同答案吧。是这样吗？其实不用的，故事是怎么讲的我们就怎么去读、怎么去理解，好不好？我们要诚实，结论是要有依据的。

师：这个问题我们达成了一致，没有成功，但为什么没有成功呢？可能这个问题更复杂，需要好好想一下。

生：漏其实是雨，但是他们都觉得漏是对方，所以他们没有成功。

师：这个答案跟他们为什么没偷到小胖驴有关系吗？

生：我觉得他们是很怕漏。

师：把话说清楚。

生：我是觉得他们很怕漏，所以没有成功。

师：有进步。

生：我觉得是因为他们都把对方看成了漏，很害怕，就把这件事给忘了。

师：把哪件事忘了？

生：就是把他们想偷小胖驴的事忘了。

师：他又把这个理由说得更清楚了一些。还有谁想说呀？

生：因为老婆婆说她什么都不怕就怕漏，他们就觉得漏很厉害，所以他们就不敢了。

师：还有谁能在他的回答的基础上把这个为什么说得更清楚一些？

生：他们本是要去偷小胖驴，但是后来听到老公公和老婆婆在说"漏"，然后他们很害怕，就跑了。

生：他们首先是想去偷小胖驴，可是呢，老公公和老婆婆说他们什么都不怕就怕"漏"，然后呢他们就觉得很害怕，就逃走了，后来他们又回来的时候，就以为对方是"漏"，都很怕"漏"，所以他们就没有去偷小胖驴了。

师：好，越来越清楚，掌声！

## 二、说一说，借助课后表格，练习复述故事。（10分钟）

（一）联系上一课的学习，读懂本课图表，了解复述的要素

师：刚刚有位同学说了复述的时候我们要借助什么？

生：表格。

（PPT 出示前两课表格。）

师：看看，这是前两课的表格。咱们要先看得懂这个表格。左边指的是什么呢？

生（齐声）：时间。

师：聪明。左边这张表格清清楚楚地告诉了我们这是——

生（齐声）：时间。

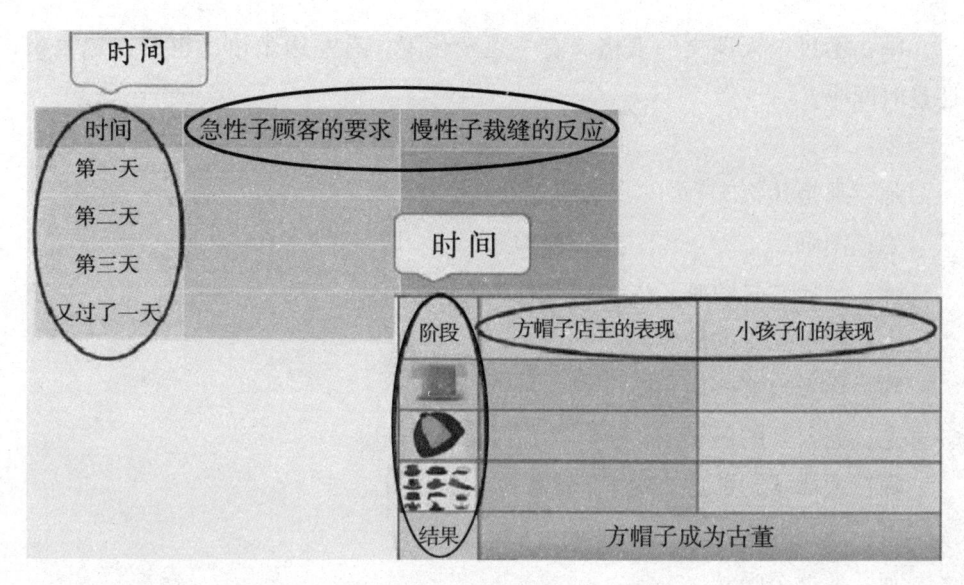

| 时间 | 急性子顾客的要求 | 慢性子裁缝的反应 |
|---|---|---|
| 第一天 |  |  |
| 第二天 |  |  |
| 第三天 |  |  |
| 又过了一天 |  |  |

（"时间"标注于表头"时间"列）

| 阶段 | 方帽子店主的表现 | 小孩子们的表现 |
|---|---|---|
| 🎩 |  |  |
| 🧢 |  |  |
| 🪖 |  |  |
| 结果 | 方帽子成为古董 ||

（"时间"标注于"阶段"列）

师：有时候表格中并没有出现时间两个字儿，用了——

生：阶段。

师：用了——

生：结果。

师：还用了一些图来表示时间。这又是什么呢？

生：人物的表现。

师：太棒了，原来抓住故事当中的时间和人物就可以把这个故事讲清楚。

（相机板书：时间和人物。）

（PPT 出示本课的课后表格。）

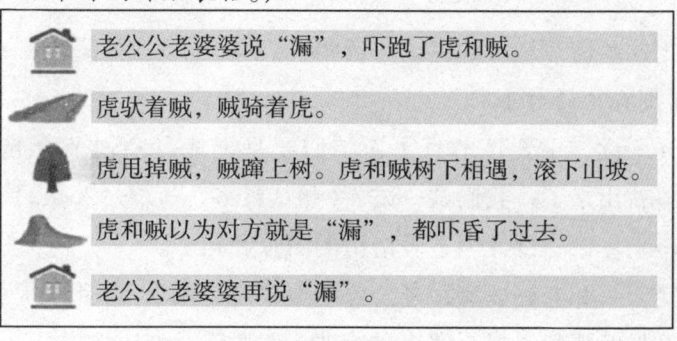

| | |
|---|---|
| 🏠 | 老公公老婆婆说"漏"，吓跑了虎和贼。 |
| ⛰️ | 虎驮着贼，贼骑着虎。 |
| 🌳 | 虎甩掉贼，贼蹿上树。虎和贼树下相遇，滚下山坡。 |
| ⛰️ | 虎和贼以为对方就是"漏"，都吓昏了过去。 |
| 🏠 | 老公公老婆婆再说"漏"。 |

师：不过今天课文的表格又有一点变化了，有左边表格，也有右边表格，还是时间吗？

生：不是。

师：那是什么？

生：图画。

师：是啊，是图画，表示的是什么？

生：故事发生的地点。

师：你看出哪些地点？

生：老公公的房子。

师：太棒了，那这个呢？（指着第二排的图。）

生：逃跑的路。

师：那这个呢？

生：互相甩掉的那棵树。

师：怎么又出现了一条路？（指向最后一排的图。）

生：还是老公公的家。

师：你们太聪明了。原来故事的地点可以串起一个故事。再看，后面的句子又是什么呢？

生：我认为那些信息是这篇课文的主要信息，也是关键句和关键词。

师：是的。其实，这些关键信息还有个名字，叫情节。

（二）借助图标关键信息，练习复述故事。

师：能把这些情节从头到尾读一读吗？

（生齐读图标中的句子。）

师：这样一读，主要情节有了，咱们要是把地点和情节合起来说一说，这个故事大概就出来了，我们试一试。（相机板书：情节、人物。）

师：第一句，试一试，用上表格里的图片和句子。

生：在老公公和老婆婆家，老公公老婆婆说"漏"，吓跑了虎和贼。

师：怎么样？清楚了吧？掌声送给他。谢谢你。谁还能说？这个女孩子。

生：在逃跑的路上虎驮着贼，贼骑着虎。

师：再来一句。

生：在歪脖老树的前面，虎甩掉贼，贼窜上树，虎和贼在树下相遇滚下山坡。

师：掌声送给她，太棒了。请坐。最后两句都能说了吧？请你试试。

生：在山坡上，虎和贼以为对方就是"漏"，都吓晕了过去。最后回到了老公公老婆婆的家里，老公公和老婆婆都再说"漏"。

师：掌声也送给他，你们太棒了！那现在升级了哟，谁能够看着这个表从头讲到尾？能行吗？

生（齐声）：能。

师：真的啊，那我就不单独请你们发言了，互相说一说吧，开始。

（同桌交流。）

师：好了，小小故事家们，都停不下来了。好了吗？

生：好了。

师：看来大家都掌握了这样的复述故事的方法，老师真替你们高兴。咱们用了一个什么方法呢？

生（齐声）：借助表格复述。

师：关键是要抓住表格里面的重要信息，有的时候是时间、人物，有的时候是地点、情节，当然，有的时候你可以把它们都用起来。

生：结合起来。

师：很好。

三、读一读、议一议，发现语言特色，练习复述故事

（一）读一读喜欢的情节，发现民间故事的语言特色

师：这个故事的情节是有起伏的，在这些起起伏伏的故事情节当中，你们最喜欢哪一个情节呢？

生：我最喜欢贼和老虎被吓晕的那个过程。

师：喜欢"被吓晕"，想看到坏人被吓晕是吧。

（生笑。）

生：因为那个老虎胆子很大，它被吓晕我觉得很神奇。

师：老虎都被吓晕了，所以有意思，是吧！好，看来你的胆子够大，你们还喜欢哪个情节？

生：我喜欢贼和老虎滚下山坡的那个情节。

师：为什么？

生：因为我喜欢看到坏人得到应有的惩罚和报应。

师：那个女孩子呢？

生：我喜欢的是虎驮着贼，贼骑着虎这一段。

师：为什么？

生：因为这一段写得很刺激。虎像旋风一样，然后贼也黏着虎。

师：就像动作大片一样，是吧！这位同学的关注点不一样，他仿佛看到虎和贼慌忙逃命时的动作，很有画面感。

师：每个人都有自己喜欢的情节，来，翻开课本，老师建议你们找到相应的段落，自己把那些有趣的、好玩的地方再读一读，待会儿我们来分享一下，看看你读的是哪儿，读得怎么样。开始吧！

（生大声朗读课文。）

师：谁想来读一读？

（生自由朗读分享，并说说自己喜欢这个情节的原因。）

师：很多同学读到了这样的情节，我们一起读一读。（PPT 出示两段相对应的话。）

> 老虎趴(pā)在驴圈里想："翻山越岭我什么都见过，就是没见过'漏'，莫非(mò)'漏'比我还厉害？"
>
> 贼蹲在屋顶上想："走南闯北我什么都听过，就是没听说过'漏'，莫非'漏'比我还厉害？"

师：一个自然段写的是老虎，一个自然段写的是贼。你们有什么发现？

生：他们都在想那个"漏"是什么。

生：一样的。

师：什么一样的？

生：没见过"漏"和没听过"漏"意思差不多。还有完全一样的就是，"莫非'漏'比我还厉害"。

师：两个都那么想，所以误会才会产生，我们读起来就会觉得好玩。你再看，一个说我翻山越岭，那另一个就说我——

生（齐声）：走南闯北。

师：一个在屋顶上趴着，另一个呢？

生（齐声）：蹲着。

找对应

老虎趴(pā)在驴圈里想："翻山越岭我什么都见过，就是没见过'漏'，莫非(mò)'漏'比我还厉害？"

贼蹲在屋顶上想："走南闯北我什么都听过，就是没听说过'漏'，莫非'漏'比我还厉害？"

师：原来两个自然段是对应的，这就是民间故事，对应着写，好玩，又好读好记。民间故事不仅有对应，再读一读下面的句子，你们还能发现什么？

口语化

老公公说："好像有什么声音在响？"

老婆婆说："唉！管他狼哩(li)，管他虎哩，我什么都不怕，就怕漏！"

（生齐读句子。）

师：要是没有那个"哩"字就不好玩了，你们试试看。

（生齐读没有"哩"的句子。）

师："哩"字是什么意思呢？其实就是一种语气，在我们说话的时候习惯加上的语气。这样的句子更像口语。民间故事是老百姓口口相传的故事,所以里面会有很多口语,你们再找找看。

生:我找到了第 9 自然段。(吃我哩!)

生:还有 14 到 15 自然段。

师:故事里的口语很多,来看看吧。(PPT 出示相应的内容。)

师:"莫非"也是个口语,还可以怎么说?

生:难道。

师:倒栽葱听说过吗?

(生摇头。)

师:咱们吃的那个葱,葱头是长在土里的,葱苗立在上面。如果人头朝下、腿朝上,咱们用口语就叫它——

生:倒栽葱。

师:想一想谁倒栽葱的样子。

(生笑。)

师:好玩吗?

生(齐声):好玩。

(二)抓住发现民间故事的语言特点,练习复述喜欢的情节

师:老师建议,选一个你们特别喜欢的情节,抓住语言的特点(相机板书:语言),然后用对应的方式,用口语把你们最喜欢的情节讲一讲,也许这

个故事就更好了，想不想试一试？

生（齐声）：想！

师：准备一下。

（生自己思考。）

师：来，讲一讲你们最喜欢的情节，可以看着书后的表格。

生1：从前有一户人家，他家里养了一头黑脊背、白胸脯的小胖驴。有一天，山上的老虎和山下的贼都想得到这头小胖驴，于是他们在晚上来到了这户人家。贼爬上了房顶，老虎在房子下面用爪子挖洞。这时这户人家的老公公说："这是什么动静？"老婆婆说："唉！管他狼哩！虎哩！我什么都不怕，就怕漏。"老虎听了老公公和老婆婆的对话，心想："我翻山越岭什么都见过，就是没见过'漏'，莫非'漏'比我还厉害？"贼想："我走南闯北什么都听说过，就是没听说过'漏'，莫非'漏'比我还厉害？"贼不小心从房顶上摔了下来，刚好落在老虎的背上。老虎发现自己的身上有东西，认为是漏；贼也认为老虎是漏。于是贼就用双手抱住老虎的脖子，老虎就拼命地往前跑。他们跑着跑着来到一棵歪脖老树下，老虎想利用歪脖老树把贼给蹭下来。贼也借机跳上了树。

师：精彩吗？掌声送给他！他用上"对应"和"口语"了吗？

生：用上了。

生2：老虎见旁边有一棵歪脖老树，心想把漏从树上蹭下来。贼见旁边有棵歪脖老树，想爬上去顺势逃脱。老虎被雨淋清醒了，还想回去偷小胖驴。贼也被雨淋清醒了，也要回去偷那只小胖驴。贼难以忍受，腿一软从山上滚下去。老虎见从天上降下来了一个黑乎乎的东西，腿一软也从山坡上滚下去。老虎和贼一块滚下去摔到泥巴坑里，浑身都沾满了泥。他们俩坐起来一看，"哇！'漏'啊！"然后就吓晕了过去。天刚亮，小胖驴在安安稳稳地吃草。老公公和老婆婆刚从炕边起来，说："唉，说怕漏，还真漏雨了。"

师：用上了自己的语言来讲，很精彩！故事那么长，好讲吗？

生2：好讲，就是他们两个做的事情对起来讲。

师：找对应。

### （三）总结复述方法，安排课后练习

师：今天已经没有时间在课上再讲故事了，老师给你们布置一个作业。请你们回家以后，把这个故事复述给爸爸妈妈听。复述的时候就可以用上这些方法，好不好？

生：好。

师：今天这个课好不好玩？你们觉得自己学到了什么？把你们高高举起的小手放下，把你们学到的知识放在心里，不要"遗漏"就好了。

> **学习小贴士**
> 1. 用自己的话把这个故事复述给爸爸妈妈听。
> 2. 如果有兴趣，试着续编故事。
> 3. 准备一个有趣的故事，参加趣味故事会。

——————  **点　评**  ——————

### 有根据、有策略、被等待的阅读
——小学阅读教学中思辨性思维发展路径探析

语文教学由重视基本知识和基本能力的"双基"逐渐发展到重视兼顾知识和技能、过程与方法、情感态度与价值观的"三维目标"，进而发展到重视语言建构与运用、思维发展与提升、审美鉴赏与创造、文化传承与理解……"语文素养"中新增的一个重要变量就是重视思维的发展。

对于习惯了"体验""感悟""朗读"的小学低段阅读教学而言，思维培养，尤其是理性的思辨性思维如何得以发展，既是一个有待理论探索的问题，更是一个亟待实

践探索的问题。庆幸的是，有时候实践比理论跑得还要快一步。徐颖老师执教的《漏》在这方面做出了很好的尝试。

一、有根据的阅读：发展思辨性思维的基本定位

"思辨"不是批评和否定，重在"有根据""负责任"地做出判断。对于阅读而言，理性的思辨性阅读首先意味着能有根据、负责任、忠实地理解文本内容。这一要求对传统的阅读教学操作是个不小的挑战，可能要求老师尽量回避用具有暗示意味的问题去诱导学生，还可能要求老师尽量不把自己的阅读体验夹杂在讲解中，也可能要求老师尽量少地借助语感顿悟式的阅读……

在这种追求理性思维能力发展的阅读课上老师能做的是什么？可能重点在于：老师要确保每一个阅读层面的理解都是有依据的理解。本课例在这方面做得比较充分和自觉。

1. "识字"层面。该课例关于"漏"字的教学处理，执教者已明示其设计理念——发散思维，分层理解。但确保这些发散思维散而不乱的根本在于老师引导学生进行了有根据的理性思辨。比如这个教学片段：

师：用心写了这个字，你们就能感受到这个字的字形结构，你们觉得这个字是什么意思？

生：一个东西漏掉了。

师：一个东西！但愿不是一把刀漏下来了。你们看这个字，它本来的意思是什么东西漏掉了？

生：水落了下来，雨水。

教师首先引导学生根据"字的字形结构"来猜字义。但学生回答"一个东西"时，这一不太准确的答案实际体现了学生思维的不准确。老师没有叫学生乱猜，而是进一步引导"你看这个字"。果然，学生的思维就进一步精确定位为"水落了下来"。这个教学过程其实就是在发展学生"有根据、负责任"的思辨性思维。

再接下来的"漏网之鱼""泄漏"等义项的理解，其思维的依据分别是"组词"和"生活经验"。这样一来，看似天马行空的猜测词义实际上都有一根"风筝线"牵引前行。

2. "了解故事大意"层面。进入了解故事大意层面，老师出示检测学生是否理解

故事大意的三个问题（"漏"到底是什么？虎和贼偷小胖驴成功了吗？为什么？）。老师是这样设计提问的：

师：刚刚是考考你们生字，现在考考你们这个故事是不是都懂了。故事挺长的，这有三个问题，你们自己读一读。

（生齐声朗读问题。）

师：知道答案吗？

（生举手。）

师：有一半人知道，有几个同学还不知道。老师建议你们打开课本，翻到第105页，用默读的方式快速地把这个故事再读一读，在心里面把这三个问题再想一想。可以吗？开始吧。

在这里，老师充分尊重并回归文本，请学生反复读文本，并且在学生回答的过程中没有添加任何自己对文本的理解，只是在聆听学生的理解。当某生回答"我觉得就是漏雨。因为最后一段文章有说明"时，老师的回应是："他不仅说了答案，还说了得出答案的依据和原因。我们都打开课本找一找吧。"并且在引领同学一起读原文找依据后，再强调"大家还要向他学习，他不仅找到答案，还找到了依据，这样的话就更准确了。"

在接下来更高难度的问题解决过程中，老师引领阅读的指令多为："打开课本看一看，哪个地方能证明？""故事是怎么讲的我们就怎么去读、怎么去理解，好不好？我们要诚实，结论是要有依据的。"

3."复述故事"层面。这一环节是本节课的教学重点，"有根据、负责任"的思辨性思维得到充分发展，实录中有着详尽的记录，此处不再赘述。

执教者为了确保复述的准确，在复述之前，让学生经历了"识图表""填表格"后老师才发出"第一句，试一试，用上表格里的图片和句子"的教学指令。在学生一句一句复述之后，教师又提出："你们太棒了！那现在升级了哟，谁能够看着这个表从头讲到尾？能行吗？"与完全凭借语感进行的复述相比，该课例中学生的实际复述能力得到了充分的提高。

二、有策略的阅读：发展思辨性思维的必备技术

理查德·保罗（Paul R. W.）认为思辨性思维就是思考的再思考"thinking of the

thinking","是一种严谨的、理性的、自我指导的思维，它……是技能性地追求思维的目标"。① 因此，思辨性思维不是空洞的理念，而是要借助具体的"技能"才能"技能性"地开展。在阅读的语境下，思辨性思维的发展需要借助的"技能"也就是具体的"阅读策略"，"有策略的读"才能发展"有技能的思辨性思维"，才能使"有依据、负责任的阅读"落到实处。

该课例在阅读策略的运用方面有很多可圈可点之处，这里选取几个展示如下：

1. 猜测的阅读策略。该课例多处运用有趣的猜测阅读策略：在"学习'漏'字"环节，引导学生借助字形、组词、生活经历等有根据地猜测字义；"考考你"环节，让学生猜测"你们觉得把这三个词放在一起是为什么？"……

这一阅读策略可以充分调动学生的背景知识，促进学生深度参与阅读活动，是达成"有根据的"思辨性阅读的重要策略。同时这一阅读策略也有助于增加阅读乐趣，是学生欢迎的课上阅读活动，也是学生方便实践的课后自主阅读策略。

2. 可视化的阅读策略。本课例大量使用可视化阅读策略，如生字词串、借助图表复述等环节，均使用了可视化策略。这一策略可以帮助学生精加工文本内容，是进行深度阅读、复杂问题思考的重要支架，是进行高阶思辨性阅读的重要技能。

3. 重读策略。重读策略是诸多阅读策略中最普通，也是使用频率最高的一种阅读策略，本课例多处出现"用默读的方式快速地把这个故事再读一读""拿起书，我们一起读一读"之类的教学指令。

由于重读策略简单易行，其甚至不被看作一种策略。但实际上，当阅读遇到问题时，聚焦关键信息的反复阅读是最关键的一步。课堂教学中，老师若能在学生阅读的重点和难点部分引导学生回归文本，而非外加文本之外的信息，对发展学生基于文本、客观理解文本的思辨性阅读能力是至关重要的。

4. 出声思维。出声思维即在阅读过程中把思维的具体情形出声表达出来。这种阅读策略方便读者自我监控和元认知反思。在教学中，老师引导学生出声思维，不仅能够帮助学生反思自己阅读得正确与否，也有助于发现学生的阅读困惑，提取学生有效的阅读策略。

本课例中，老师非常重视引导学生进行"出声思维"，比如下面的教学片段（画线部分是笔者添加）。

---

① Paul R. W. *Critical thinking in North America: A new theory of knowledge, learning, and literacy* [J]. *Argumentation*, 1989 (03): 197-235.

师：在这个故事里不止"漏"这一个生字。你们课前读过这个故事吗？

生（齐声）：读过。

师：你们是怎么读的？你说！

生：我是先把自然段标上，圈出生字，然后默读几遍，最后再多读几遍生字。

师：挺好的，你觉得生字都会读了吗？

生：嗯。

师：他对自己比较满意。你呢？你是怎么提前学的？说说看。

生：我把故事读熟以后，把关键词和关键字勾画出来，然后再把故事用自己的话读出来。

师：用你自己的话读出来？这个我有点不太懂。你就是把它读出来，对不对？待会儿你可以用自己的话把这个故事讲出来。如果是你自己的话，那就是讲出来。那么读呢？你读的是作者的语言。明白了吗？请坐。

生：我预习就是把课文读了，标上自然段序号，也会圈上生字。

显然，在学生出声思维的过程中，师生一起分享了同学有效的阅读策略，教师也发现了他们阅读行为的不足并给予指导（如果是你自己的话，那就是讲出来。那么读呢？你读的是作者的语言。）

### 三、被等待的阅读：发展思辨性思维的时空条件

理性的思辨性思维的发展需要学生在具体的阅读过程中有一个相对安静、稳定的时间和空间，进行思维的梳理、矫正、整合等。因此，思辨性思维的发展在阅读教学过程中需要老师安静的等待和智慧的回应，以确保思维不被过多地打断、阻碍和干扰。在这一点上，本课例有两处特别值得回味。

1. 教师智慧"重复"学生语言。课例片段：

生：漏雨。

师：这是他的答案，但是他有点怯生生的，自己判断一下对还是不对呢？听听你的答案。

生：我觉得是被老虎和贼抓破的那个窟窿。

师：漏是个窟窿？在这个故事里面漏是个窟窿吗？说说你的答案。

生：我认为漏是个窟窿，其实是漏雨漏水的过程。

师：这个故事讲的就是漏雨漏水的过程吗？说说你的答案。

生：我觉得就是漏雨。因为最后一段文章有说明。

在这个片段中，老师除了提醒学生再思考、再读书之外，基本没有发表自己的任何阅读理解，最多的"作为"是重复学生的答案，提出追问："说说你的答案。""漏是个窟窿吗？""这个故事讲的就是漏雨漏水的过程吗？"正是执教者高度自觉的"收敛"，控制了执教者对学生理解的干涉，为学生自主根据课文来理解提供了可贵的时间和空间。

2. 教师反复强化同一句话。教学片段：

生：我觉得他们是很怕漏。

师：把话说清楚。

生：我是觉得他们很怕漏，所以没有成功。

师：有进步。

生：我觉得是因为他们都把对方看成了漏，很害怕，就把这件事给忘了。

师：把哪件事忘了？

生：就是把他们想偷小胖驴的事忘了。

师：他又把这个理由说得更清楚了一些。还有谁想说呀？

生：因为老婆婆说她什么都不怕就怕漏，他们就觉得漏很厉害，所以他们就不敢了。

师：还有谁能在他回答的基础上把这个为什么说得更清楚一些？

生：他们本是要去偷小胖驴，但是后来听到老公公和老婆婆在说"漏"，然后他们很害怕，就跑了。

生：他们首先是想去偷小胖驴，可是呢，老公公和老婆婆说他们什么都不怕就怕"漏"，然后呢他们就觉得很害怕，就逃走了，后来他们又回来的时候，就以为对方是"漏"，都很怕"漏"，所以他们就没有去偷小胖驴了。

师：好，越来越清楚，掌声！

这个教学片段中，执教老师的教学语言高度克制，不添加任何外来信息，不做任何发挥和讲解，自始至终紧扣"说清楚"，以少胜多，以老师的"无声等待"最终赢得学生的"清楚表达"。

综上所述，徐颖老师执教的《漏》教学课例最显著的特点是：区别于传统的重视朗读、体悟的"语感式阅读教学"范式，为我们探寻借助阅读策略、发展理性思维的"思辨式阅读教学"提供了一次很有研究价值的示范。

# 在"想象"中落实语言文字的训练
## ——《繁星》教学实录及点评

点评：吴忠豪

单位：上海师范大学

**教学目标：**

1. 有感情地朗读课文，根据课文的描述想象繁星满天的画面。
2. 边读边想象画面，体会作者的情感。
3. 联系生活体验，学习作者的描述方法，说说自己看到繁星时的感受。

**教学实录：**

**一、回顾要素　唤醒生活　初步表达**

（一）结合单元页，回顾语文要素

师：同学们，一单元有一句话在单元页上特别有意思，告诉我们有时候旅行不是一定要走出门才可以看到美丽的大自然的，还记得吗？

生：记得。

师：大声读！

生：江流天地外，山色有无中。

师：这是王维的诗，当你们读着这句诗的时候，如果可以——

生：边读边想象画面。

师：你们就可以——

生：感受自然之美。

师：所以说这个单元其实是告诉我们一种看世界的方法，这个方法就在这句话里，对吧？

生：对。

师：重要的话说三遍，咱们连读三遍，一遍比一遍读得好，起！

生：边读边想象画面，感受自然之美。（生读三遍。）

师：记住了吗？

生：记住了。

师：今天我们就用这样的方法来读一篇特别优美的文章，文章的名字就叫——

生：繁星。

（二）结合题目，唤醒生活记忆

师：见过星星吗？

生：见过。

师：异口同声，你们在哪里见过？恐怕不会异口同声了吧？

生：我在我老家的山上看过流星雨。

师：好的，你的老家能看流星雨，好浪漫。

生：我是在家里面坐在窗户边看到星星的。

师：哦，家里的窗户边上也可以很浪漫的。

生：没见过。

师：不要紧，想一想，你是没有见过有很多很多星星的天空，是吧？星星见过吧？

生：见过啊。

师：说得很干脆，见过。

生：我也是在我的老家。那时候是晚上，我们看到天空上有很多星星。

师：原来是这样的，掌声送给她。你们知道为什么要把掌声送给她吗？因为她说了好几句话，说得很连贯。好的表达就要把话说连贯。

生：有一次我和我婆婆去散步，回家的时候，看见一颗星星在跟着我们走，一闪一闪的。

师：掌声也送给她啊，果然一个比一个说得清楚。

## 二、感情朗读　想象画面　积累语言

（一）明确学习任务，初读课文，整体感知

师：那么现在我们就想着自己曾经看到过的星星，看到过的有星星的天空，再一起来读一读这个题目，起！

生：繁星。

师：你们有没有感觉到，当你们在想着画面读题目的时候，跟之前读题目比有变化吗？我觉得你们的声音小啦，好像自己真的看到了满天的繁星。好，想着画面，我们再读一次。

生：繁星。

师：这篇文章是在写谁看到的繁星呢？

生：巴金。

师：（板书：巴金）是的，是我国著名的散文家巴金先生。他笔下的繁星又会是什么样的呢？来，我们看一看这一课的导读。谁来读一读？

生：有感情地朗读课文，根据课文的描述，想象繁星满天的画面。你也看过夜晚的繁星吧？说说你当时的感受。

师：嗯，读得挺流畅，下一次声音要怎么样？

生：大一点。

师：大一点就更好了。好，那我们就从读课文开始，好吗？打开课本，请你们自己快速地读一读课文，读准字音，读通句子，能做到吗？

生：能。

师：那就自己开始吧。

(生自由朗读课文。)

(二) 学习词串，想象画面，积累词语

1. 第一组：密密麻麻、星群密布、半明半昧、摇摇欲坠

师：来，这些词能读吗？

生：能。

师：谁能？最后那位女生，一词一遍。

生：密密麻麻、星群密布、半明半昧、摇摇欲坠。

(掌声响起。)

师：谢谢，谁还能读？最后那名男生。

生：密密麻麻、星群密布、半明半昧、摇摇欲坠。

(掌声响起。)

师：我觉得可以再读一次，这一次争取更流利。

生：密密麻麻、星群密布、半明半昧、摇摇欲坠。

师：谢谢。读词的时候不要慌。我们都来，一词一遍读准确。起。

生：密密麻麻、星群密布、半明半昧、摇摇欲坠。

师：回忆课文内容，密密麻麻的什么？

生：星星。

师：星群密布的什么？

生：繁星。

师：半明半昧的什么？

生：星星。

师：什么摇摇欲坠？

生：星星。

师：原来这几个词都是作者用来写什么的？

生：星星。

师：写星星的。那你们能不能想着星星的样子，再读一读这些词？边读边想，你们仿佛看到怎样的一幅画？

生：密密麻麻。（大声。）

师：嘘，带着想象的时候，是这样读的吗？带着你们自己的想象，把它和星星联系起来，再试试。

生：密密麻麻、星群密布、半明半昧、摇摇欲坠。（小声。）

师：有的同学的眼睛告诉我，他真的在想了。你们仿佛看到了怎样的画面呢？比如密密麻麻的星星。

生：我仿佛看见了很多星星。

师：哦，多，所以作者用了一个词，就是——

生：密密麻麻。

师：真棒！你们还看到怎样的画面？后面的同学，好，请你来。

生：我读到"密密麻麻"的时候，我想到天上有许多星星，像有许多萤火虫在天空中飞舞。

师：哇，多得像萤火虫在飞，真美！还有吗？只有密密麻麻这个词能让你们产生想象吗？你呢？

生：我看到"星群密布"仿佛看见了星星，像一只只萤火虫把天空布满，都把天空照亮了。

师：掌声也送给他，真好。这两个词都说明天上的星星特别多，你们都感受到了。那作者只是写了星星多吗？

生：我读到"半明半昧"的时候，觉得星星像活了一样，在对我眨眼睛。

师：为什么"半明半昧"就让你觉得星星在眨眼睛呢？

生：因为"半明半昧"原本的意思就是有时候明亮，有时候昏暗。

师：所以就让你觉得星星在眨眼睛，这个想象多美呀！怎么会没有掌声呢？

（掌声响起。）

师：而且，他给我们解释了半明半昧的意思，多好啊。明白了词语的意思，我们就能够展开想象了。还有一个词语。

生：我读到"摇摇欲坠"，我产生的想象是，看见天上的星星像要落下来的样子。

师：星星要落下来了，赶紧伸手把它接住吧，多有趣啊！同学们，你们看，这些词语其实都能够帮助我们想象出画面，我们再读一读，读的时候慢慢地展开自己的想象，去体会文字中的画面美。来，起！

生：密密麻麻、星群密布、半明半昧、摇摇欲坠。

师：不得不说，作者非常有意思。他说天上的星星很多，可他并没有用"多"这个词，而是用了——

生：密密麻麻，星群密布。

师：他说这个星星在眨眼睛，他就用到了一个词——

生：半明半昧。

师：他还觉得星星在天上动——

生：摇摇欲坠。

师：你们瞧，多好呀。那你们能把这些词记在心里吗？

生：能。

师：给你们30秒钟，自己读一读，记在心里。

生：密密麻麻、星群密布、半明半昧、摇摇欲坠。

师：都记住了的请举手。恭喜你们，以后你们再说星星的时候，就不只会说"很多"了，还会说——

生：密密麻麻，星群密布。

师：以后你们说天上的星星一会暗一会亮，会说——

生：半明半昧。

师：除了半明半昧，表示星星一会亮一会暗，你们还可以说什么？想一想，还有其他的词吗？

生：嗯，若隐若现。

师：好棒，掌声送给他。除了若隐若现呢，你们还会怎么说呢？我提醒一个，闪闪烁烁，听说过没？

生：听说过。

师：刚才忘了是吧？原谅你，现在把它记在心里，也可以把它写下来。

（生做笔记。）

师：形容星星一会亮一会暗的时候，作者用了一个词是半明半昧，我们班的那位小伙子又提供了一个词，是什么？

生：若隐若现。

师：然后老师又提醒了一个词是什么？

生：闪闪烁烁。

（一生小声说：一闪一闪。）

师：太棒了。

（又一生说：闪闪发光。）

师：你也很棒。

2. 第二组：柔和、静寂、梦幻

师：太好了，你看我们的智慧之门被打开了，以后再描绘星星词汇就更多了，恭喜大家。写好了吗？那请看这里，第二组词来了，谁能读？请个女孩子来读吧！

生：柔和、静寂、梦幻。

师：声音再大点。

生：柔和、静寂、梦幻。

师：掌声。一起读一读，起——

生：柔和、静寂、梦幻。

师：回忆课文内容，柔和的是什么啊？

生：星星。

师：是吗？看一看课文写的是什么。

生：是海上的夜。

师：文中柔和形容的是夜，当然柔和还可以形容其他的事物，比如柔和的什么？

生：柔和的风。

师：你说话的声音也很柔和，柔和的声音特别好听，能再说一次吗？

生：柔和的风。

师：很好。还可以是柔和的什么？最后那个男孩。

生：柔和的太阳。

师：哦，如果太阳是柔和的，那照在人身上就不会觉得热，只会觉得舒服，是吧？柔和的夜也许也会给我们一种很舒服的感觉。再来，静寂的是什么？

生：还是夜。

师：梦幻的是什么？

生：还是夜。

师：那你们觉得作者为什么要用那么多词来写夜呢？他不是在写繁星吗，写夜跟繁星有关系吗？

生：没有关系。

师：对呀，写繁星就写繁星嘛，为什么要写夜晚呢？夜晚跟繁星有关系吗？

生：我觉得有关系，因为如果夜是黑的，那繁星就是亮的，形成了一个鲜明的对比。

师：掌声送给她。明白了吧？所以刚上课时有位同学说没见过满天的繁星，其实我特别能理解。因为我也想了一下，在日常生活中，在我们城市的夜晚里，要见到满天的繁星容易吗？真不容易。一是因为我们的霓虹灯太亮了，所以我们看不到星星；二是因为城市里的声音太大了，有时候会让我们忘记了抬头去看天空中的星星。而只有当夜是——

生：柔和的。

师：是——

生：静寂的。

师：是——

生：梦幻的。

师：这个时候我们也安静了，我们才去看天上的繁星。所以，有些词虽然不是直接写繁星，可是它能够帮助我们想象出繁星满天的画面。现在我就请你们自己再读一读这篇课文。拿出笔来，看看你们自己能不能找到一个或两个词，对我们想象满天的繁星有帮助。来试一下。

（生再读课文。）

3. 学生查找交流：无处不在、微笑、微小、怀抱、眨眼

师：一个字一个字，一句话一句话的，有没有什么词语能让我们感受到繁星？太好了，有同学已经发现了。你可以举手，咱们一边交流，一边你自己慢慢地读，来。

生：我找到的是"无处不在"和"周围飞舞"，还有"许多"和"眨眼"。

师：找到了不少词，咱们先说第一个吧，什么词？

生：无处不在。

师：我把它写下来。好有意思，为什么你要找无处不在这个词呢？（板书：无处不在。）

生：嗯。

师：说说你的感受。

生：是因为我读到这一个词的时候，想象到星星，星星闪烁的光明哪里都有。

师：太好了，这个词让他感受到了星星的光明，掌声送给他，这是一个会读书的孩子。你来。

生：我找到了"微笑"。

师：好，说说为什么。

生：因为星星在天空中，我读到这个词的时候，我想象到星星在天空闪闪发光。

师：哦，所以就像在微笑，星星跟人一样了。这个词让这位同学有了不一样的体会。掌声也送给他。好，你来说一个。

生："微小"，我读到"微小"，我又读到光明无处不在，我想到了星光十分地多。

生：我读到"怀抱"的时候，想到了满天的星星，很柔和。

生：当我读到"眨眼"的时候，我想象到的画面是，夜空里有许多半明半昧的星星在对我眨眼睛。

生：当我读到"小声说话"时，我会想象到那些星星很低，在跟我说话。

师：你们瞧，原来只要我们用心去想象，文章当中的很多词仿佛都在向我们展现着繁星满天的样子。来，我们把这些词再读一读好吗？一词一遍，起！

生：无处不在、微笑、微小、怀抱、眨眼。

（三）朗读课文，想象画面，积累句子

师：现在呀，我觉得我们可以真的来完成第一个学习任务了，那就是有感情地朗读课文，根据课文的描述想象繁星满天的画面。老师要提醒你们，还要关注刚才我们自己读到的词，然后边想象边有感情地朗读，相信这一次读课文你们一定比刚才读得更好，行吗？

生：行。

师：那把课本拿起来，这次每个人都读出声音来，自己读自己的，开始吧。

（生有感情地朗读课文。）

师：真好，虽然我不知道你们脑子里究竟产生了怎样的想象，但是你们的表情告诉我你们读得非常投入。真的，有的同学眼睛忽闪忽闪，有的同学情不自禁地露出了笑容，这都说明你们在想象。边读边想象画面，第一段，谁能读？

生：我爱月夜，但我也爱星天。从前在家乡七八月的夜晚，在庭院里纳凉的时候，我最爱看天上密密麻麻的星星。

师：你的声音很好听！读到这一段的时候，你看到怎样的画面呢？

生：我看到了作者坐在草坪上，抬头一看，看到了很多星星。

师：开心吗？

生：很开心。

师：那你可以带着这样的想象再读一读吗？

生：可以。

师：好，不着急，慢慢读，想着你脑子里的画面，开始——

生：我爱月夜，但我也爱星天。从前在家乡七八月的夜晚，在庭院里纳凉的时候，我最爱看天上密密麻麻的星星。

师：觉不觉得第二次有进步啦？掌声送给他。读书就是这样的，不要急。你站起来读的时候，就要带着自己的想象有感情地读。再说说看，这一段作者是在什么时间、什么地方看星星呢？

生：是在夜晚，在庭院里纳凉的时候看星星。

师：是什么时候的夜晚，哪里的夜晚？

生：是在家乡七八月的夜晚。

师：是现在的家乡吗？

生：从前的。

师：再说一次。

生：是从前在家乡七八月的夜晚，在庭院里纳凉的时候。

师：说得多清楚呀。（板书：从前，家乡）第二段谁能读？比第一段长了一点，你来。

生：三年前，在南京我住的地方有一道后门，每晚我打开后门，便看见一个静寂的夜。下面是一片菜园，上面是星群密布的蓝天。星光在我们的肉眼里虽然微小，然而它使我们觉得光明无处不在。

师：掌声送给她。

（掌声响起。）

师：这个时候作者在哪里看星星啊？

生：三年前。

师：在哪里看的？

生：嗯，在南京，"我"住的一个地方有一道后门。

（师板书：三年前，南京。）

师：第三段更长了，想读的同学更多了。好，你先读。我多请几位同学读，好不好？

（生朗读第二自然段，非常有感情，大家自发鼓起掌。）

师：我想问一问为什么你想读这一段呢？

生：因为这一段让我想到了星光很柔和，很多星星的那种美好场面。

师：掌声送给他。

（掌声再次响起。）

师：我觉得他已经会边读边想象画面了，所以他的朗读特别美。这段谁还想读呢？哦，想读的同学很多，我们再听听。

（生再次朗读第二自然段。）

师：我也问问你为什么特别想读这一段？

生：因为我想到了深蓝色的天空中有许多半明半昧的星星在微笑着，好像马上要掉下来跟我一起玩耍。

师：我觉得非常开心啊，这两位同学说到的不就是刚才我们一起找的那些词吗，这些词现在在他们的朗读中，帮助他们想象到了画面，所以他们读得多美啊！还有想读的吗？

（许多生举手。）

师：都想读的话，就拿起课本来，我们一起读一读第三自然段，也带着你们的想象。来，如今在海上，起——

（全班齐读第三自然段。）

师：真的，同学们，你们读书的声音、读书的样子深深地打动了我，我觉得每个人都会抓住这些词语边读边想象画面了，所以你们的朗读就越来越好，掌声送给你们自己。

（掌声响起。）

师：那你们知道吗，你们最喜欢读的第三自然段，又是作者在什么时候、在哪里看到的星星呢？

生：如今在海上。

师：大声说。

生：如今在海上。

师：（板书：如今　海上）你们发现了吗，这篇课文作者一共写了自己几次看星星？

生：三次。

师：从前在家乡，后来——

生：在南京。

师：如今——

生：在海上。

师：你看，作者看星星的时间在变，看星星的地方也在变。其实啊，作者本人也在变。巴金爷爷出生在旧时中国的成都，离我们这儿不远。小时候他跟自己的父母生活在家乡，所以第一次看星星的情景应该是在他的童年时期。后来他慢慢长大了，十几岁的时候到南京去求学。求学就是学知识、学文化。当时的中国还比较落后，人们对知识文化的了解不多，于是巴金爷爷来到南京以后学到了很多新知识，那是他以前不知道的。这些新的知识啊，就好像在他的心里打开了一扇一扇的窗户一样。这是他写的第二次看星星。接着他决定要出国去求学，看看外面的大世界是什么样的，你们觉得他那时看星星的心情又是怎样的呢？

生：激动。

师：可是当时出国没有飞机，只能是——

生：划船。

师：不是划船，你看他到海上乘坐是什么呀？

生：轮船。

师：对，坐这样的轮船出国去。不过这个旅途是漫长的，而且是第一次离开家乡、离开亲人、离开自己的祖国。你们觉得那个时候他看星星的心情有变化吗？

生：有。

师：同学们真是善解人意。那好，请你们联系着巴金爷爷三次看星星时不同的生活状态再来读一读这篇课文，也许你们能感受到这幅繁星图背后更多的作者情感，试一试。好，请你们第三次自己读课文，这一次呀，请你们拿起一支笔来，把你们觉得最打动你的句子勾下来，可以是一句，可以是好几句，然后再想想为什么打动你，你们读到这里的时候有怎样的感受和想法呢，来，自己读吧。

（生阅读课文。）

师：好感动，这几位同学私下给我分享他们喜欢的句子，真的比刚才的理解更深刻了。其他同学加油，都有自己的发现，是吗？

生：嗯。

师：好，这样子，先把你们的发现跟旁边的同学读一读，说一说，交流一下，好吗？

生：好。

师：开始吧。

（生读课文并交流。）

三、联系生活　迁移表达　体会情感

（一）学习作者的表达方式

师：好了吗？来，我们一起来交流，请看——这就是我们的课文，你们最想分享的是哪里呢？你们可以站在座位上读，也可以到上面来指着PPT告诉我们你们最想读的是哪里，然后把它读出来。

生1：我勾的是"星光在我们的肉眼里虽然微小，然而它使我们觉得光明无处不在"。读到这句的时候我感觉到星光闪烁，十分地多。还让我感觉到巴金爷爷在求学时学到的知识像天上的星星一样，有很多，而且闪闪发光。

师：你们发现了吗，一开始我们在读"无处不在"这个词的时候，仅仅觉得是星星的亮光，如今却在星星的亮光里感受到了知识的光芒。你叫什么名字？

生1：尤庆景。

师：小尤同学结合巴金爷爷求学的经历，觉得巴金爷爷之所以觉得星光亮，还因为——

生1：他学到了许多知识。

师：有一点道理，带着这样的理解，我们一起来读这句话，好吗？带着大家一起读。

生：（齐读）星光在我们的肉眼里虽然微小，然而它使我们觉得光明无处不在。

师：请问，这句话写的是巴金爷爷看到的还是他感受到的呢？

生1：感受到的。

（师板书：感受到。）

师：哪里又是他看到的？

生1：星光在我们的肉眼里虽然微小。

师：谢谢你，原来也有他看到的。（板书：看到的）我们接着交流。

生2：我勾的是第三自然段的第一句："如今在海上，每晚和繁星相对，我把它们认得很熟了。"这句表明巴金爷爷把繁星认得很熟，说明繁星就像他的亲戚和朋友。

师：巴金爷爷喜欢看繁星，到现在他已经觉得天上的星星像朋友一样熟悉了，是吧？你的体会很好，把这句话再读一读，如今在海上——

生2：如今在海上，每晚和繁星相对，我把它们认得很熟了。

师：记在你的心里，好不好？当你看星星，你觉得很亲切的时候你也可以说如今我把它们已经——

生2：认得很熟了。

师：那你觉得这句话是他感受到的，还是他看到的？

生2：嗯，感受到的。

师：有看到的吗？

生2：嗯，也有。

师：哪里是他看到的？

生2：每晚和繁星相对。

师：这是看到的，和繁星很熟了，就是——

生2：他感受到的。

师：掌声送给他，接着交流。还有吗？你来。

生3：我勾画的是最后两句："这时候我忘记了一切。在星的怀抱中我微笑着，我沉睡着。我觉得自己是一个小孩子，现在睡在母亲的怀里了。"这句话写了作者的感受，让我仿佛体会到了作者这时的心情。他这时去国外留学，在游轮上度过漫长的时间，就会对家乡和父母、亲戚，还有朋友产生一种思念的感情。

师：好让我感动啊，这句话让你读出了作者的思念之情。那你可以带着我们一起读一读来感受一下吗？

（生带着全班齐读一遍。）

师：这句话应该是作者——

生3：感受到的。

生4：我勾画的是这一句："船在动，星也在动，它们是这样低，真是摇摇欲坠呢。"船在动，星也在动，我想巴金爷爷应该是把星看作知识，星在动就像知识一样，知识在追他，他也在追求知识。

师：追求知识，追求光明，追求真理，这就是巴金爷爷一生的追求。因为巴金爷爷出生的那个年代是旧中国，那个时候的中国贫穷落后。你能从这句话中读出这种感受老师非常佩服你。那我们一起来读一读这句话好吗？注意这句话写得也很有意思，船在动，星也在动，那么简单却一下子把生动的画面展现在我们的眼前了。我们再读一读——

生4：船在动，星也在动，它们是这样低，真是摇摇欲坠呢。

师："摇摇欲坠"，巴金爷爷看到那个星星真的掉下来了，还是？

生4：感觉。

师：也是一种感觉。在读这篇课文的时候，你们结合课文中的词语和句子，不仅读出了画面，还读出了巴金爷爷内心的感受。课文中对繁星的描写有的是巴金爷爷——

生：看到的。

师：有的是——

生：感受到的。

师：看到的和感受到的有没有关系呢？来，再读一读这两句话。（再次出示课文中的两个句子。)

生：有。

师：是吗？和同学讨论一下，然后说说你们的发现。

(生讨论。)

师：有发现吗？

生：看到的和感受到的是有关系的。

师：嗯。

生：因为只有看到了，才会产生想象，才会感觉到啊。

师：比如说——

生：比如说这一句"我望着那许多认识的星，我仿佛看见它们在对我眨眼"，只有我望着星星，我才能感觉到、想象到它们在对我眨眼睛，对我小声说话。

师：掌声送给他。多好呀。我想巴金爷爷的写作方法你们都学会了，那么现在我们可以来完成今天的第二个学习任务了。

(二) 仿照课文，迁移表达

师：你们也看过夜晚的繁星吧？说说当时的感受。那是不是先得说——

生：看到的。

师：然后再说——

生：感受到的。

师：刚上课时，有好多同学说自己见过繁星呢，在老家看到的、在自己窗边看到的。同学们见过的不同地方的星空到底是什么样子的？现在每个人都想一想那幅画面，你们当时看到的是怎样的繁星？带来怎样的感受？像巴金爷爷那样去表达。你们甚至还可以用上课文里面的那些形容星星和夜晚的词句。

(生准备。)

师：我们来交流一下。

生：我在老家的时候，看到天上星群密布，给我，嗯，给我一种一张大网子要掉下来把我们网住的感受，被星星网住。

师：那就跟星星来个拥抱，把掌声送给他！他努力地在用刚才学过的词语，用到了哪一个词？

生：星群密布。

师：还用了一个比喻句。

生：一张大网。

师：接着交流。

生：我在南海的夜晚看过繁星，当时我看着深紫色的天空，看见有许多繁星在那里动，像妈妈要抱住我似的，给了我一种温暖的感觉。

师：掌声也送给她，你在南海看星星呀！哦，给我们描绘了不一样的星空，而且她用上了自己想到的词，描绘了天空的颜色，很不错哟。好，我们接着交流。

生：每当我和妈妈在小河边散步的时候，总能看到许多星星在天空中一闪一闪的，好像在对我眨眼睛，它们摇摇欲坠，又好像要和我一起玩。我想把它摘下来跟我一起玩耍。它让我觉得大自然是柔和的，是梦幻的。

师：掌声送给他！你的描绘让我觉得你是一个开心的小朋友，你的生活充满了快乐。真的，所以你才会想象到星星像个小孩子一样要从天上掉下来和你一起玩，是因为你自己本身就是很开心的。

生：有一次我在老家在外面散步的时候，抬头看见许多星星，它们挂在天空中摇摇欲坠，好像想下来陪我一起玩耍。

师：你用了一个词叫作"挂在"，你觉得星星是挂在天上的，我们的作者在书里用的是什么词？

生：悬着。

师：这有异曲同工之妙，非常好，你怎么觉得星星也摇摇欲坠呢？

生：因为它们一闪一闪的，好像马上想要掉下来陪我一起玩耍。

师：哦，原来同学们都是希望星星来陪自己玩耍。还有谁想给我们描绘一下跟别人不一样的星空呢？好，你来。

生：就是在矮山上。

师：山上的星空。

生：深蓝色的夜空中只有几颗稀疏的星星，它们一闪一闪的，一阵风吹来，我甚至能听到它们冷得牙齿打战的声音。

师：我觉得他是诗人，掌声送给他。你们听清了吗，他的感受完全不一样，因为他描绘的是山上的夜空。山上有点冷，星星不多，这个很真实。我有时候看到的星空也只有一点、两点星。星星少而孤独，山上又冷，所以他感觉这个星星冷得打战。这样的感受和他自己当时在山上看星星的感受非常吻合呢，太美了，掌声送给他。两次掌声送给了他，因为真的描绘得太美了。

生：有一次我在老家，嗯，晚上睡不着，于是我出来看星星。然后我发现，深蓝色的天上有密密麻麻的星星，好像形成了一个一个圆圈形，内部有蓝有白，好像是一个个大大的彩色的水潭。

师：这样子啊！

生：美得像一幅画。

师：天啊，这样的景象应该很神奇吧！我们都听呆了。彩色的星星，也把掌声送给他。虽然我没见过，但我希望真的有彩色的星星。你来。

生：还记得有一次春节前一天，我在家乡的阳台上看星星，虽然只有一点点，不过我还是认出了它们是什么星星，记得是牛郎和织女。

师：哇。

生：牛郎星和织女星遥遥相对，看着牛郎星旁边微小的两颗星星，我记得爸爸说过，那两颗星星就是牛郎和织女的孩子，他们是多么想团聚呀！我还记得当时爸爸妈妈还没有回来，我也想和他们团聚，一起过春节。

师：掌声送给他。他描绘的星空里带着自己浓浓的情感，星星仿佛也和自己遥相呼应。你们觉得这样读《繁星》有意思吗？

生：有。

（三）回到课文，体会情感

师：你们看作者，他写自己三次看繁星，时间在变，地点在变，作者的什么也在变呢？

生：感受。

师：感受也在变。但是作者看繁星的时候有什么是不变的？你说。

生：他三次都抱着要为国家献力、要学习知识的这个志向。

师：志向没变，是吧？那星星在他的眼里有什么感觉是不变的？你们读出来了吗？

生：没有变的是每次天空里都有许多星星。

师：就像他的家人、朋友。其实，作者心中一直有一种对光明的向往，对美好生活的向往，有一颗很乐观的心，所以他能够发现美。巴金爷爷特别喜欢星星，哪里只三次看星星？他的很多文章都在写繁星，每次看繁星，都能带给他光明、希望。今天通过学习《繁星》，同学们也都有了一双会发现美的眼睛，边读边想象，边想象边表达，感受到了星空带给我们的美好。希望同学们以后能够继续用边读边想象画面的方法去读更多更多的文章，去感受大自然的美好，好不好？

生：好！

师：今天这节课就上到这里，下课。

## 点　评

《繁星》是四年级第一单元的略读课文，这个单元的语文要素是"边读边想象画面，感受自然之美"。本单元有四篇课文，前三篇是《观潮》《走月亮》《现代诗二首》，《繁星》是第四篇。这堂课可圈可点的地方不少，我想谈几点体会。

### 一、教学目标紧扣单元语文要素

徐老师确定了三条教学目标。一是有感情地朗读课文。二是边读边想象繁星满天的画面，体会作者的情感。这条目标紧扣单元语文要素。三是学习作者的描述方法，说说自己看到繁星时的感受。这一条目标是从写作方面提出的。

三条目标紧扣语文要素，关注了文章的表达，符合四年级学生语文学习重点。语文是学习语言文字运用的一门综合性、实践性课程，这些目标的确定是契合语文课程性质任务的，不仅重视感情朗读，体会作者的情感，还把学生的学习引向边读边想象、模仿课文表达方法的迁移运用上。

徐老师第一稿设计的教学目标中有学习虚实结合的表达方法。虚实结合对四年级学生来说过于深奥，不太好理解。所以徐老师在这堂课调整为根据描写的事物谈感受，这个目标比学习虚实结合的表达方法明显要好得多。

想象力的培养在小学阶段很重要，这个单元的语文要素就是边读边想象画面，把文字转化为图像，丰富学生的想象思维，这是一种图像化阅读策略的学习。这个阅读策略很重要，对孩子的阅读，特别是对孩子写作时怎么写具体很有帮助。习作能够写具体的学生，想象力一般比较丰富，如果想象力不丰富，写的文章往往是只有骨头，没有血肉。所以统编教材把想象力培养作为语文要素有它的合理性，徐老师这堂课对这个语文要素的落实也非常充分。

## 二、关于词语教学

（一）词语教学不仅在理解意思，更要注重运用。

这堂课词语教学分两组进行。第一组是写星星的词语："密密麻麻、星群密布、半明半昧、摇摇欲坠"；第二组是写感受的："柔和的、静寂的、梦幻的"。徐老师把教学重点放在第一组词语的教学上，边读这些词语边想象，在词语教学时就落实了想象。徐老师特意让学生读这些词语，想象天空中布满繁星的样子。最值得称道的是徐老师不仅仅是让学生理解这些词语，还让学生根据这些词语来想象说话。在运用中理解词义，并且用这些词语练习说话，这是词语教学的最高境界。学习词语的目的是什么，就是为了运用。所以徐老师花时间让学生运用"星群密布、密密麻麻"想象说话既是想象练习，又是说话练习，还是运用词语的练习。这个环节的设计很值得称道。

（二）有意识地引导学生积累有新鲜感的词语。

词语教完以后，徐老师让学生花三十秒时间把这些词记在心里，最后又叮嘱学生"以后说星星就可以用上这些词语，还可以用哪些词？"学生回答"若隐若现、闪闪发光"，老师也补充了"闪闪烁烁"等。这是对学生积累词语的习惯的培养，对学生今后语文素养的发展是非常重要的。学生有了这样的习惯，以后阅读时碰到有新鲜感的词语就会主动记忆下来，这种习惯需要语文老师去培养。从这堂课的词语教学中可以看出，徐老师这方面的意识很强。

词语教学时间花了十来分钟，时间不少，但是效果是很好的。

三、重视朗读

（一）减少技巧性朗读教学，让学生读出体会。

徐老师非常重视朗读，这堂课学生的朗读贯穿始终。课前导语中有有感情朗读的要求，其实有感情朗读对小学生来说要求比较高，关键还是要多读。我觉得感情朗读不一定要在技巧上多加指点，徐老师的做法是让学生多读，根据自己的体会和感受读出感情，关键是引导学生投入朗读，这可能比有感情朗读的方法、技巧指导更加有效。对小学生来说，有感情朗读的关键是体会、理解文章的情感，然后通过朗读读出自己的感受。学生体会的情感不同，读出的情感也不尽相同，无须千篇一律。朗读在语文课中的重要性不言而喻，这是学习语文最基本、最常用，也是最有效的方法。

（二）反复朗读是学生语言经验积累的有效途径。

朗读不仅仅是理解课文、体会情感，徐老师把朗读和想象结合起来，这非常好。想象是把文字转化为图像，引导学生通过朗读体会图像化策略。这个策略怎么获得？就是通过不断朗读练习，在反复朗读的实践中领会这种阅读策略。

朗读还有助于学生语言材料的积累和语言经验的获得，这是其他任何一种方式都难以代替的。把课文语言熟读成诵，能够烂熟于心，最好做到脱口而出，就可以转化成自己的语言。所以著名教育家叶圣陶说朗读能够使儿童的语言"不期而然近乎完美"，这就是学生学习语言最有效的途径。学生语言怎么能够达到完美？最好的方法就是朗读。学生通过反复诵读，在不经意中就使自己的语言越来越好，质量越来越高。所以整个小学阶段，甚至初中，朗读都是学生学习语文最重要，也是最有效的方法，特别有助于学生语言经验的积累。

这堂课徐老师设计的朗读练习，一开始自由读准文章的字音、认识字形，边读边想象看到什么样的繁星。学生读一遍课文大概是一分四十秒。是有感情地朗读，这是落实课文导读中的要求——"有感情地朗读课文"，感受星空的美。接下来徐老师检查学生朗读情况，进行分段朗读。课文第三段是重点，徐老师让学生反复读了好几遍。后面又设计学生默读，体会三次看星星不同的感受，边读边体会作者的情感。整堂课应该说对朗读、默读非常重视。从朗读的遍数看，我认为还可以增加，只宜增多不宜减少。

现在有些老师上语文课时把重点聚焦在语文要素落实上，忽视了朗读，这种做法其实很不明智。朗读对学生的语言发展和语文素养的提高具有重要作用，是其他方法很难替代的。我觉得让学生读好书、读熟课文，对提高学生语文素养的作用超过其他任何方式。

## 四、创设情境，迁移表达

这堂课的最后徐老师花了十来分钟要求学生体会写法，模仿《繁星》三段课文的写法：在什么地方，看到什么样的星空，说说自己有什么感受。这个练习可以检验学生这堂课的学习效果。设计的表达顺序非常合理。这堂课开始要求学生联系自己生活中看到的星空谈自己的感受，学生表达很简单；学习课文以后，模仿课文的写法，再来谈自己看到星空的感受，争取表达得更加丰富点，更加具体些，更好地表达自己的感受。学生先准备两分钟，接着同桌交流，然后是全班交流。从交流情况看，有些学生的表达很出彩。

比如第一个同学说："我在老家的时候，看到天上星群密布，给我，嗯，给我一种一张大网子要掉下来把我们网住的感受，被星星网住。"学生感受不错，但句子组织还有点问题。后一个同学说，和妈妈在小河边散步时看到很多繁星在动，好像要和我们玩耍。把在什么地方的夜空，看到什么，当时的感受说清楚了，这感受真的很温暖。印象比较深的是一个同学想象比较丰富，比较奇特，大概说的是，在家乡的矮山上，深蓝色的夜空有几颗稀疏的星星眨着眼睛，一阵风吹过，星星冷得打战。这个孩子很有想象力。讲得最好的是最后一个同学：春节家乡的阳台上，我认出了牛郎星和织女星，听爸爸说过，旁边两颗小星星是他们的孩子。我想这个孩子应该是留守儿童。他说他希望牛郎织女星能够和孩子一起团聚！春节快到了，他也希望爸爸妈妈回家，一家人能够团团圆圆过春节。这个孩子联系自己的生活，从牛郎织女星写到自己期盼和父母团聚，这感受非常真切，有真情实感，很打动人。

同学们基本上都把什么地方、什么时候、看到的星空怎么样、自己有什么感受谈得比较完整。这样的交流，可以让学生对文章的写作方法有更深切的体会。

可能会有老师质疑，阅读课文是否应该安排这样的表达练习？体会写作方法，学生准备，后面交流，时间超过十分钟，这样的设计是不是合理？我个人主张语文课上，无论什么类型的课文，如果能够挤出时间让学生练习表达，无论是口头表达还是书面表达，都是合理的，语文教师应该努力这样去做。现在语文课用于阅读的时间远远超过表达时间，语文课程有四分之三的时间用于阅读，仅有四分之一的时间用于表达。这样一种先天性读写失衡的课程设置对学生语言表达能力过关是不利的。语文教师如何缓解这种课程设置中的深层次问题，最好的也是最简便有效的办法就是在阅读课中千方百计创造机会让学生进行表达练习。所以这堂课里徐老师设计的表达练习我认为是完全合理的。老师教再多的写作方法，学生如果不会用，那么学到的写作方法对学生表达能力的提高就不能起到实质性的作用。小学阶段学习写作方法，目的是提高学生的表达能力。所以学生学了以后，教师要想办法创造条件去让学生用，这才是硬道理。

### 五、不足与改进建议

要进一步培养学生主动吸收、运用课文语言的意识和习惯。这堂课的最后学生的表达都不错，是不是还能够有提高？我觉得还是很有空间的。徐老师让七个同学交流，其实交流的同学可以减少几个，关键在引导学生通过交流能够在原有的水平上再进一步，这样对学生表达能力的提高可能更加有效。其实课文中一些句子写得非常美，比如"海上的夜是柔和的，是静寂的，是梦幻的"，可以换成"家乡的夜是柔和的，是静寂的，是梦幻的"。还比如"它们是这么低，真是摇摇欲坠呢""深蓝色的天空里，悬着无数半明半昧的星""这时候我忘记了一切。在星的怀抱中我微笑着，我沉睡着。我觉得自己是一个小孩子，现在睡在母亲的怀里了。"如果老师有意识地提醒学生把课文中打动自己的一些美的词句组织进自己说的话里，那么这堂课学生语言表达的质量必定能够大大提高！这可以培养学生主动积累并运用学到的好词好句的习惯，对学生语文素养的提高会起到积极的作用。教师不仅仅要让学生用自己的语言说出自己的感受，还要引导学生在表达过程中主动吸收并运用课文中印象深刻的词语、句子，以提高学生的语言表达质量。学生有了这种习惯，可能比说这段话来得更加重要。

其实如果让学生多花些时间把这一段话写下来，效果应该会更好。那么时间哪里来呢？前面朗读以后的几次交流，学生谈自己的感受是不是还能够压缩些？比如找出对想象画面有帮助的词语这一环节，学生读两分钟，接下来交流七分钟，仔细推敲学生的交流就会发现，学生找出的"微笑""微小""怀抱""眨眼"等词非常随意，这七分钟时间花得没有什么价值。还有后面勾出打动你的句子，认识哪些是作者看到的和感受到的。这个环节徐老师在讨论作者感受时，解读成"追求知识，追求光明"，这样的过度解读把作者的感受坐实了，其实不一定合适。让学生勾出打动自己的句子，再把这些句子和最后的一个表达练习结合起来，让学生把这些词句用到自己的表达当中，尽量减少一些无谓的讨论，效果会更好。这两个讨论都花了七八分钟时间，如果简化甚至删去就可以节省十多分钟时间，这样，学生的表达练习，包括表达以后的点评、点评以后的修改在时间上就有了保证，就可以将更多的时间用于学生表达，在表达中体会作者的写作方法，在表达中体会优美的句子，体会其为什么能打动人，效果也许会更好。

# 多角度思考　学习"批注"
## ——《牛和鹅》教学实录及点评

点评：张咏梅
单位：重庆市教育科学研究院初教所

**教学目标：**

1. 学习课文的批注示范，掌握批注的基本方法：在哪里批注，怎么批注。

2. 学习课文中的三个含生字词的重点句子，练习用多角度、变角度的思维方法去做批注。

3. 通过批注阅读，了解课文内容，受到一定启示。

**教学实录：**

**一、读课题，谈感受，引入批注方法的学习**

师：请读课题。

生：牛和鹅。

师：读得很准确，举起右手和老师一起写课题。

（生书空课题。）

师：再读一次。当你们读这个课题时，你们的脑子里有这两种动物的画面吗？它们有什么不一样？

生：牛比鹅大。

生：牛壮，鹅弱。

生：牛胆小，鹅胆大。

师：我明白了，大和小、壮和弱是你们脑子里对牛和鹅的印象。胆大和胆小，以及它们分别是怎么看人的是这篇课文告诉我们的。读了这么多遍课文，你们想说点什么？

生：作者开始很怕鹅，然后到最后就不怕了。

生：一开始作者欺负牛，后来变成鹅欺负他了。

师：同学们说的都是文章里有的，读懂了文章里的信息，那你们有什么感受呢？

生：我觉得鹅看上去厉害，其实它是打不过人的。

生：我觉得我们不应该怕鹅。真正去了解它，就会发现它没有什么可怕的。

## 二、学习课文的批注示范，掌握批注的基本方法：在哪里批注，怎么批注

师：同学们不仅收集了书里的信息，还有自己的感受，我们读书后的想法可以这样口头交流，有时候，我们还可以怎样做呢？

生：把感受写下来。

师：是的。你们看，语文课本上有一位读者读书后，就把自己的感受写下来了。他写在了哪里？

生：写在了课文旁边。

师：为什么要写在旁边？我见过把感受写在两排文字中间的同学呢。这样好不好？

生：不好，这样课文看不清，自己写的也看不清。

师：对。还要注意，我们的字也可以写小一点，工整一点。来我们读一读，看看这位读者写了些什么。

（生读第一句：事情真的是这样吗？）

师：他读到这里，心里有了——

生：疑问。

师：对，当我们读文章，心里有了疑问或者感受的时候，我们就可以把它写下来，写在文章的旁边。这样读文章的方法是有名字的，知道叫什么吗？

生：做笔记。

师：好，我告诉你们，这样的阅读方法有个名字叫——批注。你们平时真的没有用过批注的方法来读书吗？

（生摇头。）

师：你们有没有勾画过生字词？有没有在旁边写出词语的解释或者段意？

生：有。

师：对了，其实那也是批注的一种，我们并不陌生。现在呢，我们要跟着语文课本学习怎么把我们的感受批注出来。准备好了吗？

（生茫然。）

师：不知道要准备什么？工具！批注阅读我们要准备什么工具呢？

生：笔、尺子、课本。

师：还有一样，很重要。

生：脑子。

师：对呀，写出我们的感受怎能不用脑子呢？

**三、学习课文中的三个含生字词的重点句子，练习用多角度、变角度的思维方法去做批注**

师：让我们开始阅读吧，就从含有生字词的三个句子开始读。

**出示句一**：有的孩子还敢扳牛角，叫它跪下来，然后骑到牛背上去。

（一生读。）

师：这句话里只有一个生字"扳"，看我写一写，左边是提手旁，右边一个"反"，猜一猜，什么意思？

生：用手把一个东西反过来。

师：答对了。文章里的小孩儿们扳的是——

生：牛角！

师：你们觉得这孩子怎么样？

生：这些小孩子不怕牛。

师：我觉得你们很棒，感受都出来了。别让我们的感受"溜"走，拿出工具，观察老师是怎么做的。先勾出句子。我们班的同学坐得那么端正，我相信你们勾句子的线条也很工整。可是我见到过有的同学勾句子，线条都勾到文字上去了，我还以为他要把这句话删去不要呢。你们不会吧？真好。然后，再看那个关键的词"扳牛角"，可以把它标出来，我用的小圆圈，你们呢？都可以，但要清楚。最关键的，还要把我们的感受写在旁边哦。（板书：勾句子、标字词、感受、疑问写旁边。）

（生勾画批注。）

师：从你们的批注中我知道了孩子们不怕牛。（板书：不怕）批注阅读难不难？

生：不难。

师：对啊，你们已经在批注阅读了。让我们继续。

**出示句二**：这时，带头的那只老公鹅就啪嗒啪嗒地跑了过来，吭吭，它赶上了我，吭吭，它张开嘴，一口就咬住了我当胸的衣襟，拉住我不放。

师：这句话里的生字词很多，还有两个象声词，能读吗？自己先练习练习，可以请教旁边的同学，他们都是你学习的伙伴。

（生自己练习读，并举手要求朗读。）

师：现在，拉住你当胸的衣襟的不是你的手，而是那只老公鹅，什么感受？

生：我好害怕！

师：是的，好害怕，你会怎么读啊？

（一生朗读，声音比较小。）

师：用小声来表示害怕，可以。还可以怎么读？都自己读读吧。

（一生带着自己的感受朗读。）

师：原来，"当胸的衣襟"让我们感受到作者当时的恐惧。再看句子，我还勾出了"吭吭"和"啪嗒啪嗒"，不仅因为它们是象声词，还因为我在想：可不可以不要这两个词呢？

生：不可以，因为没有这两个词就不能写出鹅生动的样子。

师：什么样子？

生：我感觉到这鹅很凶。

生：我感觉鹅很生气，很嚣张。

师：这句话既要读出鹅的特点，又要读出"我"的感觉，你们会怎么读？

（生练习读。）

师：好惊险，你快吓晕了。（板书：怕）别让我们的感受"溜"走，你们会怎么批注呢？

（生勾画批注。）

师：采访一下，你怎么批注的？

生：我觉得鹅太嚣张了。

师：只谈到了鹅。

生：当时鹅太凶，而作者非常害怕。

师：他写了两方面的感受。

生："我"很害怕，因为鹅很凶。

师：他不仅写了两个方面，还把两个方面联系起来想。

出示句三：金奎叔是个结实的汉子，他的胳膊比我的腿还粗。

师：看第三句话，简单吧？你第一个读。胳膊在哪儿？比腿还粗的胳膊。谁还能读？

（一生朗读。）

师：故事中除了结实的金奎叔，还有谁？

生："我"。

师：怎样的"我"？谁能找到文中的句子？

（一生读"当时我还很小，只不过跟它一样高呢！"）

师："它"是谁？

生：鹅。

师：鹅有多高？感受并想象一下。让我们带着感受对比读一读这两句话。

（两位同学对比读，男女生对比读。）

师：问题来了，这两个句子对比着一读，你们有什么感受？

生：金奎叔很壮实。

师：你们都被金奎叔给吸引住了，当描写小小的"我"和金奎叔的两个句子中间再放上那只老公鹅，你们又有了什么感受？

生：老公鹅和"我"差不多高，说明金奎叔比鹅强大。

生：鹅跟金奎叔比就很弱小了。

生：如果"我"跟鹅比，觉得鹅很强壮；如果金奎叔跟鹅比，觉得鹅很弱小。

师：角度在发生变化。我们再感受，鹅对"我"怎么样，对金奎叔呢？

生："鹅"对"我"很霸道，对金奎叔是害怕。

师：所以有人用了一个四字词语来形容鹅。

生：欺软怕硬。

师：你们瞧，换个角度，我们的感受就更多了。赶紧批注在旁边。

（生勾画批注。）

生：鹅是一种欺软怕硬的动物，"我"弱小，它就高高在上，金奎叔很强壮，它就变得害怕，不敢嚣张了。

生：金奎叔和我形成了鲜明的对比，"我"见鹅很害怕，金奎叔见鹅却没有一点胆怯。

师：同学们，我要给你们点个大大的赞，刚开始上课的时候，大家读了课文却不能很好地表达自己的感受，可是现在，感受越来越丰富了。让我们回头想想，我们是怎么进行批注阅读的呢？当我们阅读一篇文章的时候，往往会有一些令我们印象深刻的句子跳出来，我们就可以把它们勾画出来，再标出里面的关键字词。然后，我们就把我们的感受和疑问写在旁边，而且要写工整，不要写太大。

**四、尝试运用批注的方法自己阅读全文，交流分享，获得启示**

师：都会了吧？给大家五分钟时间，请你们把这个故事再从头读到尾，看看还有哪些地方可以打动你，你也用这三招进行批注阅读。

(生独立批注阅读。)

师：我们来交流交流，把我们各自的感受都展现出来就更丰富了。

师：第一位同学，先看看他的批注，线条平直，批注也很整洁。

生：（朗读"……又哭又叫……"一句）我标出了"又哭又叫"说明"我"吓坏了。

生：（很有感情地朗读："他一把握住了鹅的长脖子……然后就像摔一个酒瓶似的……"）我勾的是"轻轻"这个词，说明金奎叔提起鹅毫不费劲。我还勾了"酒瓶"这个词，酒瓶也很轻，说明鹅在金奎叔那里很轻，跟个酒瓶差不多。

……

师：你们用批注阅读的方式就能自己读懂文中又长又难的句子了。我听出来了，大家都用上了最重要的一个工具，什么？

生：脑子。

师：那再用脑子想一想，"怕"与"不怕"的转换之间，童年的这件事情到底给了作者什么启示呢？他渐渐长大，如果回过头对幼小的自己说点什么，你们觉得他会怎么说呢？好，请你们再把自己的批注从头到尾看一遍，去思考，因为你们的批注就是你们思考的过程。

（生看批注，思考，举手。）

生：他会对自己说，遇到困难不要害怕，要坚强地去面对它。

师：从鹅想到了困难，好。

生：他长大了回过头来会对自己说，不应该去欺负牛，因为牛和鹅是一样的。

生：他会说，虽然鹅的眼睛看人觉得人比它小，但是它实在是弱小的，不必害怕，也不要随便相信别人说的话。

生：我不该像鹅一样欺软怕硬。

师：同学们，把你们刚才想到的那些写下来。老师建议你们把它写在这篇文章的结尾处，因为这是读完整篇课文以后你们得到的启发。写在结尾处的批注有一个名字，叫——

生：尾批。

师：批注在旁边的呢？

生：旁批。

师：那如果批注在文章的开头、标题旁边呢？

生：头批、标批。

师：不是的。我们不猜了，如果你们有兴趣，可以自己再查一查，因为批注有好多的方法呢，今天我们只是学了其中的一部分。你们可以用批注的方法去阅读更多的文章。下课。

---

## 点 评

### 基于提升学生语文核心素养的统编教材教学实践

统编教材的一大特点便是每个单元既有人文主题，又有语文要素。要准确理解编排意图，需要将单元导语、课文、课后思考题和"语文园地"中的交流平台联系起来，整体考量。徐老师在四年级的拟编新课文《牛和鹅》的试教研究中，努力理解编排意图，反复思考：如何找准文本的教学价值？如何结合学生真实的阅读感受与困难达成语文要素的训练要求？如何让教学指向学生语文核心素养的提升？应该说徐老师的这次试教就是一次扎实而有效的探索。整堂课没有任何技术手段，却能让人真切感受到学生丰富的生长，安静而有力。

### 一、精准定位教什么

确定目标首先要找到文本内容与语文要素间内在的逻辑联系。本课的重点目标是"学习课文中的三个含生字词的重点句子，练习用多角度、变角度的思维方法去作批注"。分析这三个句子，它们不仅包含着生字词学习，还很好地体现了本文"要尊重事实，不要被固有思想左右""换一个角度看问题，产生的效果大不一样"等人文思想。同时，"多角度""变角度"为"批注阅读"提供了思维路径。所以，从这条目标可以看到徐老师对内容与要素的精准把握，体现了文本的教学价值，将阅读能力的训练置于学生阅读文本的真实困难中，让策略成为学生阅读的工具支撑并指向思维训练，教学关注的是学生语文学科核心素养的发展。

精准的目标还要基于具体学情。首先是理论推测。虽然批注阅读是教材中第一次正式提到，但并不意味着学生对此是零起点，将学生放在课程视野中去思考与推测是了解学情的第一步。有了这一步还不够，我们看到这堂课一开始就设计了有目的的提问："读了这么多遍课文，你想说点什么？""你们有没有勾画过生字词？有没有在旁边写出词语的解释或者段意？"每一个问题都有明确的学情诊测意图，帮助老师进一步掌握真实情况。四年级的学生已经会一些简单的勾画批注，学生陌生的是"批注"这个术语和感悟式的批注方式，批注的基本习惯还有待规范。基于真实学情设计目标明确的活动帮助老师的教学有的放矢。

文本内容、语文要素、具体学情，综合三个角度以系统思考的方式精准定位教什么，这是老师下的第一个功夫。

二、共同建构阅读策略

相对于教什么，怎么教更考验中国教师的教学智慧，因为我们骨子里信奉"传道"而不是建构。40分钟的课堂如何指向素养发展？这是老师要下的第二个功夫，需要好好理解核心素养。语文核心素养包含四个维度，聚焦"语言构建与运用"，旨在通过丰富的言语实践，实现"语言与思维、审美与文化"的同构共生，体现了语文课程鲜明的"言语性"。其中，语言的建构、运用是显性的抓手，思维训练和思维方式的形成是内蕴的核心，获得审美和文化体验是伴随这个过程的内在体悟，也就是说，核心素养的提升是一个整体实现的过程。徐老师这堂课逻辑清晰，结构简单，在一个真实的阅读情景中，基于一个明确的学习目标和学生一起建构阅读方法，达成了有效的语文学科核心素养的整体提升。

（一）在双线并进中建构

思维训练和文本理解始终是这节课交织在一起的两条线索，文本理解为明线，符合孩子阅读的认知规律，学生的阅读兴趣随着理解的深入越来越高涨。在理解课文内容的同时，诸如"别让我们的感受'溜'走，拿出工具，观察老师是怎么做的""他写了两个方面的感受……他不仅写了两个方面，还把两个方面联系起来想……""你们瞧，换个角度，我们的感受就更多了。赶紧批注在旁边……"等这些教师的语言正是作为课堂暗线的思维训练。把学生的感受和阅读中的零碎信息提到思维的层面来总结,水到渠成地形成相应的方法,这就是建构。

### (二)在言语运用中建构

整堂课体现了学生言语学习的过程,将学习批注阅读的方法贯穿其中。全课可以分成三部分:跟着课文示范初识"批注阅读"、在重点句的理解中操练"批注阅读"、阅读整篇文章掌握"批注阅读"。通过让学生亲历"认知—操练—掌握"这个完整的建构,将能力训练落到了实处。

其中值得一提的是,当学生根据课文提示总结出"批注"的一般方法后,徐老师又进一步提问"你们有没有勾画过生字词?有没有在旁边写出词语的解释或者段意?"在得到学生的肯定回答后,老师告诉学生:"其实那也是批注的一种,我们并不陌生。"这样一交流,就联系了学生原有认知,帮助学生将新知与旧知相链接,帮助学生实现知识的结构化,同时让学生有非常真切的获得感,策略从真实的言语对话中自然生长出来,这就是建构。

建构过程是以学生为主体,以文本为载体,老师则是不可或缺的点拨者。即便这样,一堂课下来,学生所掌握的方法也是初步的、临时性的,需要通过反复、大量的阅读实践慢慢内化,最后变成学生的自动化行为,这时我们才可以说学生具有了某种素养。

### (三)完整回应为什么教

方法、策略始终是为理解文本服务,最终指向学生核心素养的提升。重庆这几年的阅读教学研究一直提倡走好从内容到形式、从形式到内容这两个来回,体现完整的学科价值。在本课的教学结尾处,老师也用双线并收的方式设计了提问,带着学生借助一个故事来思考人的成长,也带着学生借助一堂课的学习走向阅读方式的不断升级。

统编语文教材提供的精读课文承载了丰富的人文内涵与精准的语言学习价值,教学时我们需要回到初心,在"教什么""如何用建构的方式达成""这节课完整体现了学科价值吗"这样的自我追问与实践中获得教学智慧,这个过程也必将是教师专业精进的过程。

徐老师被家长称为"刚需"老师,这堂课的教学很好地阐释了"刚需"——"公平而有质量的教育"需要的是所有学校、所有老师的进步,这节课希望能给大家提供一个思考的空间。

# 着眼元认知能力　展开思考的过程
——《一个豆荚里的五粒豆》教学实录及点评

点评：张咏梅

单位：重庆市教育科学研究院初教所

**教学目标：**

▶第一课时教学目标

1. 阅读时能积极思考，尝试读课文并提出自己的问题。
2. 借助课后题2，梳理问题清单，学习针对部分和针对全文的提问方法。

▶第二课时教学目标

1. 能根据重点问题，学习生字词，理解课文内容，体会故事情感。
2. 能在理解故事的基础上，尝试再读课文，提出针对部分和针对全文的问题。

**教学实录：**

## 第一课时

**一、读懂单元导语，明确学习任务（依据单元页设计）**

师：看一看，读一读单元页的内容，有什么发现？有什么问题？

生：我发现了一句古言："为学患无疑，疑则有进。"是说做学问怕的是没有疑问，有疑问才有进步。

师：你发现了思考提问的重要。

生：我发现插图是一个大大的问号。

师：你什么时候会用到问号？（板书"？"。）

生：遇到不懂的问题时。

师：今天的学习我们就把这个问号放在心里，遇到不懂的地方就提出来。

生：我们这个单元需要学什么呢？

师：你马上就提了一个问题，我们来读一读单元页的右下方。

生：阅读时从不同角度去思考，提出自己的问题。

师：这就是学习任务。什么是"不同的角度"？我们将在学习中去理解。那什么又是"自己的问题"呢？

生：就是自己真正不懂的问题。

师：你的发现很重要。看来我们已经明白了本单元的学习任务，让我们开始第一课的学习吧。

## 二、自读课文，练习提问（依据课文导语及课后题1设计）

（一）按要求读课文，提出问题

师：请读课题。这是一篇安徒生童话故事，读过的同学请举手。
（几乎全班举手。）

师：不过，今天再读有新的任务，请看课文导语——

生（齐读）：读课文，积极思考，看看你可以提出什么问题。

师：今天的阅读任务是——

生：提问。

师：老师再给大家一个学习提示，请读——

生（齐读）：在有问题的地方画上"？"。

师：请开始学习吧。

（自读课文，在有问题的地方画"？"。教室保持安静，为学生营造自然阅读的氛围，时间为7分钟。阅读策略教学最重要的就是学生在真实阅读，一定要留足时间。）

（二）交流问题，探索提问的思考过程

师：你们画了几个小问号？谁愿意分享一个自己的问题？

交流1：

生：第二自然段，一粒小豌豆为什么会预感到外面似乎发生了什么事情呢？

师：你是怎么想到要提这个问题的？

生：因为如果是我就没有这样的预感，我觉得他是在杞人忧天。

师：你是把自己和豌豆在作比较，而且发现自己和豌豆的想法"不一样"。

生：是的。

师：因为"不一样"所以有了问题，原来问题的背后是我们的思考。（板书：不一样。）

交流2：

生：一粒豌豆这么小，怎么会变成一座花园呢？

师：你是怎么想到要提这个问题的？

生：因为现在的花园都很大，它那么小的一朵花就能叫花园吗？

师：你见到过这么小的，只有一朵小花的花园吗？

生：没见过。

师：因为"没见过"所以有了问题。（板书：没见过。）

交流3：

生：我的问题是，为什么青苔把它裹起来，它就像一个囚犯呢？

师：你是怎么想到要提这个问题的？

生：因为做了坏事才能做囚犯，它又没有做坏事，而且后来它又长得很好，也不像囚犯啊。

师：看来故事前后有什么呀？

生：有矛盾。

师：因为"有矛盾"所以有了问题。（板书：有矛盾。）

师：（指着板书小结）提问的背后是思考，可能是"不一样""没见过"或者"有矛盾"等。不同的问题有不同的思考，你们会这样去思考吗？再读读课文，看看你们还能提出什么问题。可以像课后题的提示那样把你们的问题写下来。

（再读课文，将自己的问题写下来，一个问题写在一张即时贴上，便于整理。教室保持安静，营造静心读书思考的氛围，时间为8分钟。老师不断追问"你是怎么想到这个问题的"把学生导向元认知，这是阅读策略课很重要的标志。）

### 三、梳理小组问题清单，学习针对部分与全文提问（依据课后题2设计）

师：你们写下了多少个问题呢？来，把课本举起来我们相互看看。

（生非常高兴地展示着自己的课本，书页上贴着写好问题的即时贴，多的有七八张，少的也有三四张。）

师：这么多问题，我们不可能请到每一位同学，但是课后题2告诉了我们一个有趣的交流问题的方法。请看大屏幕，读一读。

生（齐读）：小组交流，仿造下面的问题清单整理大家提出的问题，说说你有什么发现。

师：先读一读学习小伙伴的问题清单，你们有什么发现？

生：我提的问题比他多。

生：（书上的问题清单中）有的问题我提到了，有的问题我没有提到。

生：有的问题和我提的是一样的，就是说法不一样。

师：不同的人有不同的思考，相同的问题也可能有不同的表达，这个发现有意思。你们还有什么发现？

生：有些问题是针对部分内容提的，有的问题是针对全文提出的。

师：你的发现和泡泡语一样，这就是从不同角度去思考，明白了吗？

生：明白了。

师：什么问题是针对部分提出的？为什么？

生：第一个问题和第二个问题是针对部分提出的，因为读到那里就会想到这个问题。

师：什么问题是针对全文提的呢？又是为什么？

生：第三个问题是针对全文的，因为要读完全文才会想到底哪粒豌豆是最了不起的。

师：是的。再想一想，你们的问题哪些是针对课文的部分提出的，哪些是读完全文才提出的呢？请和同学相互交流，整理一份自己的小组问题清单。

（四人小组相互交流自己的问题，整理小组问题清单，按照"部分"和"全文"把即时贴归类贴在一起。时间大约为7分钟。）

## 第二课时

### 一、小组展示问题清单，梳理提问思路（依据课后题2设计）

师：哪个组愿意展示一下你们整理后的小组问题清单？告诉大家哪些问题是针对部分提的，哪些问题是针对全文提的。还可以读一个刚才没有人提过的问题。

**交流1：**

生：我们组这些是针对部分的问题，这些是针对全文的问题，我们组针对部分的问题多。我要再和大家分享一个我们组的问题：为什么小女孩看到豌豆花以后病就好了呢？

师：提这个问题是因为——（师指向板书上的"不一样""没见过""有矛盾"）。

生：不一样。我们生病都要看病吃药才好。

师：学会了如何思考提问，真好。

**交流2：**

生：我们这组全部都是针对部分提出的问题。我们要分享的一个问题是：

什么是"水笕"?

师:提这个问题是因为——(指向板书上的"不一样""没见过""有矛盾"。)

生:没见过。

师:来让我们看看(出示水笕的图片)。水笕是用来引水的,比如这样的竹筒。见过了,这个问题就解决了吧?

生:解决了。

师:有一粒豌豆掉在水笕里,怎么样了呢?

生:被鸽子吃掉了。

师:来,再读一读。

**交流3:**

生:我们这组也是针对部分的问题多,但是我们有一个针对全文的问题:为什么那粒想要飞到太阳去的豌豆后来掉到水沟里泡得又肥又大还觉得自己最了不起呢?

师:这是针对全文的提问吗?

生:是,因为要读前面的内容,还要读后面的内容才能提出这个问题。

生:不是,因为这个问题只是对那一粒豌豆提问,没有包括全部内容。

师:对,这个问题是联系上下文提出的,你们又发现了一个提问的新方法。但这个问题不是针对全文的问题。现在针对全文的问题较少,没有关系,也许多读几遍故事,你们又会提出新的问题呢。

## 二、借助问题学习课文(依据课后题3设计)

师:读了故事,通过从不同角度思考,同学们提出了很多问题,其中不少问题和课后第三题一样,和第五粒豌豆与小女孩的故事有关。让我们来读一读。(出示课后第三题"伴随着豌豆苗的成长,为什么小女孩的病就慢慢好了呢?")带着问题再读课文,积极思考,看看你们可以读懂些什么。

(生带着课后第三题的问题读文、思考。)

师:课文中掉进缝隙里的第五粒豌豆后来怎么样了呢?请你们读读这些

句子，边读边想，你们仿佛看到了什么？（PPT 出示三句话：1. 原来是一粒小豌豆在这里生了根，还长出小叶子来了。2. 它的确在向上长——人们每天都可以看到它在生长。3. 窗子打开了，她面前是一朵盛开的、紫色的豌豆花。）

生：（先读句子）我仿佛看到了小豌豆生长的画面。

生：（先读句子）我仿佛看到了小豌豆在一点一点长高。

生：（先读句子）我仿佛看到了那朵美丽的豌豆花。

师：这就是那粒掉进缝隙里的小豌豆，虽然环境并不太舒服，它还是在努力地生长。请你们再读一读，你们能感受出这是一粒怎样的小豌豆？

生：是一粒坚强的小豌豆。

生：是一粒幸运的小豌豆。

生：是一粒勇敢的小豌豆。

生：还是一粒非常漂亮的小豌豆。

生：它是一粒不顾周围的环境努力生长的小豌豆。

生：它还是一粒执着的豌豆。

师：难怪呀，当看到这样一粒小豌豆以后，小女孩会这样说——

生（生读）："妈妈，我觉得我好了一些……我能爬起来，走到温暖的太阳光中去。"

师：难怪妈妈见到小豌豆是这样想的——

生（生读）：虽然母亲不相信，但她还是仔细地用一根小棍子……因为它使女儿对生命产生了愉快的想象。

师：为什么随着豌豆苗的生长，小女孩的病慢慢好了呢？现在你们有答案了吗？

生：我觉得是因为她更加开心了。

生：我补充一下，因为小女孩的妈妈出去工作没人陪小女孩，小女孩就把小豌豆苗当作唯一的伙伴，每天跟它玩，就开心了。

生：我觉得是因为小女孩觉得这粒豌豆不简单，是陪伴她的一位朋友，并且鼓舞了她。

生：因为她看到豌豆花长得越来越漂亮，心情就越来越好了。

生：我还觉得小女孩想：我有了一位朋友，它能活下去，我就能活下去。

师：读课文提出问题，带着问题再读课文，你们就读懂了课文。看来，提问能帮助我们理解课文，真好啊。

**三、再读故事，尝试针对部分或全文提出新的问题；交流问题，理解课文**

师：故事读到这里，就真的全读懂了吗？把整个故事再看一看，用上这样的思考方法，看看针对部分或者全文你们还有新的问题吗？

（生再次读课文，尝试从部分和全文两个角度提问。不少生在提问的时候特意去思考如何针对全文提问。）

师：有新的问题吗？特别是针对全文的问题。

**交流1：**

生：我的问题是为什么其他豌豆都有自己的想法，而最后一粒小豌豆没有自己的想法呢？

师：这真的是针对全文的提问。咦，为什么你觉得最后一粒小豌豆没有想法呢？

生：因为它说"该怎么样就怎么样吧"。

师：这就是它的想法啊。你觉得这样的想法怎么样？

生：我觉得不好，因为每个人都应该有自己想去做的事情吧。

师：其他同学是怎么看的呢？

生：我的想法是，小豌豆"该怎么样就怎么样吧"，它一定觉得自己很幸运，虽然现在像囚犯，但以后会变好。

师：在逆境中不放弃。

生：我觉得它说"该怎么样就怎样"其实是面对现实，而不是凭空想象"我能飞到太阳里去"！

师：接受现实。在现实的环境里它有没有努力呢？

生：有。

师：看来这个问题让我们对课文的理解更深刻了。

**交流 2：**

生：为什么只有第五粒豌豆的愿望实现了？

师：为什么呢？谁能解答？

生：因为不是所有豌豆的愿望都能实现，比如要飞到太阳里去，太阳那么远，小男孩用的又不是真枪，是玩具枪，射不到太阳里去。

师：真枪就可以吗？

生：不能，所以提这些不可能的要求也是不可能达到的。

师：你们的思考对老师也有很大的启发。我们要对自己有要求，但是要求不能太高。

生：不能不现实。

**交流 3：**

师：还有问题吗？

生：为什么只有最后一粒小豌豆最幸福呢？

师：也是针对全文的提问。你们觉得呢？怎样的生活才是真的幸福呢？

生：要对别人有帮助。最后一粒小豌豆帮助了小女孩，所以它也得到了幸福。

师：回答得太好了！让我们都记住这个童话故事想要告诉我们的道理：帮助别人、给别人带去幸福的人也会获得幸福。

师：同学们，回忆一下今天我们是怎么学习的。边读边思考，读到课文中的我们"没见过"，与我们的生活"不一样"，或者前后"有矛盾"等情况时，我们提出了自己的问题；然后梳理问题清单，我们知道了可以针对课文部分和全文提问；接着我们带着问题读故事，读懂了不少内容，但是用提问的方法想一想，又产生了新问题；最后交流新问题让我们对故事的理解更深刻了。今天的学习有意思吗？

生：有意思。

师：这个单元的其他课文还会有新的提问的方法，你们期待吗？

生：期待。

### 四、写字练习

师：最后让我们把本课生字词连起来读一读，再工整地抄写在本子上。（生抄写生字词。6分钟。）

[板书设计]

|  |  |
|---|---|
| 5. 一个豆荚里的五粒豆 | |
| 部分 | 不一样 |
| ？ | 没见过 |
| 全文 | 有矛盾 |
|  | …… |

―――― 点　评 ――――

**目标精准　活动有效**
——例谈"提问策略"单元的教学

我们借助徐颖老师执教的统编小学语文教材四年级上册第二单元第一篇精读课文《一个豆荚里的五粒豆》的教学，来探讨阅读策略单元精读课文的教学。我们的话题从两个方面来展开：第一，阅读策略课的目标如何设计和定位。第二，如何设计有效的教学活动。

一、阅读策略课的目标如何设计和定位

针对本课教学，教参给出了三条目标：

1. 认识"湾、岸"等10个生字。会写12个生字，会写16个词语。
2. 阅读能积极思考，针对课文局部和整体提出自己的问题。

3. 能借助问题来理解课文内容。

这三条目标看起来非常简单。我们在这两课时里将这三条目标变成了四条目标。如何来理解和分解这些目标呢？在这个分解和定位的过程当中我们又能够看出阅读策略课和常规阅读课的教学有什么不一样吗？

我们先看徐颖老师的第一课时的目标：第一，阅读时能积极思考，尝试读课文并提出自己的问题；第二，借助课后题2，梳理问题清单，学习针对部分和全文的提问方法。这跟我们常规的阅读课不一样，哪儿不一样呢？第一课时里目标没有涉及对文本的理解，两条目标都指向了提问以及提问的方法。接着看第二课时的目标，两条分别表述为：第一，能根据重点问题，学习生字词，理解课文内容，体会故事情感；第二，能在理解故事的基础上，尝试再读课文，提出针对部分和针对全文的问题。

我们会看到在阅读策略课的教学当中，阅读方法、策略的学习是显性的核心的目标，阅读的理解退到了第二个层级。在这里我们还需要回答一个问题：策略学习跟内容理解之间的关系究竟是什么？通过这两课时目标的表述我们不难看到，学习提问不是为了提问而提问，是为了学习提问的方法和用方法来理解课文。

理解课文又可以对提问产生怎样的作用呢？第二课时的第二条目标："能在理解故事的基础上，尝试再读课文，提出针对部分和针对全文的问题"很好地回答了这个问题，从目标定位这个层面上我们总结和回答：阅读策略单元精读课文的教学，把阅读策略的学习作为显性目标，把理解课文作为一个隐性目标，但隐性目标是贯穿整个教学非常重要的内在核质。这两条线有机交融、整体推进。这样一个目标的定位最后达成的效果怎么样呢？今天两堂课结束以后我问学生，他们说这堂课他们会提问了。我追问："你们过去不会提问吗？"他们很自然地回应："这节课学习了以后，提的问题更多了，也更好了。"那么这个"更多"和"更好"的后面是什么呢？我认为是他们在阅读时思维的充分打开。提的问题更多了、更好了，是我们阅读策略单元学习的最终目的。

## 二、阅读策略课的教学活动如何有效设计

想清楚目标以后，接下来我们就来回答第二个问题，教学活动如何在目标的基础上有层次、有逻辑的来推进和展开？我们来看这一两堂课的学习活动。

首先看第一课时。第一课时一共有三个学习活动，每个活动都跟目标一一对应展

开。第一个活动是从单元页导入的，导入的过程当中徐老师非常重视引导学生聚焦到"自己的问题"上。为什么一定要强调是自己的问题呢？因为每一个问题背后都有独特的属于这个学生的真正的思考。如果没有真思考就不会有真问题。强调这个"真"是因为提问是很容易的，但提"真问题"就需要打破学生固有的认识，所以"真思考"才能够产生"真问题"。教学在这里有意地做了一个铺垫和强调，这是一个为后面的教学打开非常重要的前提。有了这个前提，接下来徐老师就非常大胆地留了整整七分钟的时间让学生经历一个独立思考、提出自己问题的完整的阅读过程。这个过程是整个学习过程一个很重要的基础。学生的问题写出来了以后，又有了一个很直接的问题：如何提问？这是本课的核心问题。在这个过程当中，每一个学生分享了问题以后老师都在反复地追问：你是怎么想到这个问题的？这是一个非常重要的思考支架。为什么呢？学生是很难主动地去回顾自己得出这个问题的思考过程的，而老师的提问是引导学生站在元认知的层面来反观刚才亲历的思考过程。比如有个学生说："如果是我就没有这样的预感，我觉得他是在杞人忧天。"这个时候老师就顺机点拨："你是把自己和豌豆作比较，而且发现自己和豌豆的想法'不一样'。"顺着这样一个方法老师帮助学生搭建了三个支架：第一个叫作"不一样"；第二个叫作"没见过"；第三个叫作"有矛盾"。在今天的课堂学习当中，我们看到这一部分教学一共花了20分钟的时间。在这20分钟里，学生在独立地读文章、画问号，把问题写下来。然后老师追问："你是怎么想到这个问题的？"最后得出一个提问的方法。这跟常规的阅读课确实有很大的不同。

这一堂课最后一个部分是进行小组交流，借用了课后题和小组问题清单。学生一一对照以后发现：我们的问题，好像针对部分的多，针对全文的比较少。这样，学生在第一课时里通过跟学习小伙伴的思维对比、通过跟自己同学的对比，思维被一层一层打开。我们有理由期待在第二课时里学生会提出更多的问题。

再看第二课时。这里也有三个很重要的学习活动。第一个活动就是分享小组问题清单。通过分享，学生会发现原来提出问题都是有方法的，这是阅读策略学习里非常核心的一个点。学生在这个过程当中，思维的广度和深度逐渐被拓宽、加深。

接下来，借助这些问题来深入理解课文内容。如果不指向文本理解就成了提问的形式主义，所以，老师用一个问题："课文中掉进缝隙里的第五粒豌豆后来怎么样了呢"直接导向核心。学生再次阅读相关语段，理解故事内容。这个部分的学习师生都很感动。学生感受到这是一颗有生命力的豌豆，这是一颗坚强的豌豆，所以小女孩也要从自己的困境当中走出来。学生在走入故事情感的过程中，朗读水平和理解力都有了很大的提升。

学到这里，文本也理解了，我们的学习是不是就此结束了？没有，理解文本以后，学生还会不会有新的问题呢？前面针对全文的问题比较少，经过文本理解，学生会不会提出更多针对全文的问题呢？事实证明，学生的思考真的就跳到了一个更高的高度，所有的问题基本上都是围绕着全文在展开。每一个学生都在重新提问，学生之间的思维在互相碰撞。提问是伴随阅读展开的自然的、思考的过程。阅读不止，思考不止，提问不会停止。提问在帮助我们理解，理解也在丰富和提升学生提问的品质。

回顾两堂课的教学，每堂课都有两条目标，每堂课又有三个主要活动紧紧地围绕着目标来展开。课看起来非常简单，因为所有的资源都来自教科书，包括它的导语、课后题，没有离开教科书和教参去做任何其他设计，做到了依标扣本。

如何来评价一节课？其实标准很简单，就是看学生有没有真正的提升。在策略单元如何来评价学生是不是提升了？就是看他们在最主要的阅读策略的掌握上有没有提升。从这样的标准来看，我认为这堂课还是一堂比较好的课。

最后做一个小结，阅读策略单元在教学过程当中是一个新的课型，从新中国70多年的语文教学之路来看，我们比较多的都是关注学生读懂了什么，"读书百遍其义自见"这样的方法是我们过去的传统，但是，在这个时代，我们觉得它需要一点进步和拓展。反思过去，我们经常都是在读懂什么。读懂什么属于理解，而我们关注学生理解这个过程，还要去关注"他是怎么读懂的"，打开这个学习过程的暗箱。现在以策略来组元传递的信息是：语文教学不仅要关注读懂什么还要关注他怎么读懂的，也就是要关注学习的方法和策略。在这样一个探索的过程当中，我们沿着统编教材搭建的教材体系和特有的阅读策略单元教学，真正为学生的语文能力而教，为学生语文素养的整体提升而教。这是我们探索的目的。

# 循着诗歌的"一般"特点
# 探寻文本的"独特"之处
——《在天晴了的时候》教学实录及点评

点评：张咏梅
单位：重庆市教育科学研究院初教所

**教学目标：**

1. 能正确、流利地朗读整首诗，读好韵脚和节奏，感受诗歌的"好听"。
2. 能留心诗中的自然景物，边读边体会诗人赋予自然景物的情感，仿造句式进行创作，感受诗歌的"好看"。
3. 能结合诗歌的创作背景体会诗人的情感，感受诗歌的"好有意思"。

**教学实录：**

**一、解题引入，链接生活经验**

师：今天我们要一起学习一首小诗，诗的名字在这儿，能读吗？一起读一读。

生（齐读）：在天晴了的时候

师：在天晴以前是怎样的景象？

生：下雨。

生：满天乌云。

生：湿气很重，空气很闷。

师：在天晴了的时候又是怎样的景象呢？

生：天空中有彩虹。

生：碧空如洗。

生：空气清新、万里无云。

师：大家能从诗的题目展开想象，脑子里就出现了曾经看到的画面。不知道在诗人的眼里天晴了的时候又是怎样的呢？今天我们就跟着诗人一起去看一看，好不好？

生：好！

**二、练习正确、流利地朗读整首诗，读好韵脚和特别的词句，感受诗歌的"好听"**

（一）初读全诗，整体感受诗歌的"好听"

师：听要求，借助拼音读准字音，读通诗句。开始吧。

（生自由朗读。）

师：读书要诚实，读完了才能停。请诚实地回答我：读准字音、读通句子的同学请举手。

（生基本都举起了手。）

师：先从生字开始吧，你能读吗？一词一遍，自己试着读一读。

（诗句中的生字词标红。）

生：炫耀、尘垢、胆怯、赤着脚、涉过、晕皱。（生没有读"曝着"一词。）

师：还有一个词藏在这儿。

（生迟疑。）

师：原来这个词有点不认识。看看它是什么偏旁？

生：日字旁。

师：猜猜它的意思。

生：太阳很火爆。

师：直接在太阳下晒着，就是"曝"。想着它的意思再读一次。

（生读词。）

师：我们把掌声送给她。就是这几个词，谁能再读一遍？

（抽生读、生齐读。）

师：会读了词语，懂意思吗？（师指着"晕皱"）溪水平静地流着，这时吹来了一阵风，然后溪水怎么样了？

生：泛起了层层波纹，所以就叫晕皱。

师：现在我们可以真的来读这首诗了。注意读准字音，读通句子。第一小节特别长，谁敢来挑战一下？有的同学有些胆怯了，咱们降低一些难度，一人读一句，这回敢读的同学把手举高。

（生轮流读第一节，一人读一句。）

师：那么长的第一小节，我们一起完成了它，真的读准了，读通了，掌声送给所有读诗的同学。难度加大，第二小节，谁能自己读一读？

（一生读第二节。）

师：好听吗？掌声送给她！最后一节，谁愿意抓住这个机会？愿意读的同学请起立。我们一起读一读。

（生齐读第三节。）

师：谢谢同学们，把掌声送给你们！读诗是很有意思的，当你把诗读准了，把句子读通顺了，这首诗就会越读越好听。（板书：好听。）

（二）读重点词句，从节奏变化中感受诗歌的"好听"

师：你们愿意把诗读得更好听吗？

生：愿意！

师：告诉你们，诗歌里是藏着音乐的，有韵律、有节奏，注意每一行最后一个字的读音，你们发现了什么？

生：很多结尾的字都是 ou。

师：说明这首诗押的是什么韵？

生：ou 韵。

师：这个发现很了不起！当我们把诗歌的韵脚读饱满的时候，诗就更好听了。

（生齐读韵脚的字。）

师：再来读一读这些词，发现了什么？

〔课件：慢慢地　试试寒　试试暖　一瓣瓣〕

生：都是三个字的词。

生：是叠词。

师：好棒！这些词叫叠词，读读看。

生：慢慢地、试试寒、试试暖、一瓣瓣。

师：把相同的两个字读得紧凑一点，就更好听了。

生（齐读）：慢慢地、试试寒、试试暖、一瓣瓣。（有了节奏感。）

师：把它们放到诗句里去，还能读吗？谁能读？

生：不再胆怯的小白菊，慢慢地抬起它们的头，试试寒，试试暖，然后一瓣瓣地绽透。

师：掌声！这样一读，诗就有了节奏的变化。再读一读这两个词，哪个应该读快？哪个可以读慢？

〔课件：一下子　一开一收〕

生：前面一个快，后面一个慢。

师：那就放到句子里读一读，看看什么快，什么慢。

生：炫耀着新绿的小草，一下子洗净了尘垢。抖去水珠的凤蝶儿，在木叶间自在闲游，把它五彩的智慧书页，曝着阳光一开一收。

师：什么快？什么慢？

生：小草快，凤蝶儿慢。

师：所以小草都变绿了，凤蝶儿在干什么呢？

生：把翅膀张开又合上。

师：这个动作慢慢做，不急不躁，你感受到什么？

生：它很悠闲。

师：真好，诗歌的节奏一变，感受也会变。来，再读一读吧。

（生再次朗读这两行诗句，读出了诗歌节奏的变化，很有感情。）

师：除了词语，有的句子也很有趣，（出示句子）发现了什么？

〔课件：赤着脚　携着手　踏着新泥　涉过溪流〕

生：我发现第一排是三个字的，第二排是四个字的。

师：这个发现很了不起哟！三字对三字，四字对四字。是不是有了节奏，而且节奏还有了变化？谁能读出节奏的变化？

生：赤着脚，携着手，踏着新泥，涉过溪流。

师：赤着脚在郊外，谁在郊外这么玩过？快乐吗？想着这样的快乐读一读吧。

生：赤着脚，携着手，踏着新泥，涉过溪流。

师：真快乐！他读得还有快慢。谁没有这样玩过？带着你的想象去读一读。同学们，有时候不同的节奏来自标点符号。你们认识这个符号吗？

〔课件：看山间移动的暗绿——云的脚迹——它也在闲游〕

生：破折号。

师：遇到它，朗读的速度会有什么变化？

生：变慢，拖长。

师：为什么要变慢、拖长呢？因为诗人想让我们看。先看到的暗绿是云投下的阴影，再往前看，会看到云在闲游。所以诗人是想告诉我们，不要急，慢慢看。

（生齐读。）

师：你们读得太好听了！有的时候作者会像唱歌一样找到一些小节反复唱。看看课文，哪些句子作者在反复唱？

生：在天晴了的时候。

师：就是这句，在题目里有，在诗中两次出现，有时在句子前面，有时在句子中间。这样读起来才好玩。我们分别来读读这几句，看看是不是像唱歌一样好听。

（师生串读诗句。）

师：关注一些特别的词语、句子，就能把诗读得更好听。练习一分钟，比比谁读得更好听。

（生自读第一节。）

### 三、有感情地朗读第一小节，感受诗歌的"好看"

（一）读一读，想一想，体会诗中的意象

师：刚才在读第一小节的时候，就好像跟着诗人一起在小径中走了走。走着走着，读着读着，你们仿佛看到些什么？

生：我看到雨润过的泥路，有小草、小白菊、凤蝶儿。

师：她看到了这么多事物，我们把她看到的写下来。（板书：泥路、小草、小白菊、凤蝶儿）有的同学很聪明，老师在写，他在勾画。你们喜欢谁呢？

生：小白菊。

生：凤蝶儿。

师：你们喜欢谁，就找到它相应的诗句，读一读。谁愿意读给大家听？

生：不再胆怯的小白菊，慢慢地抬起它们的头，试试寒，试试暖，然后一瓣瓣地绽透。

师：怎么就这么喜欢小白菊呢？

生：因为我觉得它有点勇敢。原来胆怯，后面不再胆怯。

生：我喜欢凤蝶儿，因为长得很好看。（读诗句。）

师：作者说它的翅膀是智慧的，你知道为什么吗？

（生摇头。）

师：有一种原因可能是蝴蝶是一种古老的生物，在慢慢进化的过程中，它的翅膀就像智慧的书页。

生（读）：抖去水珠的凤蝶儿，在木叶间自在闲游，把它五彩的智慧书页，曝着阳光一开一收。

师：还有两句谁来读？

生（读）：当我踩在泥路上时，感觉很凉爽，又快活。

生（读）：小草是新绿的，感觉小草很嫩很清爽。

师：每一棵小草都穿着新绿的衣裳，难怪要炫耀一番！同学们，这就是诗人在小径上看到的，我们一起读一读。

生：泥路、小草、小白菊、凤蝶儿。

师：这些就是大自然里很普通的事物，可诗人却说它们——

生：温柔、炫耀、不再胆怯、智慧。

师：为什么这样写呢？

生：诗人用了拟人的修辞手法，这样更生动形象地写出它们的样子。

生：这样子读起来让读者能够感受到诗人对这些事物的喜爱。

师：是的，因为喜爱，让诗人把这些平凡的事物当作人来写，当作朋友来写。带着这样的喜爱，再来读读课文。除了音律和节奏，也带着感情去读吧。

（生齐读第一段。）

（二）想一想，写一写，创作自己的诗句

师：同学们，在读的时候，你们发现诗人在写这些喜欢的事物时有没有什么相似的方法？

生：都在喜欢的事物之前用上了"怎样的"这样的词。

生：形容词。

师：是的，作者善于用形容词让他眼中的自然景物更动人，甚至有了人的情感。如果在天晴了的时候，你也去小径走走，会看到哪些大自然的景物？

生：我想到了草地里的小蚂蚁。

生：我会看到油菜、清澈的小溪……

师：如果我们都到小径中去走走，会看到什么呢？它又是什么样子的？你们会用哪些词形容它？如果把它当作人来写，在你笔下它会干什么？……

请小诗人们拿起笔来，写上一句吧！

〔课件：（　　　）的（　　　）……〕

（生借助句式自由思考与创作。）

生：碧绿的小溪在午后奔跑。

生：炫耀着鲜红的菊花绽开自己的花瓣。

生：可爱活泼的小鸟在枝头唱歌。

生：弯弯曲曲垂下来的杨柳，把溪水当镜子在梳妆。

生：不再胆怯的含羞草，慢慢抬起头，看看这，看看那，然后露出自己的叶片。

师：简单的句式，填入一个事物的名字，你的眼里就有了大自然的影子；再填入一个形容词，你眼里的大自然就鲜活起来，真美！

大家把自己想到的诗句都写下来，在班里开个诗会读一读，你们就会发现一首诗不仅好听，还很好看（板书：好看），诗里藏着生动的画面呢。读到这儿，你们觉得诗人到底喜欢的是什么？

生：大自然。（生齐读一小节。）

### 四、朗读第二、三小节，体会诗人情感，感受诗歌的"好有意思"

（一）读出诗中的"我"，体会诗人的情感

师：真正爱大自然的人究竟是什么样的呢？

（生读二、三节。）

师：你们从哪儿读出诗人爱大自然？

生：诗人在小溪里玩得很开心。

师：没有写"我"字，你却发现了诗人，真棒！

生：诗人描写的事物都很细小，不注意是关注不到的。

师：比如？

生：云的脚迹在闲游，说明诗人观察得很细致，连云的移动都看出来了。

师：不仅看出来了，还感受到云的心情，是在闲游。诗人只是热爱大自然吗？他爱的是一种怎样的生活？

生：自由自在的生活。

（二）结合时代背景，体会诗人的情感

师：同学们，这样读诗读出了诗人的感受，是很有意思的！读到这里，这首诗你们觉得自己完全读懂了吗？爱大自然，爱自由的生活不是很普通的事情吗？我们也都有去郊外走走的经历，那诗人为什么要为这很普通的事专门写一首诗呢？

〔课件出示作者写诗的时代背景介绍：这首诗写于1944年6月，当时抗日战争即将胜利。作者在静静等待……〕

师：要真正读懂一首诗，还要了解作者和他生活的时代。结合当时的历史背景，作者在等待什么？

生：等待战争结束。

师：等待战争的阴云散去，所以他给这首诗取了这样一个题目——

生：在天晴了的时候。

师：战争的阴云散去，在天晴了的时候，仅仅是小草、小白菊、凤蝶儿很高兴吗？

生：人们很高兴。

生：人更高兴。

师：那些像小草、小白菊、凤蝶儿一样普通的人，也能变得不再胆怯，也能有新绿的衣裳，炫耀自己美好的生活。读到这儿，我们内心的感受就更丰富了！

师：同学们，今天读诗好玩吗？

（生好玩。）

师：读诗的时候，我们先要让这首诗读起来"好听"，接着我们还要展开想象把这首诗读得"好看"，最后我们读诗人，体会他的情感，把这首诗读得"好有意思"。你们今天非常了不起！希望你们用上这样的方法去读更多的诗！

―――― 点 评 ――――

## 寻找规律　融会贯通　学科育人
### ——打磨典型课例的三点思考

今天的诗歌教学《在天晴了的时候》是徐老师执教现代诗《太阳是大家的》一课教学的延续。2018年，受千课万人的邀请，徐老师选择了现代诗这个文体深入研究，首次实践现代诗教学"好听""好看""好有意思"这样的课堂结构，呼应诗歌言、象、意一体的文体特点。

中国是诗的国度，这绵延千年的文化基因如何在现代儿童身上被激活，赋予新时代儿童深刻的文化自信，徐老师将功夫下在了文体特点的深挖、文本解读的精准以及它们如何与儿童学习特点有效关联上。

本课在诗歌教学上的突破体现在徐老师从单元语文要素出发，结合诗歌特点对本课的具体语言形式做了较为深入准确的分析，从而让教学指导更聚焦。具体如下：指导学生体会诗歌的音韵节奏时学生应该特别关注哪些诗句的朗读，要读出些什么都是有目的、有指向的；指导学生体会诗歌的意境美时体现了从意象到意境循序渐进的过程，特别是对"（　　）的（　　）……"句式的学习与模仿运用，让学生走进诗的意境有了"抓手"，对诗歌的学习从感受到创作有了"支架"；指导学生体会诗歌的情感时，从朗读感悟到想象体会到结合创作背景深入感受，是一个渐进的过程，对情感的体会是学生遵循诗歌特点在一步步走进诗歌的过程中建构起来的。

本课教学还带给我们新的思考。

### 一、什么是典型课例及打造典型课例的价值

典型课例就是有代表性的课例，对于诗歌教学来说，具体是指教学既能体现诗歌教学的特点，又能体现编者意图与作者意图，其背后有值得深度解读的理念和对规律的提炼。典型课例中往往包含着可以迁移的教学范式。研究典型课例对教研团队有重要的意义，从典型作品中找到创作的基本路径和方法，然后创作出自己的作品，同时可以帮助更多老师复制和迁移教学的方法，找到教学的规律。

所以本课教学需要思考：关于现代诗的教学有哪些延续是有价值的，应该进一步归纳可迁移的规律；有哪些是没想到、没做到，需要进一步完善的。比如"好听""好看""好有意思"是从《太阳是大家的》一课教学中总结出来的，是用儿童的语言来表述诗歌的基本特点。但是，诗歌的特点该不该作为教学的明线？符合儿童的学习规律吗？其实学生体会这三个特点的学习方式都是"读"，不同层次的读，不同侧重的读。所以，如果一堂课要归一，是否应该归一到学生的学习方式上来？让学生清晰地知道学习诗歌的最基本的方法就是"读"，在有意识地观照自己的朗读的过程中去逐渐发现诗歌"好听""好看""好有意思"的特点，从而帮助学生建构起对诗歌特点的认识。教学过程不是文本解读的过程，而是顺应学生学习心理的过程。

## 二、融会贯通是典型课例的追求

薛法根老师的典型课例往往从字词教学开始却不止于字词教学，每个板块之间都是有内在逻辑的，到最后所有的教学都会融合起来。好的课堂教学应该是融会贯通的。

在现代诗歌的教学中，"好听""好看""好有意思"你中有我，我中有你。"好听"中能读出"好看"和"好有意思"，感受到"好看"和"好有意思"才能读得更"好听"。落到具体的教学板块中可以对其中一部分有侧重，但总体来说应该是融合的。

本课教学中有一定的融合，比如指导学生读好特别的诗句时老师引导学生去回忆生活，去感受诗人的情感等，但还有更多需要融合的地方，比如：读词语的时候好看的事物呼之欲出，感受节奏变化时鼓励学生想着画面、想着意思读效果会更好。只有把三者融合起来指导朗读，朗读训练才会真正有效果。

## 三、学科育人是典型课例的担当

学生究竟是为了什么学语文？学习语文不仅是为了当下的生活，更是为了帮助学生建立对世界、对自我、对未来的理解。经典课例应该有学科育人的意识和担当。

学科育人落到具体的教学中体现在两个角度上，一是教师备课的角度，读懂教材，分析文本和学情，然后根据单元和本课目标来确定教学内容。二是站到学生的角度来设计学习的路径（大方向）、过程（基本方法）和支架（在学生有困难的地方，用具体的言语形式做学习支架帮助学生学习，比如本课教学中老师指导学生发现的诗人改变节奏的词句）。

难做好的是站在学生的角度，比如本课教学中老师引导学生发现戴望舒的表达形式的特点"（　　）的（　　）"，并鼓励学生用这样的句式来创造。这个环节可以稍作调整，在学生充分感受的基础上引导学生发现诗歌的特点（诗人用特别的词汇赋予自然事物独特的情感），鼓励学生用诗人的眼光去看世界，在学生有需要的时候才给出句式来帮助学生创作。这样调整背后的思想就是把人的情感、需要放在首位，让语言形式为人的成长服务。再如本课最后一个环节，老师结合诗歌的创作背景巧妙引导学生体会诗人用"天晴了"来象征战争的胜利即将到来，用"小草"等平凡事物来象征普通大众的生活向往。如果教学再往前走一步，引导学生回到那些特别的词汇——"温柔""新绿""不再胆怯"，诗人眼中的光明和美好正是诗人乐观精神的体现，也是学生应该从这首诗中读到的做人的品质。

期待徐老师的现代诗教学更加完善。

# 综合运用所学　尝试阅读实践
## ——《红楼春趣》教学实录及点评

点评：薛法根
单位：江苏省苏州市教育科学研究院

**教学目标：**

1. 能结合单元页的提示回顾阅读方法；能从"惜红楼梦断"整体入手，根据课文导语，借助学习单独立阅读课文，了解故事大意。

2. 能借助拼音、注释和人物关系图，大致读懂课文难懂的句子、把握主要情节，并通过"品趣"说出对宝玉的印象。

**教学实录：**

**一、读单元页，回顾阅读古典名著的方法，初步走进《红楼梦》**

（一）关注单元页的人文主题，回顾阅读方法

师：在开始今天的学习之前，还是让我们回到单元页，来复习一下之前我们是怎么学习的。请读，起。（指PPT，示意生齐读。）

生（齐读）：初步学习阅读古典名著的方法，学习写读后感。

师：我们如果能够掌握一些阅读古典名著的方法，自然可以读得更懂、

读出更多的感受，那我们的读后感呢，自然也就写得更好了。我们究竟学了哪些阅读古典名著的方法呢？一边读一边去回忆，预备——起。（翻动PPT。）

生（齐读）：观三国烽烟，识梁山好汉，叹取经艰难，惜红楼梦断。

师：读得很好。这里面藏着四部古典名著，你们还记得吗？

生：记得。

师：说说看！

生：观三国烽烟是《三国演义》，识梁山好汉是《水浒传》，叹取经艰难是《西游记》，惜红楼梦断是《红楼梦》。

师：你们觉得是不是这四部？

生（齐答）：是！

师：掌声送给他，也送给你们自己。

（生齐鼓掌。）

师：这可是我国的四大古典名著，大家要记在心里。如果你们留意每一行诗开头的那个字，再读一读的话，也许就能帮助你们想起那些阅读古典名著的方法，再试试。

生（齐读）：观三国烽烟，识梁山好汉，叹取经艰难，惜红楼梦断。

师：想起来没有？"观"想到什么阅读方法？

生：要读懂它的意思。

师：就要读懂这个故事发展的——

生：情节。

师：是这样的。（板书：情节）继续看，"识"又让你们想起什么阅读方法？

生：我觉得是认识。

师：认识什么？

生4：故事里的人物，还有主角。

（师板书"人物"。）

师：再看"叹"与"惜"。我们阅读古典名著，从关注情节、人物就转到哪儿了？

生：转到对这篇名著的阅读感受。

师：我们内心的感受，也就是这个故事的情感。（板书：情感）同学们，通过前面三篇名著的阅读，我们知道了这些方法。其实很多小说，我们在读的时候都要用到这样的方法。可是这是古典名著啊，它跟一般的小说是不一样的。你们觉得哪儿不一样？

生：我觉得就那些原著来说，里面会有一些不熟悉的字词。

师：是的，因为时代久远，所以我们读起来觉得有些不容易理解。

（生点头回应。）

师：这样的一些语言（板书"语言"）我们也要关注。读古典名著时要是遇到不太明白、有点儿陌生的词语时，我们怎么办？

生：猜。

师：（出声笑）哦，可别小看了这猜！不过猜也有猜的方法。

生：首先联系上下文，再根据字面意思来猜。

师：好的，联系上下文来猜。还可以结合你自己的生活经验猜。这些方法咱们今天都得用上。这是这个单元的最后一课，那我们就走到了哪一句诗里说的内容？

生（齐答）：惜红楼梦断。

| 点 评 |

　　徐颖老师借用单元导语，启发学生从"观、识、叹、惜"中提炼名著阅读的四个方法：读情节、读人物、读情感、读语言，进一步启发学生遇到陌生的词语读不懂时，凭借经验猜一猜，大体了解意思即可。《红楼梦》对于小学生来说，阅读的重点在于了解人物和故事，不必每个字、每句话都玩味一番，那是红学家们的事情。由此看来，徐颖老师所提的阅读要求比较贴近小学生的实际需要。过犹不及，合适最好。

（二）大致了解《红楼梦》，明确本课主要人物关系

师：请你慢慢读。（语气轻柔。）

生：惜红楼梦断。

师：再读读今天要学的这篇课文的题目。

生（齐读）：红楼春趣。

师：再读大声点儿。

生（齐读）：红楼春趣。

师：（疑惑表情）你们觉得"惜红楼梦断"和《红楼春趣》，它们包含的情绪是一样的吗？

生：我觉得不是一样的。"惜红楼梦断"里面的"惜"是一种惋惜之情，然后"红楼春趣"是一种……嗯……感觉比较愉快。

师：一种是悲，一种是喜，怎么回事？这还得回到《红楼梦》这部古典名著中来说。这儿有一段对它的介绍，我建议大家默默速读。

（生默读《红楼梦》简介。）

师：好，有所了解了吧？谁能简单说说你对这部小说都知道些什么？

生：就是讲了女娲补天，炼石之后，从昆仑山青埂峰掉下来一块石头。这块石头就是贾宝玉戴的那块玉石，最后一个和尚和一个道人把它投胎到人世间。然后呢，贾宝玉那个仙石曾经在仙河上偷盗过一株花一株草，他给那棵草每天浇甘露，最后那棵草想来报答他，那颗石头给他的甘露水想要还给他。

师：谢谢你，你把这个故事的开头讲得很好。于是有了主角——

生：贾宝玉，林黛玉。

师：他们投身到尘世间的这个家是——

生（齐答）：贾家。

师：太好了，他们和一群年轻人、姊妹们住的那个院子叫——

生：大观园。

师：今天我们要学的这个故事就发生在大观园里，它的名字叫作——

生：红楼春趣。

师：主人翁分别是——

生：林黛玉，贾宝玉。

师：住在这个园子里的还有谁呢？

生：探春，宝钗，宝琴。

师：他们都是兄弟姐妹。其实呢，还有一位男性。

生：贾宝玉。

师：是的，其他的都是小姐。这里还有一群同样很年轻，但是地位比他们低的人，是些什么人？

生：丫鬟。

师：在这篇故事里，出现了这样一些丫鬟。我们也读读她们的名字。

生：翠墨。

师：谁的丫鬟？

生：探春的。

师：是的。

生：紫鹃。

师：谁的丫鬟？

生：黛玉的。

师：哦！都知道，那这两位？

生：晴雯，袭人。

师：谁的丫鬟？

生：宝玉的。

师：哦！当然了，不一定人人都写到了，有些丫鬟的名字没写出来，于是就用了——

生：众丫鬟。

师：非常好，这就是这课的人物关系图。（指向 PPT。）

| 点　评 |

　　《红楼梦》中人物众多、关系复杂，稍不留意就会张冠李戴。读《红楼梦》需要整理一张人物关系图谱，关系厘清了，事件才不会混淆。《红楼春趣》中在场的人物中有名有姓的就7个，提及的人物还有5个，其他统称为"众丫鬟、小丫头"等。徐颖老师让学生厘清人物之间的关系，点明"宝玉"是唯一的男性，意在让学生在阅读时关注宝玉对一众女性的态度，读出人物的特点，可谓用心良苦。

## 二、依据导语要求，借助学习单，用上之前所学方法自读课文

（一）读课文导语，明确本课学习任务

　　师：这篇故事究竟要我们读什么呢？从单元导语开始吧。一起读。

　　生（齐读）：《红楼梦》中的许多故事，在我国广为流传。这篇课文讲述的是宝玉、黛玉等在大观园里放风筝的故事。读读课文，能大致读懂就可以。读后和同学交流：宝玉给你留下了什么样的印象？

　　师：这个导语很简单，可是它用一句话就写清了这篇课文主要讲了什么内容。哪句话？

　　生：这篇课文讲述的是宝玉、黛玉等在大观园里放风筝的故事。

　　师：一起读一遍。

　　生（齐读）：这篇课文讲述的是宝玉、黛玉等在大观园里放风筝的故事。

　　师：那我们的学习任务又是什么呢？

　　生（齐读）：读读课文，能大致读懂就可以。读后和同学交流：宝玉给你留下了什么样的印象？

　　师：非常好。我们要带上之前所有的学习方法一起来自己读！为了帮助大家读好这篇课文，老师准备了一张学习单，你们默默地看一看。明白了吗？

　　〔学习单要求：

1. 借助拼音、注释、人物关系图，大致读懂故事。
2. 围绕"放风筝"梳理故事主要情节。
3. 勾出让人感觉有趣的语句，多读几遍，想想宝玉给人留下怎样的印象。]

（二）借助学习单，运用所学方法自读自学

师：这个学习单每个同学的桌前都有，你们就借助学习单自己学习，完成今天的学习任务。时间——十分钟。

（生自由朗读课文，依据学习单自己学习。）

| 点 评 |

依据课文的阅读导语，明确阅读要求：大致读懂课文，交流宝玉印象。作为略读课文，就是要学生自己围绕课文要求先独立阅读，而不是教学生阅读。徐颖老师编制了学习单，让学生的自读更具针对性。如果能将三个学习任务转化为可视化的阅读导图，让学生边读边记录阅读所得，就能真实展现学生的自学过程，为后续的交流和指导提供"证据"。

三、交流自学情况，结合理解语句、品读有趣情节等说说对宝玉的印象

（一）交流难理解的句子

师：好了吗？回忆一下学习任务。第一个，大致读懂就可以。觉得自己大致读懂了的同学请举手。

（生举手。）

师：哟，全班！好，先恭喜大家，请把手放下。第二个问题，还要说说宝玉给你留下的印象。这个问题也有想法的请举手。（扫视全班）有不少同学。但是好像不是全班，没有关系，手放下。

（生放下手。）

师：为什么没有关系呢？因为宝玉是这个里面的一个人物。我们要对一个人物有所了解，留有印象，可不能单单看这个人物，要把什么综合起来呢？

生（齐读）：情节，情感，语言。

师：是的！只有综合起来读作品，这个人物才能给你留有印象。所以有的同学暂时没有举手，不要紧的，咱们就综合起来读一读、看一看，然后再说印象。好不好？

1. 读好："紫鹃也太小器，你们一般有的，这会子拾人走了的，也不嫌个忌讳？"

师：首先呢，当然就从读好课文中的字词句开始。第一段里面有一句红色的句子，你们能读吗？

生：紫鹃也太小器，你们一般有的，这会子拾人走了的，也不嫌个忌讳？

师：这个女孩子口齿伶俐，掌声送给她。

（生鼓掌。）

师：这回请个男生来读，能不能读啊？

生：紫鹃也太小器了……紫鹃也太小器，你们一般有的，这会子拾人走了的，也不嫌个忌讳？

师：不错，掌声也送给他。

（生鼓掌。）

师：请问这句话什么意思啊？大概能懂吗？

生：我觉得这句话的意思是这样的：紫鹃有点小器，然后把这个风筝捡走了，里面有别人的恶运气，她也不嫌个忌讳。

师：你从哪儿猜出来"恶运气"的？

生：我从注释猜出来的。这个注释是"〔放晦气〕一种民俗，放风筝时故意剪断扯线，让风筝飞走，认为可以放走坏运气。"

师：你猜得很有道理。我们是不是应该把掌声送给他啊？继续猜，"你们一般有的"什么意思啊？

生：他们平时有风筝。

师：可"这会子"她要干什么呢？

生：我觉得"这会子拾人走了的"就是捡别人的。

师："也不嫌个忌讳"是什么意思？

生：这不是很晦气吗？

师：这下子我们把意思猜到了。继续读下一句话。

2. 读好："丫头们搬高墩，捆剪子股儿，一面拨起籰子来。"

师：谁来读？你来吧！

生：丫头们搬高墩，捆剪子股儿，一面拨起籰子来。

师：嗯！捆剪子股儿——儿化音，谁再来读一遍？

生（齐读）：丫头们搬高墩，捆剪子股儿，一面拨起籰子来。

师：我看还有点儿不顺畅，咱们再读一遍。"丫头们"，起——

生（齐读）：丫头们搬高墩，捆剪子股儿，一面拨起籰子来。

师：的确有好多词不认识，她们在干吗？

生：大概在准备放风筝的什么工具。

师：太棒了！很合理了。我们不一定要知道放风筝的那些具体的工具叫什么名字，大约知道是在准备放风筝就可以了。

3. 读好："一时风紧，众丫鬟都用绢子垫着手放。黛玉见风力紧了，过去将籰子一松，只听'豁喇喇'一阵响，登时线尽，风筝随风去了。"

师：这句子有点长了，谁来读？我照顾一下后面的同学吧。

生：一时风紧，众丫鬟都用绢子垫着手放。黛玉见风力紧了，过去将籰子一松，只听'豁喇喇'一阵响，登时线尽，风筝随风去了。"

师：挺为难你的，是吧？比如"登时"就是我们现在常说的什么？

生：（小声回答）顿时。

师：大声说！

生：顿时！

师：猜得准。一下子就没了，是吧？还能读吗？一起读一读好不好？"一时风紧"，起——

生（齐读）：一时风紧，众丫鬟都用绢子垫着手放。黛玉见风力紧了，过去将籰子一松,只听'豁喇喇'一阵响,登时线尽,风筝随风去了。

师:放过风筝的同学举举手。考考你们,为什么众丫鬟要用绢子垫着手放?谁知道?

生:我的经验是,我们现在用的是塑料的绳,塑料的东西容易割手,所以我一般都是用东西垫着来放的。

师:果然是有经验的。那个时候不是塑料的,但放风筝的线也是很坚硬的,是吧?好!我们再问,"风力一紧""籰子一松"这个到底在说啥?你们大概知道吗?

生:那个"籰子"就是古代一种竹子,上面绑着的一种线。风一吹的时候,籰子一松,线就可以直接出去……

师:(右手做搅动风筝线轱辘的动作)可以搅动它的,是不是?

生:线到根儿的时候,就可以连根断起,比喻晦气连根儿走了。

师:于是断了以后风筝就会怎么样?脑子里有画面了没有?谢谢你。幸亏咱们班有很多同学放过风筝。这段话也难不倒你们哦!

| 点 评 |

《红楼梦》的语言对学生来说有点陌生,很多语句读不通、读不顺,让人有点费解。徐颖老师采取联系生活经验和语文经验来"猜一猜"的办法,就三个难解的句子作了阅读交流,学生都"猜对了"。于是,学生的阅读自信心更强了,能读善猜,也就能读下去了。可见,学生是可以凭借自身的能力独立阅读《红楼梦》的,不必担心学生读不懂,或者读不下去。

(二) 交流主要情节

师:大家已经知道怎么联系生活经验、联系上下文去猜、去理解句子的意思了。现在看看你们的概括能力,谁觉得自己的概括比较简单,请举手!咱们向这些同学学习一下。好,概括起因,谁来?

生:起因是发现了风筝,然后她们准备放风筝。

师：同不同意？

生：同意。

师：非常好！发现风筝，准备放风筝。那经过就更简单了，你们有什么补充？

生：经过是众人放风筝。

师：怎么样？够简单吧？太棒了！众人放风筝。结果呢？

生：结果是把风筝都放飞了。

师：都放飞了，而且都看不见了（语气舒缓）。这就是她们放风筝的故事。你看多清楚、多简单呀！可是到底"趣"在哪里呢？我们来品一品吧！（切换 PPT。）

（三）交流自己觉得有趣的情节，边读边体会对宝玉的印象

1. 读课文中的相关语句，感受有趣，体会对宝玉的印象。

师：这个环节我最期待，因为我刚刚看了一下同学们的发现，各不相同。你们到底发现哪儿有趣？注意哟，我们分享的时候得先读，再说说你们为什么觉得有趣，可不可以？

生：（多生举手）可以。

师：（笑）哎哟，你看这高高举起的手。行！为了不破坏故事的顺序，咱们从第一段开始。觉得这一段里面有趣儿的请举手。

生：宝玉笑道："我认得这风筝，这是大老爷那院里嫣红姑娘放的。拿下来给他送过去罢。"紫鹃笑道："难道天下没有一样的风筝，单他有这个不成？二爷也太死心眼儿了！我不管，我且拿起来。"探春笑道："紫鹃也太小器，你们一般有的，这会子拾人走了的，也不嫌个忌讳？"

师：你一口气读了三个人的对话，是吧？到底哪儿有趣啊？

生：呃，就是宝玉想要把那个风筝给主人送回去，然后紫鹃就说天下没有一样的风筝，她说宝玉太死心眼了，她想把风筝留着。然后这里探春就说紫鹃很小器，别人把晦气放走了的，她又把这个晦气捡回来。这不是很有趣吗？

师：一个说一个，一个笑一个，是吧？来看看宝玉，我们读读宝玉说的话吧。来，我认得这风筝——起。

生（齐读）：我认得这风筝，这是大老爷那院里嫣红姑娘放的。拿下来给他送过去罢。

师：所以紫鹃说他是个死心眼。那你读到这儿，宝玉给你留下什么样的印象呢？

生：我觉得他比较友善。因为别人丢失的风筝他还想着要给还回去。

师：这是对他的印象，挺好。"友善"这个词围着宝玉写，你想写在哪儿就写在哪儿。

（生上台写上"友善"。）

师：好的，你看，她读了小说后能有自己的印象，很不简单。你还有啊？

生：我觉得这个宝玉是个老实人，别人丢的东西，他还送回去，不想占为己有，我就觉得他很老实。

师：老实人。我问一下，如果你捡到东西，一般咋处理的？

生：当然还回去了。我也比较老实。

师：原来你也是个老实人，那就是说你认为"老实人"是个好品质，是吧？那你写上去吧！

（生上台板书"老实人"。）

生：我觉得他这个人很执着嘛，别人就是把这个风筝拿出来放晦气的，他还要给别人还回去。

师："执着"这个词换一下，真诚、直率，是吧？就是紫娟说的——"死心眼儿"，是吧？好，直率，很率真的一个人。你可以写上去。"率"字会写吗？

（生点头，上台写出"直率"。）

师：读到这儿，我们得感谢这位男同学（指着第一位发表看法的男生），他觉得这儿很有趣，结果让我们在感受趣味的时候，宝玉这个人的性格就出来了。来，我们接着读吧。看看这段里面有没有有趣的地方。

| 点　评 |

　　名著怎么读？徐颖老师在这节课里作了一个示范：读到那些有趣的地方停下来品一品，这是一个好办法。读书不能如流水一般地淌过去，要回味一下有意思或有意味的地方，这样才会在停留一下、回味一下的过程中有所感悟。学生从这一处有趣的对话中读到了宝玉的"友善、老实、直率"，是难得的个性化体会。如果再玩味一下宝玉的"笑"、紫鹃的"笑"、探春的"笑"、黛玉的"笑"以及众丫鬟的"笑"，就能读出"笑"中的各种意味，并且对下文中其他人物的"笑"会有更加细腻的感触。经典常常在你不留意的地方留下了可以揣摩的东西。

　　生：丫头们听见放风筝，巴不得一声儿，七手八脚，都忙着拿出来：也有美人儿的，也有沙雁儿的。丫头们搬高墩，捆剪子股儿，一面拨起篗子来。

　　师：什么？拨——

　　生：拨。

　　生：一面拨起篗子来。

　　师：好！说说看，趣在哪儿？

　　生：我认为趣在"沙雁儿""搬高墩"还有"捆剪子"这些新鲜词上面。

　　师：呵呵，现在对我们来说都是新鲜词儿了，但当时可不是新鲜词儿。请坐，你说得很好！小孩子要放风筝了，所有的事情都充满了——

　　师生（同说）：乐趣！

　　师：读到这儿你们发现了吗？她们放的风筝样式可多了！有什么呀？

　　生：美人儿。

　　师：还有？

　　生：沙雁儿。

　　师：还有一个？

　　生：软翅大凤凰。

　　师：多好看呀！是吧？这本身就很有趣儿。再来。（PPT出示下一段。）这段里面肯定也很有趣儿！刚刚我看到很多人勾了这段话，我们分享一下。

一开始，你们觉得哪儿有趣儿？

生：我觉得有趣的地方就是……"宝玉又兴头起来，也打发个小丫头子家去，说：'把昨日赖大娘送的那个大鱼取来。'小丫头子去了半天，空手回来，笑道：'晴雯姑娘昨儿放走了。'宝玉道：'我还没放一遭儿呢！'探春笑道：'横竖是给你放晦气罢了！'宝玉又道：'再把大螃蟹拿来罢。'丫头去了，同了几个人，扛了一个美人并籰子来，回说：'袭姑娘说：昨儿把螃蟹给了三爷了，这一个是林大娘才送来的，放这一个罢。'宝玉细看了一回，只见这美人做的十分精致，心中欢喜，便叫：'放起来！'"我就觉得宝玉每说一个要去拿的风筝，结果都没有，都被别人给放走了，特别有趣。

师：很有喜感，拿一个，没有，再换一个，没有，够折腾！谁有补充？

生：我也觉得这一段有趣，特别是"宝玉细看了一回"，我从这里感受到宝玉非常喜欢这个美人儿。

师：我觉得你的发现也很有趣儿，说宝玉喜欢什么？美人儿。好，那你写上去，喜欢美人儿。这个发现好厉害呀，是不是？同学们都笑了，宝玉真是喜欢美人儿。你看跟他耍得好的那些姐妹、丫鬟个个都是美人儿。但是这不是贬义词，因为这是一种纯洁的欣赏。宝玉这个人欣赏所有的美好的人和美好的事物。这个发现很了不起哦，结果是被一个大男生给发现的。我们一起来细读这段话。

生（齐读）：宝玉又兴头起来，也打发个小丫头子家去，说："把昨日赖大娘送的那个大鱼取来。"

师：停！他要的是什么风筝？

生：大鱼。

师：接着读。

生（齐读）：小丫头子去了半天，空手回来，笑道："晴雯姑娘昨儿放走了。"

师：停！得到了吗？

生：没有。

师：哪去了？

生：放走了。

师：谁放走了？

生：晴雯姑娘。

师：关键是晴雯是谁？

生：丫鬟。

师：是个丫鬟！再读。

生：宝玉道："我还没放一遭儿呢！"探春笑道："横竖是给你放晦气罢了！"

师：你们看到宝玉生气了吗？

生：没有。（师同时摇头。）

师：有趣。丫鬟放了，他也不生气。再读！

生：宝玉道："再把大螃蟹拿来罢。"

师：这次他要什么？

生：大螃蟹。

生：丫头去了，同了几个人，扛了一个美人并籰子来，回说："袭姑娘说：昨儿把螃蟹给了三爷了，这一个是林大娘才送来的，放这一个罢。"

师：结果怎么样？大螃蟹呢？

生：没有。

师：到哪儿去了？

生：送人了。

师：要想清楚，谁送了？

生：丫鬟。

师：好聪明！对，又是被丫鬟送走了。两次的风筝都没拿到手，而且都是被谁送走了？

生：丫鬟。

师：你对宝玉有什么印象？

生：不易发怒，就是说他对人很平等，很和善。

师：平等，和善，写上去！

（生上台板书。）

师：太棒了！还有吗？

生：我觉得宝玉很宽容。

师：好的，写上去。

（生上台板书。）

生：我觉得宝玉能理解别人。因为三爷来问袭人要风筝，袭人也不好推辞，宝玉能理解别人。

师：三爷其实是他的弟弟，知道吧？

生：贾环。

师：好，这个小伙子读过《红楼梦》的，读过一点，是吧？太好了！写上去，他很理解人，这就是宝玉啊。

（生上台板书。）

生：贾宝玉的心态很好，他也很乐观。

师：这是个现代词哈，心态好，乐观。好吧，选一个写上去。我们班的同学真的不错。这几个小伙子可不可以写快一点？在他们写的时候，我们继续往后读？看看还有没有有趣的地方？

| 点　评 |

　　这是第二次"停下来品一品"。学生从宝玉对丫鬟的态度中读出了他的"喜欢美人儿、平等、和善、宽容、乐观"，对宝玉的印象更加立体了。这就是多停几次、多品几回的效果。

（生纷纷举手。）

师：那么多有趣的发现啊？谁没有回答过？把手举高点。（指向一生）你明明回答过的，嘿嘿，还想分享是吧？（走向一生）你没有回答过，来。

生：我觉得有趣的地方是"众人都笑他，他便恨的摔在地下，指着风筝说道……"

师：读 hèn de。

生：hèn de。

师：（点头）嗯。

生：他便恨的摔在地下，指着风筝说道："要不是个美人儿，我一顿脚跺得稀烂！"

师：你觉得哪儿最有趣？

生：宝玉在耍小孩子脾气，跟一个风筝来赌气。

师：你愿意写上去吗？

（生点头。）

师：好的，那动作快点。

（生上台板书。）

师：在她写的时候我们可不可以把宝玉说的话再读一读？读出宝玉的孩子气。

生：要不是个美人儿，我一顿脚跺得稀烂！

生：要不是个美人儿，我一顿脚跺得稀烂！

生（齐读）：要不是个美人儿，我一顿脚跺得稀烂！

师：哎哟，真是的，这宝玉呀，取风筝、放风筝就属他闹腾。你们还觉得哪儿有趣呀？

生：前面一页还有，"独有宝玉的美人儿，再放不起来。宝玉说丫头们不会放，自己放了半天，只起房高，就落下来，急的头上的汗都出来了。"用现在的话来说就叫作"大型打脸现场"。

师：这个什么意思啊？我都不太懂。

生：就是自己做了认为正确的事情后证明是错的。

师：哦，就是事实是自己放不起来，是吧？明白了，所以这个地方也很有趣，也说明宝玉非常孩子气。谢谢你的分享。最后，还有哪儿有趣？放过风筝的人一定都知道。

生："于是丫头们拿过一把剪子来，铰断了线，那风筝都飘飘飖飖随风而去。一时只有鸡蛋大，一展眼只剩下一点黑星儿，一会儿就不见了。"我是根据我以前玩气球的感觉。我特别喜欢把气球线剪断，就看着它慢慢地往天上飞，想它会不会飞到哪儿爆炸，会不会飞到人家的房子里去。

师：我很想说三个字——孩子气。你这种联想也很有趣，请坐。放风筝就是看着它不见了，风筝飞得越来越高了，所以我们就觉得——很——有——趣！同学们，我很想真心地赞扬一下大家。学到这个单元的最后一课，是我们最著名的古典名著《红楼梦》，我还怕你们读不懂，结果呢？大家运用这样的方法，综合考虑语言、情节、情感，最后竟然慢慢地对里面这个人物——宝玉有了许多自己的想法。

| 点 评 |

这里安排了两次"停一停，品一品"。徐颖老师让学生想象宝玉说话时的模样，读出宝玉"恨恨"说话的语气语调，从而感受到他的"孩子气"，可谓水到渠成。而后，总结了经典阅读的三个方法：读语言、读情节、读情感，最终要读出人物印象。如果能聚焦"趣"字，在"宝玉放不起风筝、黛玉松了籰子及众人铰断了线"这三个情节上玩味一下"情趣"，那么就会体会到不同的"趣"，而不是单一的"有趣"。阅读经典，要像挖井一样，持续地挖，才能挖到深处见到水。

2. 拓展读《红楼梦》中和宝玉有关的章回题目，丰富对宝玉的印象，激发进一步阅读《红楼梦》的愿望。

师：（PPT出示相关章回题目）如果你们继续读《红楼梦》你们会发现宝玉的故事可多啦！我从中选了几个题目写在这儿，我们来看一看，读一读。

生（齐读）：贾宝玉大醉绛芸轩。

师：他喝酒啦，而且怎么样呢？

生：醉了。

师：怎么醉呀？

生：大醉。

师：你会对他有怎样的印象？接着第九回题目。

生（齐读）：起嫌疑顽童闹学堂。

师：他去学堂念书啦，你们猜猜会发生什么？

（生纷纷猜测回答。）

师：好，再来。第十七回，读。

生（齐读）：大观园试才题对额。

师：大观园刚刚修好的时候，有一回他的父亲就想考考他，让他给每一处的景观——

生（自由答）：写诗。

师：写诗、题匾额。你们觉得他题得怎样？他到底有没有才华？

生（齐声）：有。

师：都那么肯定，读过呀？看过电视？噢！在猜是吧？好，要去读一读《红楼梦》。第五十回的时候还更有趣。来，读一读。

生（齐读）：芦雪 yān

师（马上纠正）：ān，再来。

生（齐读）：芦雪庵争联即景诗。

师：在这回里，宝玉又和他的姐姐妹妹们一起烤鹿肉吃，喝酒，然后写诗，好玩儿吧？

生：好玩儿。

师：众姐妹的才情怎么样？宝玉的才情又怎么样呢？所以啊，你们要去读《红楼梦》，越读，宝玉这个人物形象给你的印象就越多、越丰富。有意思吧？

| 点　评 |

　　这是延伸拓展，将关联宝玉的章回题目都集中起来看，旨在让学生对宝玉有一个完整的印象。同时，徐颖老师抓住一个"好玩"，点出这些章回中的趣事，勾起学生进一步阅读整本书的欲望。好的语文课，总能让学生欲罢不能，从课内读到课外。

**四、回到"惜红楼梦断"的情感中，点出藏在快乐放风筝背后的"惜"，激发学生继续阅读、深入阅读《红楼梦》的愿望**

师：同学们，如果《红楼梦》中仅仅讲的是宝玉和姐妹们、丫鬟们过着快乐的生活，那还会有"惜红楼梦断"吗？也许就留不下这部旷世著作了。这部书是曹雪芹自己的人生经历，写了他们家族从兴盛，到最后怎么样？

生：衰败。

师：是的，这样的一个悲剧的过程。所以，回到刚刚的《红楼春趣》，如果你们用心读，会发现一些不一样的地方。比如说，有人就发现，里面不同的人放的风筝是不一样的。而且，有的红学家发现，其实不一样的风筝，映射了这个人物不一样的——

（一生说"结局"。）

师：说得好！叫"结局"，叫"命运"，是吧？可是那个时候他们自己却不知道。同学们看，如果他们放的不是风筝，是他们的人生、他们的结局的话，我们再来读这段话，看看你们会有新的感受吗？于是，起——

生（齐读）：于是丫头们拿过一把剪子来，铰断了线，那风筝都飘飘飖飖随风而去。一时只有鸡蛋大，一展眼只剩下一点黑星儿，一会儿就不见了。

师：人生也如风筝，铰断了线，都飘飘飖飖随风而去了，读到这儿，你们的感受是什么？

生：我的感受就是，因为宝玉放的是一个美人儿风筝，那个美人儿风筝应该就是林黛玉的象征。宝玉剪掉了美人儿风筝应该就是他已经失去了林黛玉，因为林黛玉后面因病死去了。

师：读到这里心里有一丝怎么样的感觉啊？

（有生答"悲伤"。）

师：有一点淡淡的感伤。可是那个时候众人看到风筝飞了，却说——

生（齐读）：有趣！有趣！

师：为什么呢？他们并不知道——

生：他们后来的命运。他们最后的命运是如此悲惨。

师：是啊，其实这个故事是《红楼梦》里面的第七十回。在放风筝之前，他们起了一个诗社，一起写诗。

师：可是呢，这也是他们最后一次在一起写诗了，然后就各自飘零。也就是说，故事从这儿开始往后，欢乐有趣就慢慢地慢慢地离他们远去了。同学们，所以在单元导读页里面有这样的一句话，我们一起读。

生（齐读）：惜红楼梦断。

师：如果你要真切地体会它，你还需要去读一读——

生（齐答）：《红楼梦》。

师：据说这本书值得我们用一生去读，在不同年龄段去读，我们的感受也会不一样。但是要记得，用上我们今天学的方法，它会帮助你们读懂《红楼梦》。好了同学们，今天这节课我们就读到这儿。

| 点 评 |

借用他人的阅读发现"风筝"的不同预示人物命运的不同，然后从风筝的"有趣"转到结局的"悲惨"，最后回到一个"惜"字。这个"惜"字，对应的是"梦断"，预示荣华富贵都是一场梦，所有的梦终有醒来的时刻，所以"梦断"之后唯有"空"。这是《红楼梦》的小说主题，是学生需要用一辈子来阅读和体会的。徐颖老师设计这样一个环节，或许是想告诉学生，《红楼梦》写了一个"梦"，读懂这个"梦"需要人生的阅历和磨砺。

──────── 总 评 ────────

"四大名著"是明清章回小说的经典之作。朱自清先生在《经典常谈》中说："经典训练的价值不在实用，而在文化。"《红楼梦》是经典中的经典，不同的人、不同的年龄、不同的时期，都可以从中读到不同的寓意。显然，小学生读《红楼梦》仅仅是一种了解，写了哪些人、哪些事，知道不同人物的不同命运，如此足矣。课文《红楼春趣》选自第七十回《林黛玉重建桃花社　史湘云偶填柳絮词》，写的是宝玉、黛玉等在大观园里放风筝的故事。没有跌宕起伏的宏大故事情节，只有生活琐事、闺阁闲情，有些学生读后感觉不到名著经典的魅力，只觉得很是寻常。教学的价值就在于将学生读不到的东西展开来，让他们见识一番经典。由此，这一篇课文的教学需要在三个字上下功夫，读出经典的滋味来。

一、读透一个"趣"字

徐颖老师的教学抓得很准："哪儿有趣？读一读，说一说。"以此引导学生选取课文的片段，边读边品味其中的"趣"，进而读到对宝玉的人物印象。其实，"趣"的阅读，我们不妨从"语段"的视角转向多个角度，在课文中走几个来回，就可以读得更透彻一些。一是风筝之"趣"，文中写了很多风筝的名字，"软翅子大凤凰""大鱼""大螃蟹""大蝙蝠""美人儿""七个大雁"等，形态各异、五彩缤纷。二是放之"趣"，文中写了各人放风筝，宝玉说丫头不会放，自己也放不起，恨的摔在地下，活脱脱一个"宝货"；黛玉和众人将风筝纷纷放走了，意寓着"把病根都放了去"。三是人之"趣"，宝玉、紫鹃、探春、黛玉对嫣红姑娘的风筝各怀各的小心思，读来让人哑然失笑；宝玉要的风筝一而再、再而三地"没了"，看到"美人儿"却又心中欢喜，从这些对话和情节之中，人们看到了一个个鲜活有趣的人物。四是红楼之"趣"，一个男人和一群女人，在大观园里放风筝，春意盎然，情趣盎然。每一个侧面都可以照见"趣"字。

二、读懂一个"笑"字

《红楼春趣》中，笑声不断，各色人物都在笑，但是笑的意思各不相同，值得细细品味。看到一个大蝴蝶风筝挂在竹梢上，众人都笑了。众丫鬟的笑，是风筝一点都没坏，高兴的是白捡了一个风筝；宝玉的笑，是认出了风筝的主人，高兴的是可以帮嫣红姑娘失而复得；紫鹃的笑，是笑宝玉傻，高兴的是白捡了个便宜；探春的笑，是嘲笑紫鹃小家子气，捡的不是便宜而是晦气；黛玉的笑，笑的是紫鹃的糊涂与探春的明白事理，放风筝就是要放晦气。"笑"折射的是人物的不同性格，如果能读到这一层，那么就真正读懂了"笑"。作为经典，《红楼梦》中的人物对话个性鲜明，而且常常话中有话，你要联系人物之间的关系，读懂话中的真实含义。"笑着说"或者"笑道"，绝不能简简单单地以为是高兴地说，或者开心地说，"笑"的意味深长，唯有有心人才能体察。

### 三、读出一个"惜"字

徐颖老师借用单元导语中的"惜红楼梦断"中的"惜"字让学生要读出小说中的"感情",读出宝玉的命运让人"惜",聚焦在一个"惜"字上。事实上,文中宝玉给人的印象如果要用一个字来概括,恰巧就是这个"惜"字。认出这是嫣红姑娘的风筝,就要让人送回去,这是对他人的"惜客好义";叫小丫鬟去拿自己要的风筝,不料都被晴雯和袭人放了或送了,但并不生气,仅仅是觉得有点"可惜",那是对丫鬟的"体惜";"美人儿"风筝放不起来,恨的摔在地下也没跺脚跺烂,那是对"美人儿"的"爱惜";可惜黛玉的风筝飞走了会落个寂寞,那是十足的"怜惜"……从整部小说来看,宝玉对黛玉、对宝钗,对身边的每一个女子,都怀有一颗"怜惜"之心。正因为"惜"的不是一个人,而是每个人,所以宝玉的生活中充满了无尽的烦忧,如鲁迅先生概括的那样,"爱博而心劳"。这才是宝玉的性格,宝玉是大观园里唯一的"纯情种",被称为"古今未见之一人"。从这个"惜"字中,如能读出宝玉的人物性格和命运,那么就具有了一种独到的欣赏经典的眼光。而这,正是阅读经典的意义所在——让你拥有一双发现美的眼睛。

# 在单元整体教学中触摸散文的韵味
## ——《四季之美》教学实录及点评

点评：何捷
单位：闽江师范高等专科学校

**教学目标：**

1. 认识"旷、怡"等5个生字，会写"黎、晕"等9个生字，会写"黎明、红晕"等13个词语。
2. 正确流利地朗读课文，感受作者笔下四季的独特韵味。
3. 有感情地朗读课文，关注语言特点，感受作者文字表达的独特韵味。
4. 结合背景，理解文字中蕴藏的情感，初步培养品鉴散文的能力。

**教学实录：**

一、整体读一读，初步感受文本内容、情感及表达的特点

（一）读课题，了解作者

师：今天我们要学习的课文在第七单元。听说大家已经学过这个单元的其他课文了，说说你们的收获是什么？

生：我知道了静态描写和动态描写的作用。

师：什么作用？

生：可以让景物描写更生动，动态描写还可以以动衬静。

师：掌声送给她。

生：我能从静态描写中体会人物心情。

师：你体会到了哪个人物的心情？

生：《枫桥夜泊》里的静态描写让人感受到张继有很多的愁绪。

师：静态描写或者动态描写的背后其实是作者的心情。今天我们要继续学习这个单元的课文，读一读题目和作者。

生：《四季之美》，清少纳言。

师：这篇课文的作者不是中国人，你们知道吗？

生：是日本人。

师：也不是现代人。

生：是日本古代幕府时期的人。

师：是更早的平安时期，在一千多年前，和我们国家的唐宋是一个时期。清少纳言是一位女子，被称为日本散文的鼻祖。你们怎么理解"鼻祖"？

生：是日本散文的开创者，始祖。

师：这个词语用得非常准确——开创者。也许在一千多年前，人们还不知道什么叫散文。清少纳言自己也说："我写的文章不是写给别人看的。"那写给谁看的呢？

生：自己。

师：是的，她说："我把自己看到的、听到的、想到的，就这样写下来了。"用文字积累自己的感受，这就是——

生：散文。

师：今天我们通过学习课文，不仅要去体会作者笔下一千多年前的四季之美，还要向这位散文的鼻祖学一学怎么写散文。

（二）分段朗读，读好叠词和表示心情的词语，初步感受语言特点

师：之前读过这篇课文吗？觉得好不好读？

生：（异口同声）好读！

师：来试一下，第一段。

（抽生读第一段，语句正确。）

师："红晕"是指什么样的红色呢？

生：就是渲染开、晕开的红色。

师：晕开后，红的程度会怎么样？

生：红色会变浅。

师：特别有生活经验。作者还在前面加了一个词"微微的"，自己读一读。

生：微微的红晕。

师：这个红色本来就很淡了，加上"微微的"，感觉——

生：更淡了。

师：这个感觉是对的。因为这个词是——

生：叠词。

师：叠词就有这样的作用，它让淡的变得更淡了，浓的——

生：变得更浓。

师：清的呢？

生：变得更清。

师：慢的呢？

生：变得更慢。

师：在这一段里叠词有很多，关注这些词，再来读一读，也许感觉会不一样。

（抽生读第一段，指导叠词读得慢一点。）

师：第二段。

（生自读第二段，抽生读。）

师：男孩子读得这么深情，掌声送给他！这么一读，你们有什么感受？

生：用上了漆黑漆黑、翩翩飞舞这样的词，感觉很优美。

师：作者用上了叠词，感受就是不一样。再来读一读。

（生自由读第二自然段，再次感受。）

师：第三段。

（抽生读第三段，正音"窠"。）

师：最后一个词也是生词，读一读。

生：心旷神怡。

师：这是写什么的词？

生：人的感受。

师：谁的感受？

生：作者。

师：这就有意思了，我们读文章时有自己的感受，也会读出作者的感受。在第四自然段中，也藏着作者的感受，自己去读读吧。

（生自读第四段。）

师：读出来了吗，是什么感受？

生：扫兴、闲逸。

师：扫兴你们都懂，但明白什么是闲逸吗？你们有过闲逸的心情吗？

生：周末一个人作业做完了的时候感觉很闲逸。

生：没什么事要做，找朋友玩的时候。

生：在大树下乘凉的时候，感觉很闲逸。

师：放松时和朋友在一起，一种闲逸感迎面扑来。

生：在特别清静的环境里，走在街道上时。

生：在图书馆里，悠闲地看书时。

师：对，这就是闲逸的心情。这么连起来一读，我们就发现清少纳言很喜欢用两类词。

生：叠词和写心情的词。

师：为什么喜欢用这些词？用上这些词让她的文章读起来有什么味道呢？再读、再感受。还要想想，这篇课文围绕四季之美写了些什么？

（三）关注篇章结构，读懂课文主要内容

（生自读全文。）

生：作者写了春夏秋冬，每个季节最美的是什么时候。

师：你从哪里发现的？

生：每一段的第一句话。

师：这个发现非常重要，请你带着我们读一读这四句话。

生：春天最美是黎明。夏天最美是夜晚。秋天最美是黄昏。冬天最美是早晨。

师：多有意思，每一段的第一句话是怎样的？

生：每一段的第一句话是同一种句式，连起来一读像一首小诗。

师：他的发现非常有意思，原来作者在每一段的第一句话都道出了重要信息。这就是独特的时空视角。（板书：黎明、夜晚、黄昏、早晨。）

师：每一种时空视角下作者又描写了什么景物？

生：作者围绕四季之美写了春天黎明的彩云，夏天夜晚的萤火虫、细雨、微光。

师：概括时如果觉得事物很多，你可以用上"等"字。

生：作者围绕四季之美写了春天黎明的彩云，夏天夜晚的萤火虫，秋天黄昏的鸟和夕阳，冬天早晨的白霜等事物。

师：非常好！刚才我们所做的就叫整体概括。学习一篇课文，我们要留心文章的结构，这往往能帮助我们把握课文的主要内容。

二、关注动态描写，读一读，感受景物变化中四季的独特韵味

（一）学习第三自然段，借助动态描写想象画面、体会变化、感受韵味

1. 想象画面。

师：这篇文章是一千多年前作者写给自己看的。但是她没想到的是，很多人被这篇文章中的美给打动了，于是一代又一代地把它传了下来。究竟怎

样读才能读出文中的美呢，需要大家动动脑筋，回忆一下，针对散文我们原来有怎样的阅读方式？

生：从文中读出自己的感情，读有特点的字词。

生：关注文中代表心情的词。

生：从动静描写中关注作者的心情。

师：你们关注到了本单元单元页上的学习要求，很好哟！读这样的文章，我们还可以把文字想象成画面。读散文，画面感很重要。这个微课也许能给你启示——

〔播放微课：怎么读出文字描绘的景象？

微课内容简介：借助《山居秋暝》带着学生从"顺着文字想画面""抓住关键词感受画面的变化"两个方面去边读边想象。〕

师：记住读出画面的方法了吗？

生：顺着文字想完整，抓住关键词感受画面的变化。

师：那我们首先走进作者笔下的秋天，读一读第三自然段，边读边想象，你们能读出哪些画面呢？

（生自读第三段。）

师：说说你读出的画面吧。

生：天边有一抹残阳，乌鸦相继飞回了家，夜幕降临，周围响起了好听的声音，让人觉得很舒服。还有成群结队的大雁，它们有时排成人字，有时排成一字。它们在飞的时候响起了风声，吹过了头发。

2. 体会变化。

师：太厉害了，此处应该有掌声！我印象很深的是"一抹残阳"，她是位很有文学修养的女孩子，而且她眼里的画面一直在变化。那么作者是怎么让笔下的景物发生变化的？想一想：作者是怎么观察景物的？

生：作者运用了听觉、视觉、触觉来"观察"这些景物。

师：你好敏锐呀！说说作者看到的景物有哪些？

生：西山、点点归鸦、大雁。

师：读读这两句。

生：夕阳斜照西山时，夕阳西沉。

师：这两句都在写夕阳，它给我们的感觉和其他景物有什么不一样？

生：夕阳斜照西山是静态的，而归鸦和大雁是动态的。

师：有点意思，大画家在画这些景物时，都会先画一个背景。在这幅画里，背景是什么？

生：夕阳斜照西山时。

师：随着时间的推移，背景还在发生变化。

生：夕阳西沉、夜幕降临。

师：你们发现了这幅画中很大的变化。那你们自己描绘这些景物的语言和作者的语言一样吗？作者是怎么描写这些景物的？

生：点点、成群结队。

师：这些词多有意思呀，能结合这些词说说眼前的画面是怎样的吗？

生：一道残阳落在西山上，一只两只乌鸦在天边的树林飞去。成群结队的大雁在比翼而飞。

师：他读出了多少变化？

生：归鸦是急急匆匆的，大雁飞翔是比翼而飞，是很享受的。

师：这个感受很不错，她读出了快慢的变化。还有什么样的变化？

生：作者心情也在变化。从动人到感动，再到心旷神怡。心情越来越舒畅。

师：还有像刚才那个女孩儿说的，大雁一会飞成人字，一会飞成一字，飞翔的队形也在变化。和这样的队形相对应的是？

生：点点归鸦。

师：是的。我们要读出变化才能读出画面的美。让我们一起来读一读吧。

（抽读、齐读课文，朗读指导。）

3. 感受韵味。

师：这是秋天怎样的黄昏呀？

生：闲逸，唯美。

师：再往内心走，是怎样的秋天？

生：心旷神怡。

（生把对秋天的感受写在黑板上。）

师：来，再读一读，感受秋天独特的韵味。

（配乐朗读。）

师：我们通过想象画面，读出变化，慢慢地就有了许多体会。这些体会就是作者通过文字想要传递给我们的一种韵味。（板书：韵味）这篇文章中最独特的就是每个季节中每个不同景物的变化是不同的，你们都可以用这样的方法去读。选择你们喜欢的自然段多读几遍。

（生自由朗读。）

（二）用"想象画面、体会变化、感受韵味"的路径学习其他自然段

师：每个季节都有独特的味道，让我们一起先走进春天。

（生配乐朗读第一段。）

生：春天的黎明，变化的是颜色。

师：这是一幅怎样的春日黎明图？

生：美丽、宁静、优美……（生把对春天的感受写在黑板上。）

师：在他们写的时候，我们再来读读夏天的景色。

（生配乐朗读第二段。）

生：我读出了不同夜晚的变化。

师：你觉得作者最喜欢的是怎样的夜晚？

生：应该是蒙蒙细雨的夜晚，因为她写了"这情景着实迷人"，很朦胧。

生：我觉得是静谧的夜晚，因为有萤火虫。（生把对夏天的感受写在黑板上。）

师：在作者的眼中，这三种夜晚一步步变得更迷人。走过夏天，最后来到冬天，自己读一读。

（生配乐朗读第四段。）

生：从"扫兴"中看出作者不是不高兴，其实是很享受的。

生：这样的早晨很悠闲、很闲逸。（生把对冬天的感受写在黑板上。）

**三、回到整体读一读，读出文字背后的人，感受时代文化特点，加深理解**

师：现在我们回到整篇课文，再读读课文，特别是作者喜欢用的叠词和写心情的词，体会一下清少纳言写这篇文章时是怎样的心情。

生：闲逸、心旷神怡、舒服、悠闲……

师：透过文字，我们可以读出文章背后人的样子。原来，我们真的读出文字的味道时，其实也就读懂了作家这个人。读到这儿，我们把这篇文章和王维的《山居秋暝》对比一下，你们会有很多有意思的发现。

生：夕阳斜照西山……空山新雨后……两位作者都先"画"了这幅图的背景。

生：成群结队的大雁在高空中比翼而飞……清泉石上流，这些都是动态描写。

生：心旷神怡……随意春芳歇，王孙自可留。写的都是感受。

师：为什么日本作家清少纳言会和唐代诗人王维的作品有这么多相似的地方？

生：他们写文章时有一样的心境。

生：他们所处的时代比较接近。

师：是的，清少纳言出身贵族，读了很多唐诗，深受唐朝文化的影响。原来在一个人的背后，是一个时代的文化，文化是相互交融的。当你知道这些以后，你就可以把这些文章集合起来读了。（山居秋暝，四季之美，渔歌子）

师：清少纳言还写了很多人、很多事，记录了日本平安时期的生活。一篇篇文章读下来都感觉很有意思，把这些有意思的人和事写下来，就成了散文。以后你们也可以读一读《枕草子》这本书。

## 点　评

## 对"以读代讲"的最佳阐释

徐颖老师所设计与执教的统编教材五年级上册第七单元精读课文《四季之美》，在"以读代讲"这一教学策略的理解与执行方面真可谓一线教学的典范之作。在教学全过程，教师充分解读文本，结合学生的理解水平，牢牢靶定教学目标，让"读"成为课题学习中最为凸显的学习活动，以此统领全文学习，引导学生在语文实践活动中渐入佳境，感受文本的画面美、意境美，提升学生对字境皆美的散文的品鉴能力。

具体而言，徐颖老师在本案中关于"读"的设计有如下三点可供一线教师充分解读、审美与模仿。

### 一、"读"得有序，让教与学因匹配而和谐

整节课设计，因循着从"整体"入手，再关注"局部"，最后回到"整体"的逻辑序列推进，在不同的板块中设计了不同的学习活动，但始终以"读"为最主要的学习方式展开。例如，第一板块为"整体读一读，初步感受文本内容、情感及表达的特点"；第二板块为"关注动态描写，读一读，感受景物变化中四季的独特韵味"；第三板块为"回到整体读一读，读出文字背后的人，感受时代文化特点，加深理解"。

如此的"走一个来回"的设计，伴随着行走过程，教师腾挪出充分的学习时间让学生读。教与学在"读"中和谐共生。这样的设计，不但契合于学生接触散文这一文体的学习，以"少讲多读"的方式融入，同时也符合学习文本的一般规律。"教"顺"学"而为，"教"为"学"而导，"教"有效地促进了"学"。

著名学者顾黄初先生提出了教学中的"匹配论"。顾先生以作文教学为例，指出所有教的行为应该匹配学生的学，教的流程应符合学习成果产出的流程。只有匹配，教才能够促进学。以本案为例，学生阅读如此文字精美、意境深远的文本，徐老师设计的板块与学习互动，其匹配度是极高的。文章短，但内涵丰富。徐老师结合文本的

特质，采用上文所述的流程，在过程中充分关注了文本属性，结合了学生认识的规律，特别是在局部细读时，贴近本单元的学习目标"找准本文中动态描写的景致之美"，让学生在细读品味中不断深入感受。

可以说，以"读"这一学习活动引领学生抵达目标，在全课设计与执行中体现得淋漓尽致。

二、"读"得有法，让学生在课堂学习中挥洒创意

在本案设计中，徐老师使用各种方法让"读"这一学习活动变化丰富，让学生在参与中不断被激发出浓厚的学习兴趣。印象深刻的有两种方法：一是以想象融入读，让景物变活；二是以互文介入辅助读，让理解变深。

徐老师在教学中不断引发学生对阅读的文字进行想象，联系自己的生活体验，抒发阅读时的感受、体验，并将这些生成的全新学习资源再次运用到"读"中，充分调动学生个体的语言积累、情感体验、理解感悟能力，让文字复活。这样的设计，让静态的文字生动地储存在学生的表达中，留痕在学生的意识里，停驻在学生的内心深处。这套"阅读+想象"的组合拳真正激活了文字，让学生感受到了文字背后蕴藏的丰富内涵。学生自由地对文本的意境进行开拓式阅读，让学习过程变得更加浪漫。

此文是日本作家清少纳言的作品，清少纳言是日本平安时期的女性作家，被称为日本散文的鼻祖。徐老师在教授外国文学作品时，引入的是我国唐代诗人王维的《山居秋暝》，与之遥相呼应、比对映衬、融合辨析。这既是一种互文介入的学习策略应用，又让本案设计多了单元统整的元素。本单元中，学生接触的第一首古诗就是王维的《山居秋暝》。诗中描写的景致具有静谧、空旷之美，而此文中语言营造的四季不同景致又有不同的美感体验。教学设计中的互文印证让学生在分析与比对中感受到差异，也发现相似之处，这样的设计极大提升了学习的趣味性，也有助于学生的学习迈向深度。

三、"读"得有理，让学生在理性的指导下真正获益

不少教师在进行朗读指导时，一味让学生"使劲儿读"。这样的指导将"读"简化为"指令"，学生读得再卖力也是被动的，是不能真正有助于理解的。没有说清

"为什么读"就不要过多期待读后能够产生多好的学习效果。

徐老师设计执教的《四季之美》，在"读"的指导上做得尤为到位——每一次的朗读指导、阅读指引都将"为什么做""如何做""做了能产生什么样的效果"讲清楚。这一理性的指导行为背后透露着徐老师对语文教学原理的认识、对学情的把握、对课堂教学的理解。例如，学生在初步感受文字时，通过读的方式留下初步的印象；再如，学生在产生理解障碍，留存悬而未决的疑惑时，通过反复朗读，从文字中获得启发与灵感；又如，学生在有所感受、有所理解之后，继续通过朗读，对已有的理解与感受进行加深、巩固，浇筑学习的结果，让其成为"能带得走"的知识与能力。每一次的读都能与不同环节、不同层次的学习活动相匹配，都能为最终完成学习目标而服务。

纵观《四季之美》的教学全景，徐老师每一次教学指导都落在了实处。同样是"读"的指导，从不空洞地让学生执行，不是欠缺思考地仅求开声，泛泛而读。由于指导到位，学生在整节课的学习过程中都能借助朗读实现从文字到画面、从静态到动态的突围，攻破了本课的学习难点，体会到文字中独特的韵味，感受到文字背后的意境之美。

本节课是"以读代讲"教学策略运用的最佳阐释。本案中，学生的学习效果是显而易见的。这与徐老师个人素养有关，也与其扎实且灵动的教学设计密切相关。更让人难忘的是，本课教学中，无论是学生还是观课教师，都能全程感受到文字里深远的意境、丰富的内涵，都提升了散文品鉴的能力。

# 教学设计

任务统整　激发兴趣　综合运用　完成习作
——《奇妙的想象》分步教学设计

感受神奇想象　发现作者的"想象地图"1
——《宇宙的另一边》教学设计

感受神奇想象　发现作者的"想象地图"2
——《我变成了一棵树》教学设计

……

# 三年级下册第五单元单元整体教学规划
# 习作单元

### 单元整体教学目标

1. 能通过阅读，理解课文内容，感受课文中神奇的想象，学习作者展开想象写故事的方法。

2. 能尝试运用课文和习作例文中展开想象的方法，写一个想象故事。

### 单元整体教学路径

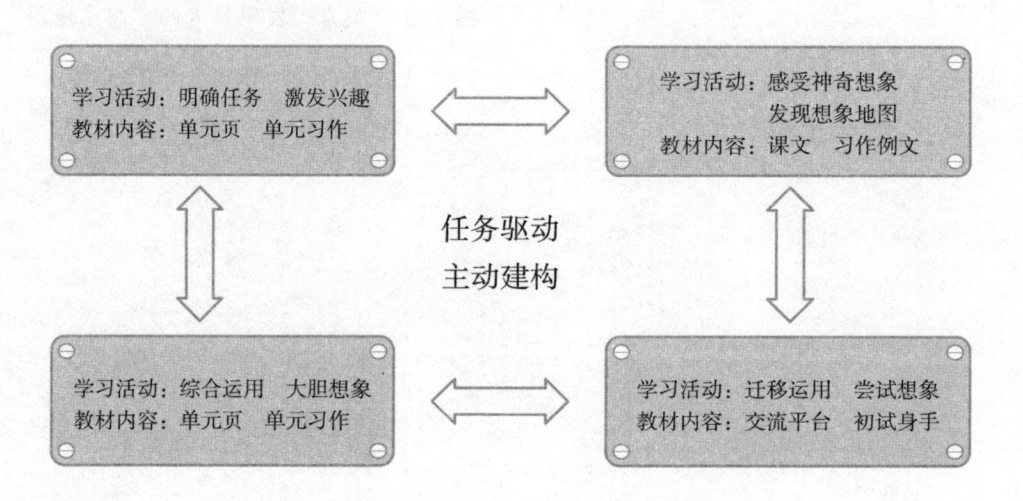

| 学习活动：明确任务　激发兴趣<br>教材内容：单元页　单元习作 | ⇔ | 学习活动：感受神奇想象<br>　　　　　　发现想象地图<br>教材内容：课文　习作例文 |
|---|---|---|
| ⇕ | 任务驱动<br>主动建构 | ⇕ |
| 学习活动：综合运用　大胆想象<br>教材内容：单元页　单元习作 | ⇔ | 学习活动：迁移运用　尝试想象<br>教材内容：交流平台　初试身手 |

# 任务统整　激发兴趣　综合运用　完成习作
——《奇妙的想象》分步教学设计

**教材分析：**

单元习作"奇妙的想象"是本单元学习要达成的终极目标，是学生学习成果的集中体现。

"大胆想象，创造自己的想象世界"是本次习作教学的重点，也是学生学习的难点。在前期的学习中，学生有一定的学习基础，比如三年级上册第三单元试着自己编童话、写童话，三年级上册第四单元续编故事，本册第二单元看图发挥想象，把图画内容写清楚，但是对于展开想象的方法学生则是第一次接触。

教材开篇导语"在想象的世界，什么都可能发生"，旨在鼓励学生抛开禁锢，想象的世界一切皆有可能。接着教材提供了7个题目，创设出7个不同风格的故事语境，是学生打开思维、大胆想象的第一级支架，每一个题目都引人遐想。学生可以从给出的题目中选择一个来写，也可以写其他感兴趣的内容，比如继续写初试身手中的题目。教材最后还安排了"想象岛"专栏展示，为学生作品分享交流提供平台，进一步激发学生创编想象故事的动机。

基于单元整体教学理念，教师可以打破常规，将习作任务前置，在单元学习开始前告知写作内容，让学生带着目标进入学习。单元学习结束时编写想象故事，交流分享，集中展现学习成果。

## 单元起始课——任务驱动　激发兴趣

**教学目标：**

1. 通过浏览精读课文、习作例文以及单元习作任务，初步感受想象的神奇。
2. 明确单元习作任务，激发学习兴趣，初步尝试展开想象。

**教学重、难点：** 明确单元习作任务，激发学习兴趣，初步尝试展开想象。

**教学安排：** 1 课时

**教学设计：**

### 活动一　整体感知　初探奇妙

1. 激趣引入。同学们，你们想象过浩渺宇宙的另一边是什么样子吗？你们见到过"颠倒村"的情景吗？假如你们变成了一棵树，会发生什么有趣的故事呢？在想象的世界里什么都有可能发生，让我们走进想象的世界，开启一场奇妙的想象之旅。

2. 借助单元结构思维导图，初步感受奇妙的想象。

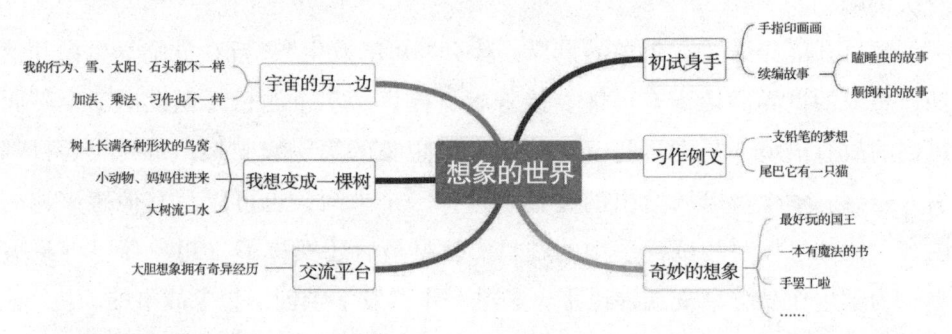

```
宇宙的另一边 ─ 我的行为、雪、太阳、石头都不一样
              加法、乘法、习作也不一样

我想变成一棵树 ─ 树上长满各种形状的鸟窝
                小动物、妈妈住进来
                大树流口水

交流平台 ─ 大胆想象拥有奇异经历

想象的世界

初试身手 ─ 手指印画画
           续编故事 ─ 瞌睡虫的故事
                      颠倒村的故事

习作例文 ─ 一支铅笔的梦想
           尾巴它有一只猫

奇妙的想象 ─ 最好玩的国王
             一本有魔法的书
             手罢工啦
             ……
```

师简介单元内容：据说宇宙的另一边是这一边的倒影，我变成一棵树后的经历非常奇妙，在初试身手中我们可以用手指印画出想象中的事物，还可以接龙续编瞌睡虫、颠倒村的故事。习作例文中躺在笔袋中的铅笔也有自己

的梦想，尾巴居然有一只猫。读读单元习作中的这些题目，哪一个激起了你无穷的遐想呢？

3. 用十分钟时间浏览单元内容，进一步感受奇妙的想象。边读边想，你对哪部分内容比较感兴趣。

师生交流感兴趣的内容。

预设：我觉得《宇宙的另一边》写关于风的习作很有意思。你只要闭上眼睛把自己想象成风的样子，飞得越高，习作的分数就越高，和我们的习作完全不一样。

我觉得《尾巴它有一只猫》很有意思。一般都说猫有一只尾巴，而文中却说"尾巴有一只猫"，这个想法太奇特啦！

我看到《手罢工啦》这个题目觉得很有意思。我在想，手罢工以后会不会天下大乱呢？

……………

| 设计意图 |

兴趣是最好的老师，因此本环节设计重在激发学生的学习兴趣，初步感受想象带来的奇妙体验。从开课引入到单元整体感知，再到分享交流，借助新奇有趣的想象不断激起学生阅读的好奇心。此外，结构思维导图直观呈现了本单元学习内容，有助于学生整体把握，初步建立结构化思维模型。

## 活动二　创设语境　激活思维

1. 创设语境。在我们的班级文化墙上，即将开辟"神奇的想象岛"专栏，这里将展示同学们大胆想象后创编的想象故事，谁的故事获得同学的点赞多，就可以张贴在"神奇的想象岛"专栏里，让更多人阅读。

2. 借助题目，激活思维。写什么故事呢？看看这些话题，或许能带给你启发："一本有魔法的书""手居然罢工啦""草丛里躲着一颗星星""滚来滚去的小土豆""假如人类可以冬眠"……

生交流感兴趣的话题。

3. 你还想到其他什么有意思的话题？

| 设计意图 |

　　语境是人们运用语言进行言语交际的言语环境，习作教学中良好的语境可以激活思维，激发学生表达的欲望。本环节依托班级文化墙"神奇的想象岛"这一真实语境，激发学生的写作动机。多个新奇有趣的题目帮助学生搭建展开想象的第一级支架。此外，设计"你还想到其他什么有意思的话题"则基于儿童的立场，尊重部分学生个性化需求，帮助其寻找到真正感兴趣的话题。

## 活动三　想象地图　初步构建

1. 头脑风暴：由感兴趣的题目，你们联想到哪些有意思的情景？先自己想想，再说给同桌听听。

抽生个别分享交流。

2. 依据自己选择的题目展开想象，用关键词记录由这个题目联想到的内容，完成故事1.0版本的想象地图。

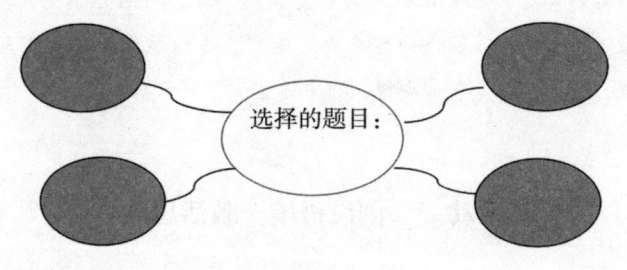

选择的题目：

3. 分享交流。

预设：我由《滚来滚去的小土豆》想到小土豆有可能滚到鸡窝里，伪装成鸡蛋，鸡妈妈把小土豆当作鸡蛋开始孵化。

我觉得《最好玩的国王》里的国王整天不处理国家大事，和我们一样，喜欢到游乐场去玩。

我猜想《一本有魔法的书》，这本书会不会长出翅膀飞起来呢？或者书中根本没有文字，只有部分人才能看到。

…… ……

4. 教师小结：怎样想象才能编织出一个有趣的故事呢？让我们走进本单元一起去寻找作者展开想象的秘密地图，相信在学习过程中你会不断更新自己的想象地图哦！

| 设计意图 |

　　想象是人脑对记忆中的表象进行加工改造并塑造新形象的过程，这种思维力看不见摸不着。本环节借助"想象地图"这一可视化工具对想象力进行训练，帮助学生发散思维，呈现由题目联想到的真实想法，记录学生在单元学习开始时真实的学习起点。在后续学习过程中，学生将依据课文中学到的想象路径不断修改完善，形成新版"想象地图"。

## 单元习作课——综合运用　完成习作

**教学目标：**

1. 能综合运用本单元学到的想象方法展开奇特想象。
2. 能借助精读课文和习作例文的思维路径把想象故事写清楚。
3. 能主动分享习作，依据标准评价同伴习作，体会想象的快乐。

**教学重、难点：** 能综合运用本单元学到的想象方法展开奇特想象。

**教学安排：** 1课时

**教学设计：**

### 活动一　选择版本，思维共振

1. 导入：欢迎大家抵达"神奇的想象岛"终点站。瞌睡虫的经历，颠倒村的奇遇……不同的想象故事让我们拥有一次又一次奇妙的经历。经过一个单元的学习，是时候展现你真正的实力了！

2. 选择版本：在本单元学习过程中同学们设计了不同版本的想象地图，还有的同学中途更换题目重新绘制了地图，请从中选择一个你们比较喜欢的地图版本。

3. 修改地图：依据想象地图给同桌分享自己创作的故事，并根据同学意见动笔修改完善，形成终极版想象地图。

4. 全班分享。

预设：我分享的是《滚来滚去的小土豆》。小土豆觉得自己的脸蛋不光滑，于是来到美容院，想美白祛斑，结果失败了。然后它来到学校，被同学当作皮球踢来踢去，最后被踩扁了。

师：（价值观的引导）当小土豆被踢来踢去的时候，它有没有想过逃跑，上演一出小土豆历险记呢？

……

| 设计意图 |

在前期学习中，学生对想象的路径与故事构思的模型有了体会，因此本环节放手让学生综合运用所学方法来创造自己的想象故事。通过对比不同版本的想象地图以及倾听同学建议，帮助学生优化设想、厘清思维。全班分享交流的目的一是学生相互学习，取长补短，二是有助于教师对错误的价值取向、不正确的行为等进行正面引导。

### 活动二　创编故事，对比展评

1. 请依据修改后的想象地图，结合老师、同学的建议自主完成习作，争取能登上班级文化墙"神奇的想象岛"专栏哦！

2. 这两篇习作都是写的《最好玩的国王》，自己读一读，看看更喜欢哪一篇。为什么？

生交流喜欢的原因。

3. 大家一起来改改第二篇《最好玩的国王》。怎样修改才能登上"神奇的想象岛"专栏呢?

（1）预设习作问题一：思维打不开，想象不大胆。

师：想给这位同学提什么建议呢?

生：我觉得国王好玩的地方，可以想得再大胆些。

师：回顾一下《宇宙的另一边》《尾巴它有一只猫》是怎样大胆想象的?正常的国王都会干些什么？如果不干这些，国王会去干什么呢?

生：国王想坐着飞天摩托捉小鸟，国王和猎豹睡觉，国王玩跳蚤……

（2）预设习作问题二：故事内容没有写清楚。

师：一起来看看习作例文《一支铅笔的梦想》，每一段是怎么把铅笔的梦想写清楚的?

生：我发现每一段都是按照铅笔"来到哪里＋做了什么＋有什么感受"的框架来写的。

师：大家尝试根据这样的框架来修改这位同学的习作，把故事内容写清楚。

| 设计意图 |

本环节将"神奇想象岛"的语境一以贯之，进一步激发学生的写作动机。师生分享评改为下一环节"互评互改"做出示范。两篇同一主题习作的对比，学生更能发现优点以及存在的问题。对于"想象不大胆"和"故事写得不清楚"等问题，借助精读课文以及习作例文帮助学生打开思维，寻找故事的构思模型，实现"一文多用"。

## 活动三　同质分组，互评互改

1. 组建同质小组：选择同一题目的同学自由组合为一个小组。若选择同一主题的同学人数较多，则分为几个小组。

2. 组内对照标准评改：

A. 勾画出特别喜欢同学写的某个片段

B. 在读不明白的地方可以提问

C. 给同学提出其他修改建议

D. 对照标准，达到一条得一颗星

| 评价标准 | 星　级 |
| --- | --- |
| 综合运用方法，想得大胆、奇特 |  |
| 借助想象地图，把故事内容写得清楚 |  |
| 能依据同学的建议修改习作 |  |

3. 获得三星的习作，将张贴在班级文化墙"神奇的想象岛"专栏。

| 设计意图 |

　　教师的评改示范让小组"互评互改"有章可循，从发现同学的亮点到提出不明白的问题，评改都紧紧围绕"是否能展开大胆、奇特的想象""是否将故事写清楚"进行，从而实现"教、学、评一致"。

（设计：徐　颖　代　璐）

# 感受神奇想象　发现作者的"想象地图"[1]
## ——《宇宙的另一边》教学设计

**教材分析：**

《宇宙的另一边》是本单元的第一篇精读课文，其教学价值在于让学生感受想象的神奇，激发学生想象的欲望，并通过寻找作者想象的思维路径学习想象方法，为构建自己的想象地图搭建支架。

《宇宙的另一边》是一篇充满奇思妙想的童话，课文围绕"宇宙的另一边，是这一边的倒影"这条主线，主要运用了"相反联想"的思维去创设了宇宙另一边的情景。在帮助学生寻找作者的想象思维路径的时候，可以抓住课文主线中"倒影"这个核心词，结合倒影与现实相反的特质将"相反联想"的思维表述成"倒影联想"，更加贴近学生的思维立场和语言认知。

本课中，"倒影联想法"除了具备相同事物相反状态这种特质外，还具备相同事物存在的形式不同的特点。两种方法指向了不同的想象思维，为学生的想象提供了更多的角度。学生可以在作者的想象方法基础上创新出不一样的倒影联想，构建属于自己的想象地图。

**教学目标：**

1. 认识"淌、秘"等6个生字，会写"秘密"等10个字。
2. 能说出故事中宇宙另一边的秘密，在朗读和交流中感受大胆而奇特的想象。

3. 借助表格梳理课文，学习"倒影联想法"反着想、变换形式想的方法。

4. 能运用"倒影联想法"想象故事，完善单元想象地图。

**教学重点：**借助表格梳理课文，学习"倒影联想法"反着想、变换形式想的方法。

**教学难点：**能运用"倒影联想法"想象故事，完善单元想象地图。

**教学安排：**2课时

**教学设计：**

## 板块一  聚焦任务，导入新课

1. 聚焦任务。欢迎来到"神奇的想象岛"第二站，在你们想象的世界里会发生怎样的故事呢？你们又有哪些办法能将故事变得更加奇妙？为了更好地建构想象地图，让我们先学习几篇课文，走进作者想象的世界，在感受他想象的神奇的同时思考作者是怎么想象的，相信一定会对你想象故事的创编有所启发。

2. 导入新课。

今天，让我们走进一篇和宇宙有关的童话。

出示宇宙图片和相关介绍，交流：宇宙的另一边，你们觉得会是什么样呢？

学生自由表达，教师相机从内容和想象力的角度回应。

过渡：今天，就让我们带着奇思妙想走进新课，齐读课题——16. 宇宙的另一边。

| 设计意图 |

建构想象地图是本单元的大情境任务，开课前先聚焦任务，可唤起学生的学习积极性和目的性，用开放式话题"宇宙的另一边，你们觉得会是什么样

呢?"来导入新课,打开学生的想象思路,也为课文的学习打下基础。

## 板块二 初读课文,字词筑基

出示课文插图过渡:看,有个爱想象的小男孩正趴在窗台上,他望着浩瀚的星空展开了奇思妙想。让我们去他的想象世界里看一看吧。

1. 出示任务一:
朗读课文,注意读准字音,读通句子,难读的地方多读几遍。
2. 梳理字词,自读、抽读。
秘密　倒影　汩汩流淌　一栋房子　一篇习作　气喘吁吁
"秘密"这两个字不仅同音,还有一个共同的小部件,你们发现了吗?"必"的位置和写法却有区别。你们观察到了吗?你们是怎样理解"秘密"这个词的呢?(就是尚未揭露或发现的事实)

| 设计意图 |

通过朗读课文、梳理字词,扫清理解课文的障碍。此板块内容可与第三板块相机融合,灵活处理。

## 板块三 聚焦"倒影",探寻秘密

1. 宇宙的另一边是什么样子的呢?找出整体描写宇宙另一边样子的语句。(宇宙的另一边,是这一边的倒影)

2. 聚焦"倒影",出示倒影图,说一说倒影的特点。(相同事物,状态相反)

3. 整体感知宇宙另一边世界的神奇。
出示任务二:

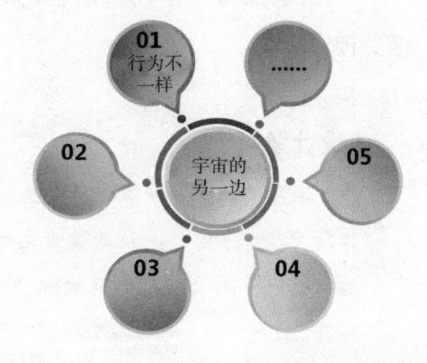

默读课文,思考宇宙另一边有哪些神奇之处。请用简单的词语填写花瓣

图，并讲给同桌伙伴听一听。

4. 出示任务三：

宇宙两边有什么不同？请完成以下表格内容。

|  | 宇宙这一边 |  | 宇宙另一边 |
| --- | --- | --- | --- |
| "我"的行为 |  |  |  |
|  |  |  |  |
|  |  |  |  |
|  |  |  |  |
| 雪 |  |  |  |
| 太阳 |  |  |  |
| 石头 |  |  |  |
| 加法 |  |  |  |
| 乘法 |  |  |  |
| 习作 |  |  |  |

5. 学生完整陈述梳理的信息。

教师相机引导："你们见过……吗？这样的想象，你们觉得怎么样？"引导学生进一步感受想象的神奇。

6. 出示描写宇宙两边事物的句子，师生合作接龙朗读，边读边想象画面，感受神奇。

| 设计意图 |

聚焦"倒影"一词，让学生从整体上对宇宙另一边的世界有一定印象。通过默读感知宇宙另一边的神奇之处，并用填图、勾画、填表的方式梳理宇宙两边世界的不同之处，借助边读边想象画面的方法进一步感受作者想象世界的神奇。

## 板块四　对比异同，建构想象方法

1. 聚焦表格第一部分，纵向比对，发现想象角度。

| | 宇宙这一边 | | 宇宙另一边 |
|---|---|---|---|
| "我"的行为 | 拿出作业本 | | 放回书包 |
| | 爬上楼 | | 下楼去 |
| | 望向另一边的星空 | | 望向这一边的星空 |
| | 向左走 | | 向右走 |
| 雪 | 冬天下 | | 夏天下 |
| 太阳 | 东方升起 | | 西方升起 |
| 石头 | 没有生命 | | 有生命 |

"拿作业""上楼""看星空"，这些秘密跟什么有关？（我的行为）"下雪""太阳"跟什么有关呢？（自然现象）石头呢？（自然事物）

教师小结：看来，作者是从"我的生活""自然现象"和自然"事物"三个方面想象出宇宙的另一边的秘密的。

2. 左右对比，发现想象方法。

观察梳理的表格，你又有什么发现？（指导要点：宇宙的另一边和我们的现实世界都是反着的）难怪作者说"宇宙的另一边，是这一边的倒影"。

教师小结：现在，你们一定发现作者想象的秘密了吧？作者正是运用这种"相同内容""状态相反"的"倒影联想法"，从"我的生活""自然现象""自然事物"等角度展开想象，创造了神奇的想象世界！真是太有趣了！

3. 宇宙的另一边还藏着哪些秘密呢？仔细观察表格第二部分，说说你们的发现。

|  | 宇宙这一边 | 宇宙另一边 |
| --- | --- | --- |
| 加法运算 | 数字+数字=数字 | 美好的场景相加等于快乐 |
| 乘法运算 | 数字x数字=数字 | 相关联的事物相乘等于更多的快乐 |
| 习作 | 用文字表达 | 让自己化身成内容 |

左右对比，观察梳理的表格，你们发现了什么？（指导要点：加法、乘法、习作都变换了一种形式，更神奇了）

4. 小结：在作者的"倒影联想法"里，不仅可以联系生活反着想，还可以升级成变化形式去想，让宇宙的另一边更加神奇了。

5. 出示7~11自然段，抽学生朗读。其余学生闭眼，边听边想象宇宙另一边加法、乘法、习作的方式，感受作者有趣的想象，再将你们的感受通过朗读表达出来。

6. 学生填充自己的想象地图。

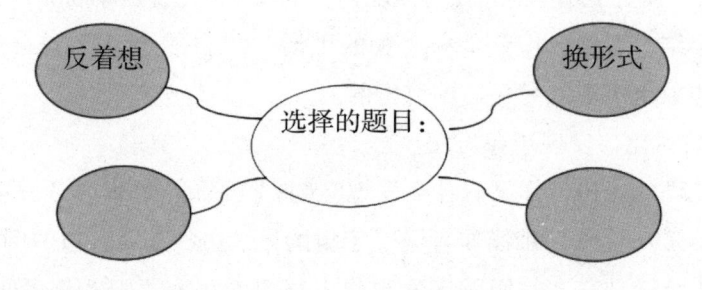

[设计意图]

借助图表，对比宇宙两边相同事物的不同之处，让学生直观而清晰地感知宇宙另一边的秘密所在。通过分析不同之处的原因寻找作者想象的思维路径，学习想象方法，为构建自己的想象地图搭建支架。

## 板块五　运用方法，尝试表达

创设情景：在想象的世界里，一切变得那么神奇。看，这位有着奇思妙想的小男孩还想邀请你们一起为"宇宙的另一边"编一首小诗呢。

1. 出示任务四：

结合想象地图，用上"倒影联想法"展开想象，完成小诗。写好后，与同桌分享小诗，比一比谁的想象更奇妙。

宇宙的另一边

宇宙的另一边，是这一边的倒影。

我拿起笔，写下好多好多秘密。

告诉你第一个秘密——

宇宙的这一边，小鱼总是欢快地游动在水里。

宇宙的另一边，_____

告诉你第二个秘密——

宇宙的这一边，当我和最好的朋友在争吵时。

宇宙的另一边，_____

再告诉你第三个秘密——

宇宙的这一边，小鸟需要扑腾翅膀才能自在飞翔。

宇宙的另一边，_____

再告诉你第四个秘密——

宇宙的这一边，_____

宇宙的另一边，_____

……

好玩的秘密真是不少，想象的世界充满奇妙！

2. 班级交流，教师相机紧扣教学重点，从想象的内容和思维的角度进行点评回应。

[设计意图]

　　创设编小诗的情景帮助打开学生思维，运用"倒影联想法"使其想象有法可依，让想象和表达相谐相生。

## 板块六　勾连例文，拓展思维

1. 怎样将我们的想象内容连成故事呢？出示任务五：
①默读例文《一支铅笔的梦想》，找出这支铅笔有哪些梦想。
②思考作者是按照什么结构创编故事的。

2. 交流铅笔的梦想。指导要点：去山坡萌芽开花很开心；去荷塘撑伞很开心；去菜园长成豆角、丝瓜很开心；小溪边当船篙、木筏很开心；运动场当撑杆、标枪很开心。

3. 作者是按照什么结构创编故事的？师生交流故事的结构。

　　指导要点：发现作者将所有梦想串在一起便形成故事的方法，就像串糖葫芦一样，可以叫它"糖葫芦式写作法"。

4. 创编自己的想象故事。出示任务六：

　　用上"糖葫芦式写作法"，结合自己的想象地图，将想象内容做成思维导图后再试着讲述出来。

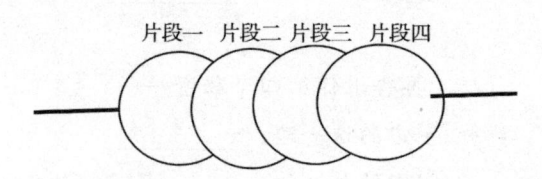

片段一　片段二　片段三　片段四

5. 全班评价。

| 评价标准 | 星级 |
| --- | --- |
| 用到了"倒影联想法"，大胆想象 | ☆☆ |
| 用到了"糖葫芦式写作法"，故事完整 | ☆☆ |
| 大胆交流 | ☆ |

| 设计意图 |

勾连习作例文，梳理故事结构，和学生建构将想象片段连成故事的方法，创编属于自己的想象故事。

6. 总结本课。

师：同学们，我们不仅走进作者的想象世界，发现了宇宙另一边的秘密，感受到了想象的神奇，还运用"倒影联想法"从不同角度展开想象。不仅如此，我们还学到了将想象片段连成故事的方法，完善了我们的想象地图。在想象世界里还会有哪些密码呢？下一篇课文或许会给我们带来新的思考，让我们拭目以待吧。

[板书设计]

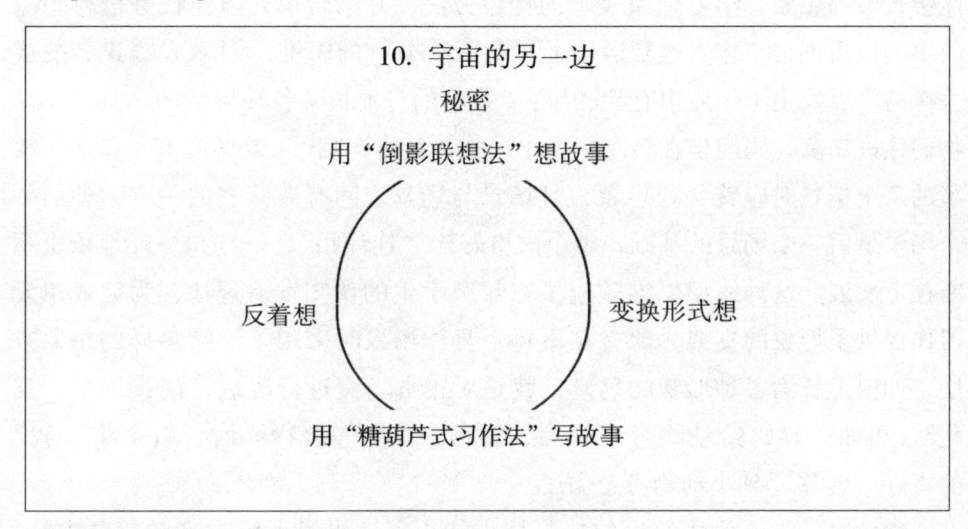

```
            10. 宇宙的另一边
                  秘密
            用"倒影联想法"想故事

    反着想                 变换形式想

            用"糖葫芦式习作法"写故事
```

（设计：徐颖　向俏）

# 感受神奇想象  发现作者的"想象地图"2
——《我变成了一棵树》教学设计

**教材分析：**

　　《我变成了一棵树》是本单元第二篇精读课文，本文旨在引导学生进一步体会奇妙的想象，学习想象故事的构思方法，并结合单元习作任务进行想象故事的口头创编。作者顾鹰运用了"前因后果"的思维，创编了"我"变成一棵树之后发生了一连串有趣的事："我"的身上长了各种形状的鸟窝，小动物们住进鸟窝，妈妈坐在鸟窝里给小动物分食物，"我"饿得流下了口水。故事的每个场景对应着一处想象，且场景与场景之间有着紧密的关联，即前一个场景是后一个场景的基础。整个故事好比"连环扣"，一环扣一环地依次不断往下发展。这种线型思维顺应了三年级学生的认知发展规律，为完成单元习作提供了形象的支架。课文在写每个具体场景时采用了灵活多样的想象方法，如树上长满各种形状的鸟窝，就是对正常鸟窝进行改造，使其产生"变化"。再如"妈妈给动物分巧克力、香肠、花生等食物"时，就是将"我"的喜好"转移"到小动物身上去了。

　　教学时，既要关注学生的故事构思能力，又要习得更丰富的想象方法。二者综合运用才能创编出相应的想象故事。

**教学目标：**

1. 认识文中 6 个生字，会写文中 15 个生字。

2. 通过细读课文，感受故事中那些神奇的想象，学习作者丰富的想象方法。

3. 通过读文思考，尝试利用"连环扣"的方式口头创编自己变成国王、魔法书、小星星、土豆之后的故事。

4. 在第一篇课文的基础上继续绘制单元想象地图。

**教学重点**：通过细读课文，感受故事中那些神奇的想象，学习作者多样的想象方法。

**教学难点**：尝试利用"连环扣"的方式口头创编故事。

**教学安排**：2 课时

**教学设计：**

## 板块一　谈话导入

1. 回顾上文。在"神奇的想象岛"第二站，同学们不仅体验到了"倒影联想法"的奇妙，还学会了编"糖葫芦"式的故事。今天，你们将到达"神奇的想象岛"第三站，会读到怎样的趣事呢？故事里又会有哪些奇妙的想象呢？一起走进《我变成了一棵树》。齐读课题。

提出质疑：你们想知道些什么？

生1："我"为什么想变成一棵树？

生2："我"变成怎样的一棵树？

生3："我"变成一棵树之后，会发生什么故事？

2. 你们想编一个自己的想象故事吗？

| 设计意图 |

课前回顾旧知，回扣单元语文要素，让学生产生学习期望：本课和上一课一样，既会学想象方法，又会学构思方法。同时，对本课的课题提出质疑并自主交流可激发学生的学习动机，初步打开思路，为学习全文做好铺垫。

## 板块二  初读课文

1. 出示插图：有个小女孩不想回家吃饭，在她的想象世界里，她居然"变成了一棵树"，这到底是怎么回事呢？一起去看看吧。出示任务一：

朗读课文，注意读准字音，读通句子，注意读好轻声。

2. 检查字词。

希望  痒痒  鳄鱼  狐狸  丁零丁零  巧克力  咕噜噜  继续  麻烦

哪些词读轻声呢？表示声音的词语很有意思，你们发现了吗？

书写生字。

"狐狸""继续"两个词语都是生字组成的，注意左右两部分的关系。

| 设计意图 |

三年级下册的课文，字词的掌握仍旧是保底要求。本课生字词语相对比较简单，学习生字词的时候不用着墨过多，教学时可灵活处理。

## 板块三  感受想象之"趣"

1. 自由读文，梳理故事。出示任务二：

①自由朗读课文，说说故事中有哪几个场景。

②同桌交流。

2. 全班交流。

预设：第4自然段写"我"变成一棵树。第5~6自然段写树上长满鸟窝。第7~8自然段写许多小动物住进鸟窝。第9~12自然段写妈妈住进鸟窝给小动物分食物。第13~19自然段写"我"饿得流下了口水。第20~23自然段写妈妈发现了"我"的秘密。

3. 读一读自己最喜欢的场景，说一说为什么喜欢。

4. 出示任务三：

合作填表，提炼想象方法。

| 故事场景 | 具体内容 | 想象方法 |
|---|---|---|
| 树上长鸟窝 | | |
| 小动物住鸟窝 | | |
| 妈妈给动物分食物 | | |
| "我"流口水了 | | |

5. 全班交流。

预设：

场景"树上长鸟窝"，作者对这棵树和树上的鸟窝进行了修改，让树上长的东西发生变化，让鸟窝的样子发生变化。

场景"小动物住鸟窝"，作者把地上的、水里的动物请进鸟窝，让鸟窝的主人发生变化。

场景"妈妈给动物分食物"，"妈妈"把我喜欢吃的东西给了小动物，把"我"的爱好搬到了动物的身上。

场景"我流口水了"，动物们说那是"下雨、牛奶打翻、虫子撒尿、大树在哭"，那是因为流口水的样子和"下雨、牛奶打翻、虫子撒尿、大树在哭"的样子很相似。

| 故事场景 | 具体内容 | 想象方法 |
|---|---|---|
| 树上长鸟窝 | 三角形、正方形、长方形…… | 变一变 |
| 小动物住鸟窝 | 小白兔、小刺猬、小松鼠…… | 变一变 |
| 妈妈给动物分食物 | 巧克力、香肠、面包…… | 搬一搬 |
| "我"流口水了 | 下雨、牛奶打翻、虫子撒尿、大树在哭 | 找"相似" |

6. 教师小结。

|设计意图|

通过梳理故事场景，聚焦想象方法。通过自主、合作、探究的学习活动引导学生深入阅读课文，感受想象的内容有趣，发现想象的方法有趣，为自主创

编想象故事打下基础。

## 板块四　练习想象

1. 默读习作例文《一支铅笔的梦想》，说说小铅笔都有哪些梦想。

预设：小铅笔想成为"豆角、丝瓜、撑杆、标枪"。

2. 它怎么会这样想呢？

预设：因为铅笔都是细长细长的，它要根据相似的特点去想象。

3. 假如你变成了国王、魔法书、小星星、小土豆等事物，故事里可能会有哪些奇妙的想象呢？请大胆想象，升级下面这幅想象地图。出示任务四：填写想象地图。

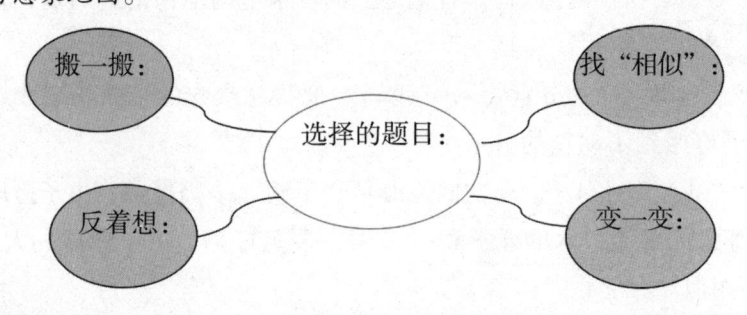

```
    搬一搬：              找"相似"：
         \               /
          选择的题目：
         /               \
    反着想：              变一变：
```

4. 集体交流。

预设1：我用"搬一搬"的方法想象小土豆用宝宝霜擦自己的脸蛋。

预设2：我用"变一变"的方法想象国王特别爱和凶猛的狮子玩。

……　……

| 设计意图 |

　　习作例文的功能贵在链接课文和提供范例。《我变成了一棵树》和《一支铅笔的梦想》两篇文章在想象方法上有一定的共性，即都在根据事物的特点寻找相似点进行想象。结合本单元一以贯之的想象地图大情境学习本课，需要帮助学生更大程度地展开想象，训练学生的发散思维。

## 板块五 探究创编之"趣"

1. 出示任务五：
还原故事。
师：回顾故事的几个场景，并将这些场景还原到思维导图中。

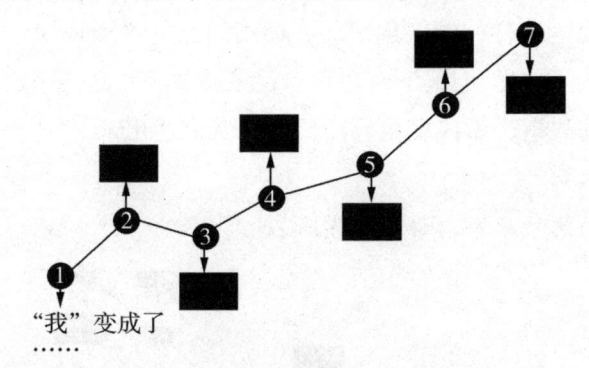

"我"变成了
……

2. 讨论交流：这些场景能不能调换顺序？为什么？
3. 交流展示。

预设：

生1：这些场景不能调换顺序，比如不能一开始就想象妈妈给动物分食物，因为动物不住进窝里，妈妈怎么能给它们分食物呢？

生2：这些场景不能调换顺序，因为没有上一个场景就没有下一个场景。

4. 教师小结。

师：整个故事好比"连环扣"，一环扣一环地往下想象，最后连成一个完整的故事。

| 设计意图 |

学生能够体会故事里的想象内容，也能领悟其中的想象方法。对于故事创编而言，这只是点状思维的体现，还未形成系统建构。教学时，教师需要引导学生将各种想象有逻辑、有顺序地连接起来，从而连成一个完整的故事，为自主创编故事做充分的准备。

## 板块六　尝试创编

1. 默读例文《尾巴它有一只猫》，利用思维导图梳理出故事的顺序。
2. 全班交流。整个故事是按照"尾巴有只猫——尾巴有只跳蚤才对——尾巴肯定自己有猫——尾巴上的跳蚤不信——尾巴坚持自己的想法——其他尾巴也这样认为"这样的顺序创编的，运用的也是"连环扣"创编法。
3. 用上"连环扣"创编法，想象自己变成国王、魔法书、小星星、小土豆等事物之后的故事，做成思维导图后再试着讲述出来。

出示任务六：

创编自己的想象故事，讲给同学听。

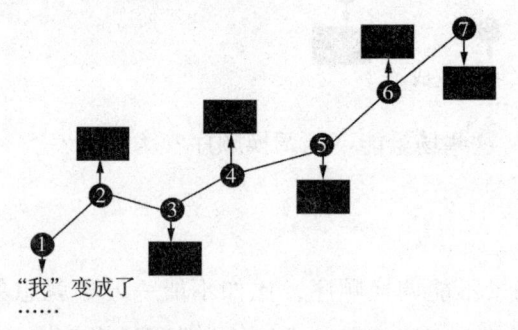

"我"变成了
……

| 评价标准 | 星　级 |
| --- | --- |
| 用到了前两课学到的方法，大胆想象 | ☆☆☆ |
| 用到了"连环扣"的方法，故事完整 | ☆☆☆ |
| 大胆交流 | ☆☆☆ |

4. 全班评价。

| 设计意图 |

　　将课后题第二题与单元主任务有机融合，引导学生想象自己变成爱玩的国王、魔法书、小星星、小土豆之后的故事，紧扣"大胆想象""故事完整""大胆交流"三个标准实现"教、学、评"的一致性。

（设计：徐　颖　肖吉武）

# 尝试运用"地图"感受想象的乐趣
## ——"交流平台"与"初试身手"教学设计

**教材分析：**

习作单元在两篇精读课文的学习之后安排了"交流平台"和"初试身手"两个板块。结合单元主题和语文要素，交流平台的作用主要是从小伙伴的对话中归纳、梳理、提炼、总结大胆想象的方法，为后面的"初试身手"和习作做准备；而"初试身手"则是运用这些方法进行片段性习作的初步尝试，指向于表达，为后面整篇习作做铺垫。

"交流平台"指出了两种大胆想象的思维路径，分别是：创造时间不存在的事物；拥有奇特的人生经历。这也分别对应《宇宙的另一边》和《我变成了一棵树》两篇课文构建的想象方法。

"初试身手"安排两个部分：第一个按出手指印，画成想象中的事物，看谁想得新奇，是让学生们借助动手操作展开想象；而第二部分，选一个开头展开想象，大家一起接龙续编故事，则是借助具体语境帮助想象。两个部分都有共同的特点，即简单、有趣。

**教学目标：**

1. 读懂交流平台，主动交流并梳理想象的方法。
2. 初步运用想象的方法大胆展开想象，画出想象中的事物，根据故事开头续编故事，感受大胆想象的乐趣。

**教学设计：**

## 导　入

欢迎大家来到"神奇的想象岛"第四站。在前几站中，同学们根据"倒影联想法"感受到《宇宙的另一边》的神奇，还想象到变成一棵树后的奇特经历……这节课，大家就带上学过的想象的方法初试身手，开始神奇的想象之旅吧。

## 活动一　充分交流　梳理总结

1. 梳理方法。在神奇的想象岛中，同学们学到了许多大胆想象的方法。在"交流平台"中，大家再去看看学习小伙伴们学会了哪些大胆想象的方法，自己勾一勾。

预设：创造世间不存在的事物。拥有奇特的人生经历。

2. 回顾方法。学习小伙伴给我们指出了两种想象的方向。你们再结合课文内容想一下自己学会了哪些大胆想象的方法。

（1）同桌说一说。

（2）集体讲一讲。

预设：

《宇宙的另一边》运用"倒影联想法"创造了世间不存在的事物……很有意思。

《我变成了一棵树》写到了变成一棵树后的奇特经历，特别新奇。

3. 拓展方法。除了想象岛里学到的几篇课文，在课外阅读中还发现了哪些大胆想象的方法？小组讲一讲。

（1）你课外读到哪些文章也有和这几篇课文相似的大胆想象的方法？

（2）你课外读的哪些文章还有另外的大胆想象的方法给你留下深刻的印象？

| 设计意图 |

根据"交流平台"的功能定位,确定为梳理、总结想象方法,为后边的"初试身手"和习作做好铺垫。首先从"交流平台"中可以发现想象的两种思维路径:创造世间不存在的事物,拥有奇特的人生经历。交流平台的作用不仅仅在对话中去梳理,教学时,还要引导学生延伸到几篇课文中,将在这几篇课文中学到的想象方法再说一说,梳理一下。当然,学生的阅读面是很宽广的,不仅限于课内,鼓励学生在平时的课外阅读中去发现更多大胆想象的方法,学生才能真正得法于课内,得益于课外。

## 活动二 动手操作 展开想象

1. 读懂题意。

在上一节,同学们回顾了大胆想象的方法,现在就让我们去初试身手吧。(出示初试身手1的内容)请看:你们明白了什么?

预设:不同颜色的手指印,再简单地画上几笔,就成了可爱的小动物。

2. 大胆实践。有趣吧!还可以怎么创作?发挥想象,动手试一试。

3. 展示交流。大家发挥想象创作出很有意思的图画。你们是怎么创作的?大胆展示一下,再来说一说。

4. 拓展延伸。哇!在想象的世界里没有做不到,只有想不到。我们还可以怎么创作?大胆想一想。

| 设计意图 |

初试身手1,借助图画,展开想象。学生在了解创作的方法后进行初步尝试并进行介绍。这是学生想象的图示化的呈现,符合中段学生的认知特点。在此基础上,提示学生手指还可以横着按、斜着按、重叠、相连、组合……让学生的想象不局限于一种动物,还可以按出一类又一类的事物,拓宽视界,从而感受大胆想象的奇特和有趣。在正确方法的指引下,学生想象的空间更加广阔。

## 活动三　借助语境　帮助想象

1. 借助图示、营造情境。激趣、揭题：同学们，大胆想象可真好玩，就让我们张开想象的翅膀，在神奇的想象岛里继续玩。诶，大家快看：这儿又是什么地方？（出示"瞌睡虫王国"和"颠倒村"的图片）噢，原来是——（学生读题）

2. 运用方法、学以致用。

（1）大胆想象。想象岛里的瞌睡虫和颠倒村各有什么神奇的地方呢？瞌睡虫飞出来会有怎样的奇遇？小牧童在颠倒村又会有怎样有趣的经历呢？你们可以大胆地想一想。

（2）勾连方法。别急，回忆这个单元前面的学习，你们可以找到哪些最合适的想象地图帮助你想象？

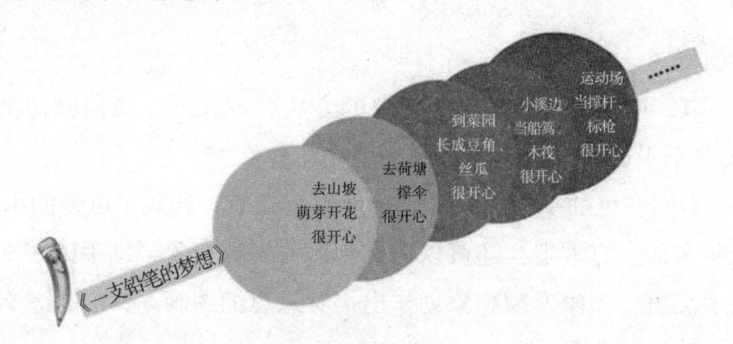

《一支铅笔的梦想》 去山坡 萌芽开花 很开心 ／ 去荷塘 撑伞 很开心 ／ 到菜园 长成豆角 丝瓜 很开心 ／ 小溪边 当船篙 木筏 很开心 ／ 运动场 当撑杆、标枪 很开心 ……

"糖葫芦式写作法"

|  | 宇宙这一边 |  | 宇宙另一边 |
|---|---|---|---|
| "我"的行为 | 拿出作业本 | 相反 | 放回书包？ |
|  | 爬上楼 |  | 下楼去？ |
|  | 望向另一边的星空 |  | 望向这一边的星空？ |
|  | 向左走 |  | 向右走？ |
| 雪 | 冬天下 |  | 夏天下？ |
| 太阳 | 东方升起 |  | 西方升起？ |
| 石头 | 没有生命 |  | 有生命？ |
| 上课内容 | 语文课 |  | 数学课？ |

"倒影联想法"

预设（相机出示图示）：

《一支铅笔的梦想》中，铅笔到不同的地方就有不同的梦想，产生了奇特经历，这是运用我们学过的"糖葫芦式写作法"展开想象。这和飞出王国的瞌睡虫的经历很相似，我可以尝试用一用。

《宇宙的另一边》里边的事物和现实世界是完全相反的，用的是"倒影联想法"展开想象。我可以把这种方法用到小牧童在颠倒村的奇特经历中。

（3）学以致用。①你们能把学过的这些想象方法在这两个故事里用一用吗？谁来说一说？②那就乘着想象的翅膀，任选一个故事，开始你们神奇的想象之旅吧。动笔写一写。

3. 相互交流、相机点评。

（1）交流分享、相机点评。鼓励学生运用方法进行奇特、有趣的想象。

（2）接龙续编、精彩连连。将你们同类的想象串联起来，飞出王国的瞌睡虫和来到颠倒村的小牧童就会有一个又一个奇特、有趣的经历。

| 设计意图 |

初试身手2借助语境，展开想象。这里不是新学习想象方法，而是运用阅读中学到的几种想象方法进行片段习作的尝试。通过回顾、选择合适的想象地图，将当前认知和实际问题关联起来，在已经建构的方法的基础上做到学以致用，符合"初试身手"的教学定位。

（设计：徐 颖 曾佑涛）

# 四年级上册第二单元单元整体教学规划
# 策略单元

**单元整体教学目标（针对提问策略的学习部分）**

1. 能在阅读时尝试从不同角度去思考，提出自己的问题。
2. 能尝试筛选对理解课文有帮助的问题。
3. 能通过提问、思考，理解课文内容。

**单元整体教学路径**

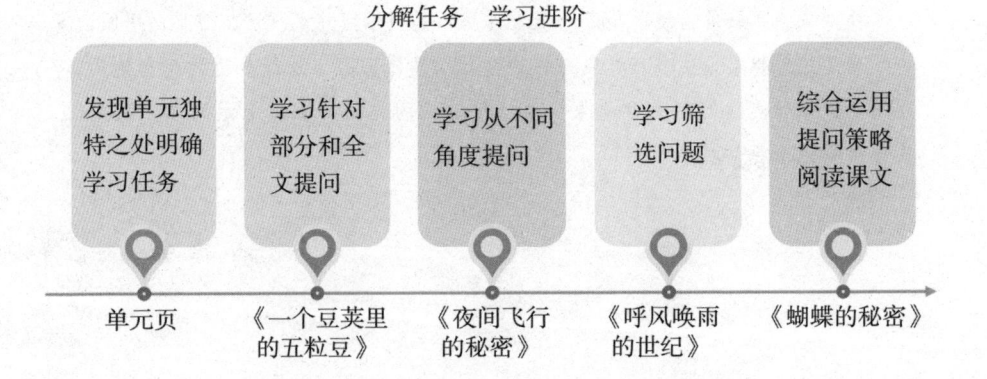

分解任务　学习进阶

| 发现单元独特之处明确学习任务 | 学习针对部分和全文提问 | 学习从不同角度提问 | 学习筛选问题 | 综合运用提问策略阅读课文 |
|---|---|---|---|---|
| 单元页 | 《一个豆荚里的五粒豆》 | 《夜间飞行的秘密》 | 《呼风唤雨的世纪》 | 《蝴蝶的秘密》 |

# 学习针对部分和全文提问

——《一个豆荚里的五粒豆》教学设计

**教材分析：**

这是一篇安徒生童话。讲述了豆荚成熟裂开后，五粒豆飞到广阔世界中所经历的不同生活。课文重点描写了第五粒豆的神奇经历，它落进窗子下一个长满青苔的缝隙里，生根、发芽、开花。它的坚韧不拔鼓励了一位生病的女孩，小女孩慢慢恢复了健康。作为童话故事，本课文字简单，温馨有趣，富有生活哲理，学生容易读，也喜欢读，同时，又具有一定的启发性，利于学生尝试提问。

从单元编排来看，这是本单元的第一篇课文，起着引导学生初步尝试有意识提问并乐于提问的作用。所以本课教学的起点应该是单元页，引导学生明确学习任务是学习的第一步。根据单元课后题的任务分解，本课的任务是学习针对部分和全文提问。针对部分提问是随着阅读的展开学生自然的心理反应，所以教学应该按照导语的要求，让学生有充分的时间进行自然阅读。针对全文提问是本课学习的难点，应该结合课后第三题的学习，在理解课文的基础上引导学生再提问。让提问与理解相互促进。

**教学目标：**

1. 认识"豌、按"等10个生字，会写"豌、按"等12个生字，会写

"豌豆、按照"等 16 个词语。

2. 阅读时能积极思考，针对课文局部和整体提出自己的问题。

3. 能借助问题理解课文内容。

## 第一课时

**课时目标：**

1. 阅读时能积极思考，尝试读课文时提出自己的问题。
2. 借助课后题 2，梳理问题清单，学习针对部分和针对全文的提问方法。

**教学设计：**

### 一、读懂单元导语，明确学习任务（依据单元页设计）

（一）看一看，读一读单元页的内容，有什么发现？有什么问题

（二）根据学生的回答相机引导学生关注单元页的重要信息

1. 理解"提问"的重要性。"为学患无疑，疑则有进。"是说做学问怕的是没有疑问，有疑问才有进步。这句话让我们明白善于思考、善于提问很重要。

2. 理解语文要素，明确学习任务。本单元和阅读相关的学习任务是什么？（语文要素 1）什么是"自己的问题"？（指自己有疑问、不明白的问题）什么是"不同的角度"？（建议学生可以在接下来的学习中去了解）

3. 小结：通过学习单元页，我们已经明白了本单元的学习任务，让我们开始第一课的学习吧。

| 设计意图 |

单元页好比单元学习的"地图"，其中包含着本单元的学习目标、学习任务

和学习目的。作为本单元第一课，首先读懂单元页，能帮助学生知道自己在学什么，为什么要学，从而成为主动学习者，更好地参与到阅读策略的学习中。这与阅读策略的学习需要学习者有意识主动进行思维活动的要求相一致。

## 二、自读课文，练习提问（依据课文导语及课后题 1 设计）

（一）按要求读课文，提出问题

1. 读课文导语，明确学习任务。这是一篇安徒生童话故事，很多同学都读过。不过，今天再读有新的任务，请读课文导语——"读课文，积极思考，看看你可以提出什么问题。"请按照导语提示开始学习，在有问题的地方画出"？"。

2. 学生活动。自读课文，在有问题的地方画"？"。

（二）交流问题，探索提问的思考过程

1. 你们画了几个小问号？谁愿意分享一个你的问题？

2. 交流中引导学生探索提问的思考过程。

预设 1：

问题：一粒豌豆这么小，怎么会变成一座花园呢？

追问：你是怎么想到要提这个问题的？

交流总结：因为和平时看到的花园不一样，所以有了问题。（板书：不一样）

预设 2：

问题：什么是"水笕"？

追问：你是怎么想到要提这个问题的？

交流总结：因为没见过，所以有了问题。（板书：没见过）

预设 3：

问题：为什么说最后一粒豌豆像囚犯？

追问：你是怎么想到要提这个问题的？

交流总结：说它像囚犯，可它后来开花了。你觉得前后有矛盾，所以要提问。（板书：有矛盾）

…… ……

3. 学习小结：提问的背后是思考，可能是"不一样""没见过"或者"有矛盾"等。不同的问题会引发不同的思考，你们会这样去思考吗？再读读课文，看看你们还能提出什么问题。可以像课后题的提示那样，把你的问题写下来。

（三）写出问题

学生活动：把问题写在即时贴上，一个问题写一张。

| 设计意图 |

  教学时首先需要给学生充足的阅读思考的时间，让学生在自然阅读中调动已有知识和生活经验来理解课文，找到自己真正不懂的地方，这样提出的问题才是真问题。同时，阅读策略的学习需要培养学习者的元认知能力，即对提问思考过程的关注。教师在学生提出问题后追问"你是怎么想到要提这个问题的？"就是在帮助学生发现自己的思考过程，再提炼梳理，帮助更多的学生打开思路，学习提问。

## 三、梳理小组问题清单，学习针对部分与全文提问（依据课后题 2 设计）

（一）借助课后题 2 中的"小组问题清单"，学习提问的不同角度

1. 读一读课后题 2 中学习小伙伴整理的"小组问题清单"，你们有什么发现？（可以回扣语文要素，引导学生体会这就是"从不同的角度提出自己的问题"）

2. 说一说哪些问题是针对部分内容的，哪些问题是针对全文的，为什么？

（二）分组整理自己的"小组问题清单"

1. 按照针对部分和针对全文来整理"小组问题清单"。
2. 交流每个组的"发现"。
（1）引导学生发现针对部分和全文提出的问题的多少。
（2）引导学生继续发现问题背后的思维路径，回应"不知道""没见过"等提出问题的思考方法。

| 设计意图 |

　　充分利用教材资源，借助课后题 2 中的"小组问题清单"和泡泡里的话帮助学生明白原来提问既可以针对部分，也可以针对全文，从而拓展学生的思维。再通过整理自己小组的问题清单进一步关注提问的角度以及思考的角度，达到借由"问题"学习"提问"的教学目的。

## 第二课时

**课时目标：**

1. 能带着问题学习生字词，理解课文内容，体会故事情感。
2. 在理解故事的基础上尝试再次针对全文提出问题。

**教学设计：**

**一、带着问题，再读课文，理解课文（依据课后题 2 设计）**

（一）尝试带着课后题 3 再读课文，寻找答案

1. 学生带问题——"伴随着豌豆苗的成长，为什么小女孩的病就慢慢好了呢？"再读课文，积极思考，尝试理解课文。
2. 反复朗读小豌豆努力生长的相关语句，体会这是一粒怎样的小豌豆。

原来是一粒小豌豆在这里生了根，还长出小叶子来了。

它的确在向上长——人们每天都可以看到它在生长。

窗子打开了，她面前是一朵盛开的、紫色的豌豆花。

3. 反复朗读妈妈的话和小女孩的话，发现问题的答案。

4. 小结：读课文提出问题，带着问题再读课文，就能读懂课文。看来，提问能帮助我们理解课文，真好啊。你们还有其他的问题吗？也带着问题再读课文，去找一找答案吧。

（二）尝试带着自己的其他问题再读课文，寻找答案

1. 学生带着自己的其他问题再读课文，积极思考，尝试理解课文。
2. 学生交流自己的思考。

| 设计意图 |

　　提出问题后引导学生带着问题再读课文，此时的阅读更有针对性，能帮助学生更好地理解课文内容，体会故事情感，真切地感受到"提问"对理解课文的帮助，激发学生主动运用"提问"来阅读的兴趣。同时，理解课文也为进一步思考、提问做好了准备。

二、再读课文，尝试针对部分或全文提出新的问题；交流问题，加深理解

（一）尝试再次提问

1. 故事读到这里，你们真的都读懂了吗？再读课文，你们还能提出新的问题吗？
2. 学生自读，提问，把新问题写下来。

（二）再次交流问题，加深对课文的理解

1. 引导学生重点关注针对全文的提问。

2. 引导学生针对问题发表自己的看法，在交流中加深对故事主题的理解。

预设1：

问题：为什么最后一粒小豌豆的想法和其他豌豆不一样？

引导：这是针对全文的问题。豌豆们都有自己的想法，你们赞同谁的想法，为什么？

预设2：

问题：为什么最后一粒豌豆最幸福？

引导：这是针对全文的问题。为什么你们觉得最后一粒豌豆最幸福？什么才是真正的幸福？

| 设计意图 |

　　此时，教学再次回到阅读提问，但这一次学生的思考更深入了，学生的提问更能体现阅读中的"自我监控"了。阅读、思考、提问；带着问题再阅读、再思考、再提问。学生对课文的理解正是在这样的循环中逐渐走向深入，同时，也正是在用策略阅读的过程中学习了阅读策略相关的知识，真切体会到了用"提问"阅读的好处。

### 三、写字练习

（一）练习集中认读本课生字词

（二）写字练习

| 设计意图 |

　　阅读策略单元的教学重点是学习阅读的策略，生字教学可以灵活处理，在学生提出问题、理解课文的过程中可以相机学习一些生字词，也可以在最后集中学习。

[板书设计]

　　　　　5. 一个豆荚里的五粒豆
　　部分　　　　　　不一样
　　？　　　　　　　没见过
　　全文　　　　　　有矛盾
　　　　　　　　　　……

（设计：徐　颖）

# 学习从内容、启示、写法等不同角度提问

## ——《夜间飞行的秘密》教学设计

**教材分析：**

　　本课是从《蝙蝠和雷达》这篇经典课文改编而来，是一篇科普文，主要围绕蝙蝠夜间飞行的秘密介绍了科学家通过三次实验从而得出结论，发明了雷达，帮助了飞机的夜间飞行。本文结构清晰，充满了科学趣味，深受学生喜欢。同时，文中提到的一些科学术语和科学现象又不是学生马上就能理解的，利于学生探索阅读与思考提问。

　　从单元编排来看，这是本单元的第二篇课文，引导学生从内容、启示、写法等不同角度提问。有了上一节课针对部分内容和全文提问的学习基础，学生不难从内容角度提出问题。因此本课应从回顾旧知和对比两课导语入手，激发更多针对内容的提问，继续丰富提问思考的方法。在通过提问与阅读交流对课文内容有充分的了解之后，借助旁批并结合课后第二题引导学生整理和交流问题清单，学习从启示、写法等角度提问，突破教学难点。随后应结合课后第三题进行多角度提问的操练，为下一课筛选有价值的问题打下基础。

**教学目标：**

　　1. 认识"蝙、蝠"等11个生字，读准多音字"系"，会写"达、蚊"等

14个生字，会写"雷达、蚊子"等13个词语。

2. 学会从内容、启示、写法等不同角度提问。

3. 能借助问题理解课文内容。

**教学重点：** 学习从内容、写法、启示不同角度提问。

**教学难点：** 学习从写法的角度提问。

## 第一课时

**课时目标：**

1. 阅读课文，提出自己的问题并进行整理。

2. 借助旁批和课后习题学习从内容、启示、写法等不同角度提问。

**教学设计：**

**一、根据上一节课的导语回顾已有知识**

（一）通过上节课的学习，你们有哪些收获呢

回顾提问的角度：针对部分内容提问和针对全文提问。

回顾思考方法：阅读时在"没见过、不知道、有矛盾"等处提问。

（二）今天，我们继续用一边读一边提问的方法一起去探索夜间飞行的秘密

| 设计意图 |

对已有知识的回顾体现单元训练梯度与教学整体感，继续启发学生关注提出问题的思考过程。同时，重视课文导语这一重要助学工具的使用。

**二、阅读本课导语，明确学习任务（依据课文导语设计）**

（一）解读本课导语

1. 看看我们可以怎么来学习这篇课文。（引导学生读懂导语，发现本课

导语与前一课相比的变化之处；复习上节课所学的提问角度，为本课的学习奠定基础）

2. 教师小结：导语告诉我们，尝试从不同角度去提问，可以把针对部分内容提出的问题写在旁边，把针对全文的问题写在文后。当然，我们还可以把问题写在便利贴上，贴在课文相应的位置，方便整理。

（二）出示学习任务

读课文，边读边思考，提出自己的问题。可以把问题写在便利贴上，再贴在课文相应的位置。

### 三、阅读思考，交流问题（依据课文导语及课文旁批设计）

（一）学生活动：独立阅读，思考提问，并把问题写下来

（二）交流问题，结合课文示范，拓展学生提问思考的角度

1. 交流提出的问题，相机检查生字词掌握情况。
2. 适时根据学生已有经验，议一议提问的角度和提问背后的思考。

预设1：读到第二段时我觉得很好奇，飞机夜间飞行的秘密和蝙蝠有什么关系呢？（这是从什么角度提问？为什么你会提出这个问题？其他同学是怎么想的？也有问题吗？）

预设2：读第三段时我想知道，蝙蝠是怎样捕捉蚊子的？科学家怎么知道它不会撞到东西呢？（这一段的内容引发了你的思考。对这一段的内容，还有其他的问题吗？）

预设3：读最后一段时我想知道，雷达是什么样子的？超声波和无线电波是一样的吗？（你已经从课文内容联想开去了，这也是思考提问的好方法，也有其他同学想到了课文内容之外的问题吗？）

预设4：当我读到科学家做的三次实验时，我很想知道蝙蝠是怎样用嘴和耳朵配合探路的？它的超声波要是碰到了飞蛾和蚊子会怎样呢？

......　......

| 设计意图 |

　　经过上节课的学习，结合学情分析，学生不难从内容的角度提问，老师在此基础上不仅需要继续关注提问背后的思考，激发更多学生针对内容提问，同时更要善于发现学生超出课文内容的思考，丰富学生提问思考的方法，为学习更多提问的角度做好准备。

**四、整理问题清单，学习新的提问角度（依据课后题1、2设计）**

（一）学习课后题中学习小伙伴的问题清单，发现新的提问角度

1. 针对这部分内容，学习小伙伴也提出了自己的问题。他们读完了课文，还提出了两个问题，写在了文后。仔细看，哪一个问题和刚才我们的问题不一样？

学生将问题进行对比思考。

2. 引导学生明白第二个问题的特点：是从课文中得到的启示，联系生活经验提出的。同学们也可以从这个角度提出问题吗？

预设1：蝙蝠探路的原理还可以运用在哪些地方？

预设2：豹子、老虎等夜行动物也用超声波吗？

......　......

3. 除了内容这个角度，我们从启示的角度还提出了这么多问题。现在让我们用上一节课学到的方法把自己的这些问题整理一下。

学生整理自己的问题清单。

4. 你们的问题清单整理好了吗？咱们来看看学习小伙伴是怎样整理的。（学生交流整理问题清单的方法，对比课后习题中问题清单的整理方法，发现"写法"这个提问的角度）

5. 这又是一个新的提问角度！你们还能从这个角度提问吗？

学生再次读课文，试着从写法的角度提问。

（二）根据新的提问角度再次整理自己的问题清单，发现真实问题

1. 我们又学会了新的提问角度。再次整理你的问题清单，你们发现了什么？

2. 师生整理问题清单，发现针对写法的提问较少。

| 设计意图 |

　　通过独立阅读与提问交流，学生对课文内容有了基本的了解，更容易去揣摩作者的表达方式。于是通过整理问题清单，借助课后习题学会"写法"这一提问角度。此时鼓励学生再读课文并从新的角度提问，既是提问操练，也为第二次整理问题清单、发现真实问题打下基础。对比各角度问题数量，创设认知冲突，鼓励学生阅读时自然而然从这个角度提出更多的问题。

**五、学习小结、安排课后学习任务**

（一）课时小结

今天，我们学到了阅读时还可以从内容、启示、写法等角度提问。针对写法的提问最少，不要紧，多读几遍也许你就有新的问题了。

（二）课后小任务

1. 再次从内容、启示、写法等不同角度整理问题清单。
2. 带着问题再读课文，试着找找答案。

| 设计意图 |

　　小结本课所学知识，创设认知冲突，帮助学生逐渐形成从写法角度提问的意识。课后尝试寻找问题的答案，为下一课时借助问题理解课文做好铺垫。

## 第二课时

**课时目标：**

1. 能借助问题理解课文内容。
2. 能在阅读中迁移，学会从不同角度提出问题。

**教学设计：**

**一、回顾上节课的学习任务，交流小组问题清单（依据课后题2设计）**

上节课我们学习了从内容、启示、写法不同角度提问。我们来看看这个小组的问题清单，你们发现了什么？

学生观察问题清单，交流发言。

（一）发现从写法角度提的问题比较少，从内容角度提出的问题最多

（二）发现针对内容的提问可以带着问题读课文来理解

|设计意图|

　　问题清单是来自学生的第一手资料，是突破本课重难点的重要助学工具。通过阅读、提问与整理，认识到从写法的角度提问较难，从而促进学生进一步关注提问的角度，激发学生重读课文再提问题的兴趣。

**二、带着问题读课文，理解课文内容（依据导读页和课文导语设计）**

（一）学生活动：带着自己的问题读课文，找答案

（二）交流，理解课文内容

1. 我看到很多同学都提出了"蝙蝠是怎样用嘴和耳朵探路的"这个问

题，想解决这个问题要读哪一段呢？引导学生细读第 7 段，议一议蝙蝠探路和飞机夜航的关系。

2. 带着问题再读课文，一边读一边思考，自己就读懂了。学习小伙伴读第一段时遇到的问题，你们能帮他解答吗？

3. 小结：蝙蝠夜间飞行靠嘴和耳朵的配合，飞机夜间安全飞行是受到蝙蝠的启发，靠雷达、无线电波和荧光屏的合作完成的。

|设计意图|

    课文是学生学习提问的载体，提问能帮助学生深入理解课文。聚焦学生普遍关注的问题再读课文，加深理解的同时进一步激发学生学习提问的愿望。引导学生一边读一边思考，进而读懂课文内容，体现提问策略的学习与课文内容理解互相融合、双线并进的关系。

### 三、再读课文，尝试针对"写法"提出问题（依据课后题 2 设计）

（一）出示新的学习任务

瞧，带着问题再读课文，联系上下文解决问题的过程能够帮助我们更好地理解课文。再读读课文，你们一定有新的发现，一定还能从不同的角度提出更多的问题。出示学习任务：

①再读课文，看看能够解决哪些问题，还能不能提出新的问题。

②可以尝试从写法的角度提出更多问题。

（二）学生自主尝试针对"写法"提出问题

学生再读课文，提问交流。

（三）在老师的引导下学生尝试再次针对"写法"提出问题

1. 引导学生议一议：课文开头是与常理不大一样，我们对课文内容有了基本的了解，回过头来再读时就关注了文中比较特别的地方，联系上下文再想一想，就从写法的角度提出了新的问题。

预设：我看课文写的是人们受到蝙蝠飞行的启发发明雷达的事儿。再回过头来读课文的开头，我就会想，为什么作者一开头要写飞机呢？

2. 师生聚焦作者写三次实验的不同方法，把自己提出的问题和学习小伙伴的问题进行比较。

预设：作者为什么要写三次实验？作者是怎样写三次实验的？作者为什么把第一次实验写得那么详细，而把后两次写得比较简略呢？……

3. 小结：从写法的角度提问，不仅能加深对课文的理解，还能帮助我们了解作者的表达意图，学习他的写作方法。

| 设计意图 |

激发提问兴趣，内化提问策略。充分理解课文之后再回过头去读读课文，就能有意识地去找一找文中那些表达上比较特别的地方，促进学生进一步关注自己提问的思考过程。

### 四、迁移运用，拓展练习（依据课后题3设计）

（一）同学们真会学习！边读边提问，边问边思考，我们又进步啦！提问达人挑战赛，等你来闯关！出示阅读提示

我是提问小达人

①默读短文《它们是茎，还是根？》，边读边写下自己的问题。
②使用问题清单分类整理。
③能从内容、启示、写法等不同角度提问，获"提问小达人"称号。

（二）小组代表汇报交流，相互评价。

| 设计意图 |

在本课教学即将结束时,让学生进行多角度提问的操练,最后大家一起从中讨论一两个问题进行全班分享。这个环节让教学重点的突破得到进一步落实,同时为下一课筛选有价值的问题打下基础。

## 五、学习总结,课后小任务

(一)学习小结

今天,我们带着问题再读课文,加深了理解,还从写法的角度又提出了许多新的问题。同学们在以后的阅读中,别忘了从不同的角度多提问!

(二)课后小任务

1. 想一想问题的答案,不清楚的可以上网查一查。
2. 抄写生字词。

[设计意图]

本课教学过程中,策略学习与课文理解双线并进,字词学习目标可以在结课时检查落实,也可以在教学过程中相机处理。例如可以在第二课时开课阶段进行字词听写等活动。

[板书设计]

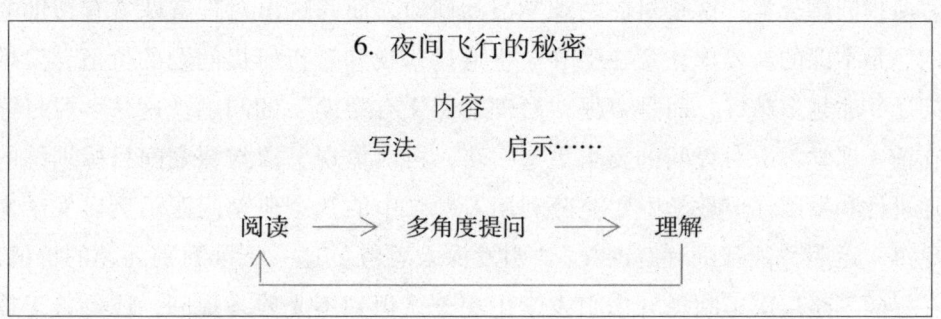

```
           6. 夜间飞行的秘密
                内容
           写法      启示……

      阅读 ——→ 多角度提问 ——→ 理解
        ↑_____|
```

(设计:徐 颖 谭 峰)

# 学习筛选出对理解课文有帮助的问题
——《呼风唤雨的世纪》教学设计

**教材分析：**

《呼风唤雨的世纪》是一篇经典的科学小品文，篇幅短小，尺幅千里，展现了 20 世纪科学改变人类生活的一幅幅美好画面。课文列举现代技术，引用唐诗、名言赞叹科学技术的巨大成就，无论是内容还是写法，以及给人的启示，都有利于激发学生从不同角度提出自己的问题并尝试筛选对理解课文有帮助的问题。

这是本单元第三篇精读课文。前两篇精读课文着重培养学生的提问兴趣，引导学生从多角度提问，这篇课文则引导学生从提问中筛选出对理解课文有帮助的问题，从而学会提出更多有价值的问题。分析课后习题。习题一要求将所提问题分类，这是对前两课学习的回应，而筛选出对理解课文有帮助的问题是本课的新要求，意在引导学生通过审视和辨析所提问题的价值，发现问题并非越多越好，而是要提"对理解课文有帮助"的问题。这一学习目标在前一课学习上对提问的要求更进一步，再次体现了课与课之间目标训练的递进性和发展性。教学中要充分利用习题二中的几个典型问题示例启发学生思维，运用"能帮助理解课文""引发深入思考"这一标准甄别问题的价值，在提问策略层次不断提升中引发学生深刻认识到不光要爱提问，还要善于提问，在不断提问中进行深度阅读。

**教学目标：**

1. 认识"唤、技"等12个生字，会写"唤、纪"等15个字，会写"呼风唤雨、世纪"等17个词语。
2. 能继续从不同角度提问，给问题分类，选出对理解课文最有帮助的问题。
3. 能借助问题理解课文内容。
4. 能联系生活实际理解课文最后一句话的含义。

## 第一课时

**课时目标：**

1. 能读准本课生字词，按要求书写生字。
2. 能根据导语要求自由阅读课文，继续尝试从不同角度提出问题。
3. 能借助课文旁批和课后示范提问，整理自己的问题，丰富提问的角度。

**教学设计：**

**一、回顾前两课提问策略，揭示课题**

1. 回顾前两课针对"课文的一部分或全文"以及"内容、启示、写法"等角度提问的策略，引发新课学习兴趣。
2. 揭示课题，齐读。
3. 对比前两课与本课导语，明确本课任务——仍然学习提问。

| 设计意图 |

这是本单元第3篇课文，通过回顾前两课"提问角度"引入新课，帮助学生建立策略单元课文间的整体性和前后逻辑联系的清晰认知，对新课"提问策略"学习充满期待。

## 二、初读课文，有意识从不同角度自由提问

1. 默读课文，用便利贴写下问题，贴在相应位置。

2. 交流所提问题，重点交流提问角度（部分、全文、内容、启示、写法），巩固前两课学习成果。

3. 根据需要出示助学系统"学习小伙伴"的问题，启示提问角度。

## 三、根据提问角度整理问题清单，补充提问

1. 分小组从不同提问角度整理问题清单，完成表格。

| 学习活动：整理自己的问题 ||
|---|---|
| 提问角度 | 我提出的问题 |
| 内容 |  |
| 启示 |  |
| 写法 |  |

2. 整理后交流，对问题不够丰富的提问角度进行补充。

| 设计意图 |

在前两课学习基础上，紧扣"提问"建立前后学习任务的联系，激励学生有意识地从不同角度提出问题，并从不同提问角度整理问题清单，巩固所学，为学习筛选问题奠基。

## 四、对比前两课与本课课后第一题，明确学习任务——筛选出对理解课文有帮助的问题

### 第二课时

课时目标：

1. 借助问题清单，初步学习筛选对理解课文有帮助的问题。

2. 带着问题读课文，尝试筛选对理解课文有帮助的问题。

3. 在筛选问题的过程中理解课文内容，受到启发。

**教学设计：**

**一、借助"学习阶梯图"，明确本课学习任务**

1. 出示单元学习阶梯图，回顾前两课学习内容，明确本课任务——筛选出对理解课文有帮助的问题。（板书：筛选）

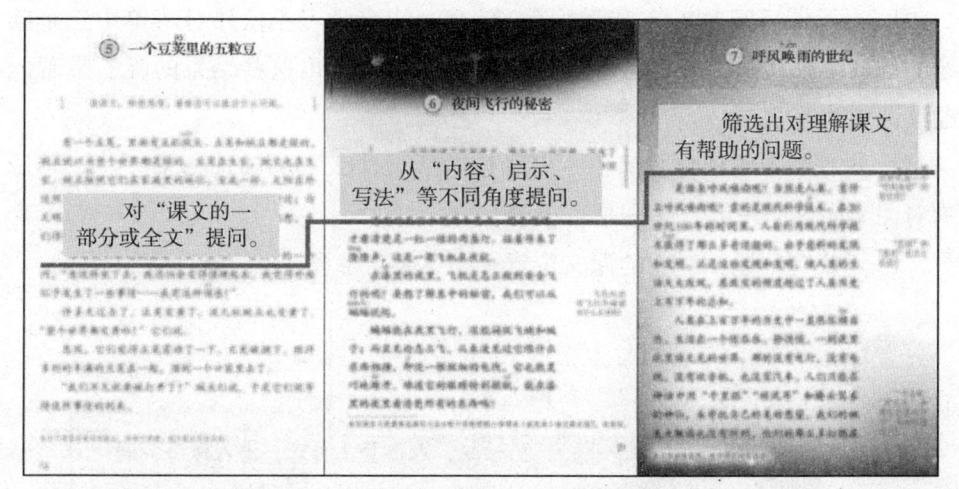

2. 借助学习阶梯图对比课后问题清单，明确本课学习方法——通过整理问题清单学习如何筛选问题。

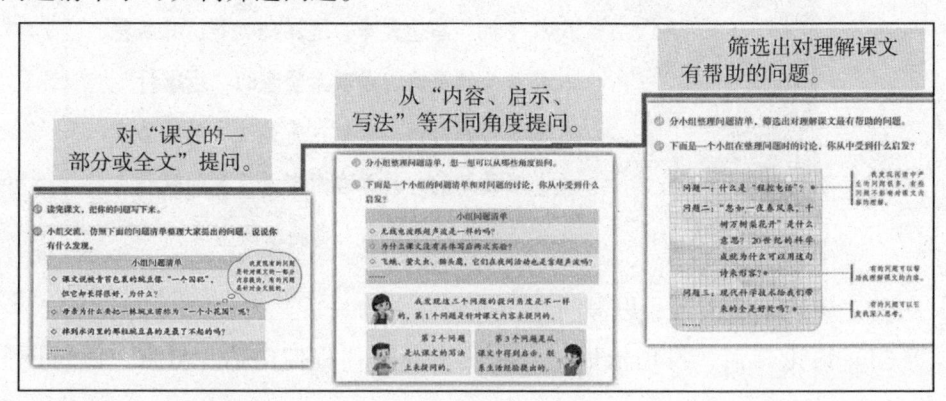

| 设计意图 |

在单元学习阶梯图中，引领学生明确在前两课学习从不同角度提问的基础上，本课对提问策略的学习有所进阶——学习筛选出对理解课文有帮助的问题，并在阶梯图对比中帮助学生建立关于"提问"知识和方法的系统思维，明确筛选问题的学习路径——对问题清单中的问题进行讨论和判断。

### 二、讨论问题清单，初步学习筛选

1. 出示课后问题清单，读懂图文信息，明确学习小伙伴对清单中三个问题的筛选结果，并引发思考：他们是怎么筛选、得出这些结果的呢？带着问题读课文找答案。

2. 讨论学习小伙伴对问题一"程控电话是什么"的筛选结果——"不影响对课文内容的理解"——是否正确。

（1）找到问题一对应的课文位置——第4自然段。

问题一：什么是"程控电话"？

我发现阅读中产生的问题很多，有些问题不影响对课文内容的理解。

20世纪，人类登上月球，潜入深海，洞察百亿光年外的天体，探索原子核世界的奥秘；20世纪，电视、程控电话、因特网以及民航飞机、高速火车、远洋船舶等，日益把人类居住的星球变成联系紧密的"地球村"。人类生活的舒适、方便，是连过去的王公贵族也不敢想的。科学在改变着人类的精神文化生活，也在改变着人类的物质生活。

（2）带着问题阅读，思考问题与理解课文的关系。

（3）讨论交流，发现依据——即使不理解"程控电话、电视、因特网"

是什么,也能读懂第 4 自然段在讲科学技术的飞速发展,因此问题一不影响对课文内容的理解。

(4)小结。判断一个问题对理解课文有没有帮助,要把这个问题和课文内容联系起来想一想。(板书:问题、内容)

| 设计意图 |

在引领学生判断问题、阅读课文、交流碰撞的过程中自我建构,认识到有的问题即使不理解也能读懂课文内容。这个过程既帮助学生初次尝试筛选问题,又对课文内容进行了理解。学生初步体会到筛选问题和理解课文之间的联系。

3. 讨论问题二的筛选结果——可以帮助理解课文——是否正确。

(1)读问题二——"忽如一夜春风来,千树万树梨花开"是什么意思?20 世纪的科学成就为什么可以用这句诗来形容?

(2)找到问题二对应的课文位置——第 3 自然段。

(3)学习"忽如一夜春风来,千树万树梨花开",了解诗意。

①初读交流。②了解诗句出处——《白雪歌送武判官归京》。③播放微课,准确、深入地理解诗意。

(4)读课文,找出与诗句关系密切的课文内容。

(5)深入理解诗句与课文重点句的关系。

①重新组合句子前后顺序:

人类在上百万年的历史中一直很依赖自然,生活在一个慢吞吞、静悄悄、一到夜里就黑暗无光的世界。

在20世纪100年的时间里,人类利用现代科学技术获得了那么多奇迹般的、出乎意料的发现和发明。

正是这些发现和发明,使人类的生活大大改观,其改变的程度超过了人类历史上百万年的总和。

②关注红色字体，读句子，谈理解。领悟人类科学技术的快速发展，短短一百年就有那么多发明和发现，感受课文与诗句的密切联系。

③播放新中国科技发展现状一分钟视频短片，感受短短一分钟里祖国各行各业创造的奇迹。

④回扣诗句和课题，交流观看视频后的感受。

（6）交流学习小伙伴对问题二筛选结果的认识——为了理解这个问题，需要不断阅读课文来思考，这个问题就是能帮助理解课文的问题。

（7）小结：把问题和内容联系起来思考，可以帮助判断这个问题是否能帮助理解课文。

| 设计意图 |

通过对问题二能否帮助理解课文的讨论，学生先是结合诗句意思自主理解，再借助微课和一分钟视频资源深入理解，对重点语句进行品读，将提问策略学习与课文阅读紧密结合，引领学生发现——需要和课文内容联系起来进行理解的问题就是对理解课文有帮助的问题。同时，筛选判断问题的过程就是对课文深入阅读理解的过程。

### 三、尝试筛选对理解课文有帮助的问题

1. 出示问题三和课文旁批问题。
2. 小组合作，从问题三和旁批问题中筛选一个对理解课文有帮助的问题。
3. 小结：筛选问题时，那些需要与课文内容联系起来思考的问题，可以帮助我们对课文内容进行认识和理解，让思考更有深度和广度，这样的问题就是对理解课文有帮助的问题。

| 设计意图 |

本环节是知识方法的迁移运用，通过巩固、实践，再次让学生对问题进行筛选判断，巩固所学策略，同时加深对课文内容的理解。

## 四、回顾单元学习阶梯图和单元页，总结提升

1. 学生交流学习收获。

2. 小结：围绕问题思考、筛选的时候，不知不觉会对课文内容有更多的理解。（板书：理解）

3. 再次出示单元学习阶梯图，总结：从第五课开始，无论学习提问还是学习筛选问题，在围绕这些问题进行思考的时候都能帮助理解课文。

4. 出示单元页，引读"为学患无疑，疑则有进"，激发学生的提问意识与提问兴趣。

5. 作业布置，延伸课外。在自己的问题清单中筛选出对理解课文有帮助的问题，和同学、老师或父母一起交流，说说自己的思考。

| 设计意图 |

在自我总结反思中强化本课学习成果，帮助学生建构属于自己的关于如何提问、如何提出更能帮助理解课文的问题的认知体系，并深刻认识到带着问题阅读的重要性。

[板书设计]

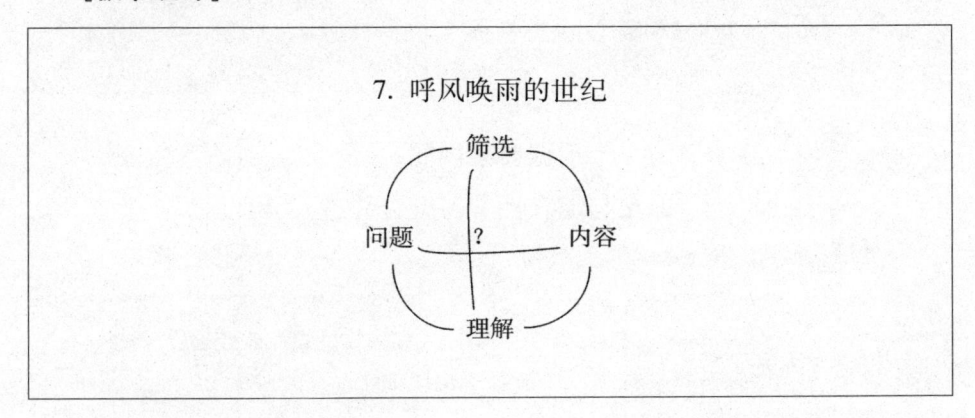

```
           7. 呼风唤雨的世纪
                 筛选
                  |
          问题 —— ? —— 内容
                  |
                 理解
```

（设计：徐颖　张勇）

# 四年级下册第三单元单元整体教学规划
# 现代诗单元

**单元整体教学目标**

1. 能通过阅读本单元现代诗，初步了解现代诗的一些特点。
2. 能在阅读中体会诗歌表达的情感。
3. 能根据需要收集资料，初步学习整理资料的方法。合作编写小诗集，举办诗歌朗诵会。

**单元整体教学路径**

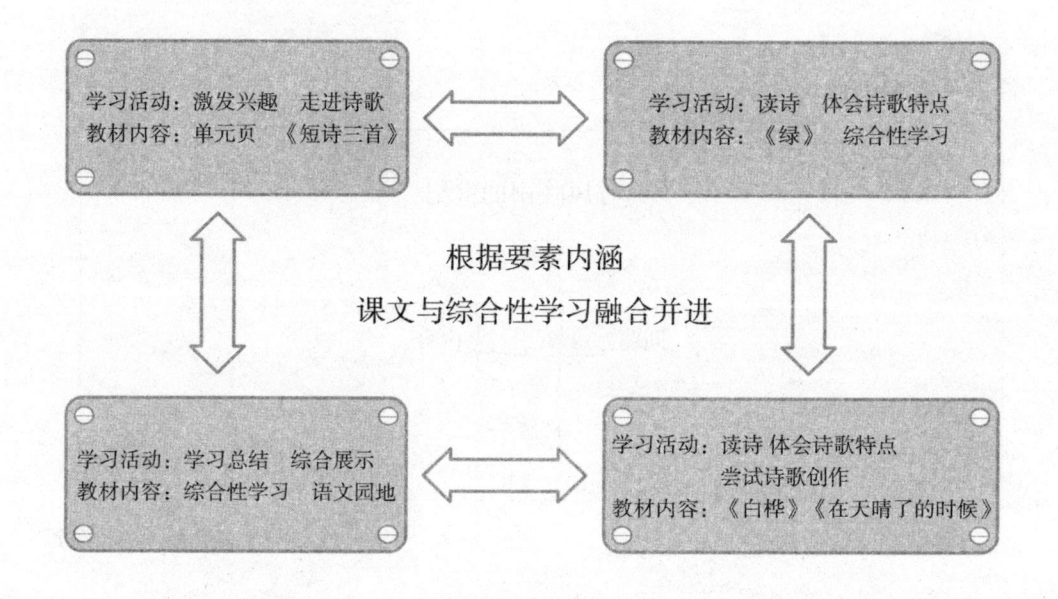

```
┌─────────────────────────┐           ┌─────────────────────────┐
│ 学习活动：激发兴趣 走进诗歌 │ ◄──────► │ 学习活动：读诗 体会诗歌特点 │
│ 教材内容：单元页 《短诗三首》│           │ 教材内容：《绿》 综合性学习  │
└─────────────────────────┘           └─────────────────────────┘
           ▲                                        ▲
           │           根据要素内涵                    │
           │       课文与综合性学习融合并进              │
           ▼                                        ▼
┌─────────────────────────┐           ┌─────────────────────────────┐
│ 学习活动：学习总结 综合展示 │ ◄──────► │ 学习活动：读诗 体会诗歌特点    │
│ 教材内容：综合性学习 语文园地│           │          尝试诗歌创作         │
└─────────────────────────┘           │ 教材内容：《白桦》《在天晴了的时候》│
                                      └─────────────────────────────┘
```

# 走进诗歌单元　初步感受诗歌特点
## ——《短诗三首》教学设计

**教材分析：**

　　冰心的《短诗三首》是统编版小学语文教科书四年级下册第三单元的第一篇课文。在教学中，我们既要结合现代诗的一般特点及冰心的个人特色进行解读，也需留心本课作为诗歌单元的首篇文章所承载的语文要素。《短诗三首》均选自冰心作品《繁星》，作品中表现的冰心受到了西方思潮、日本小诗、诗人泰戈尔的感染，与当时国内张扬个性解放的精神、追求狂飙突进的气势不符。她的创作围绕着"爱的哲学"展开，而母爱就是其根本出发点，文中《繁星》（七一）、《繁星》（一五九）都在表达这一主题。冰心出生成长于一个海军军官家庭，自小生长在大海之畔，所以大海是她成长历程中的重要一角，文中《繁星》（一三一）就是对这一主题的描写。自然的和谐之美、儿童的纯真之美，和母爱融合，构成了冰心美好安然的内心世界，她将这样的美好融入自己的短诗中，展现了人生的真善美。冰心小诗中的韵律符合儿童思维与语言表达，口语化的韵律词使诗歌朗朗上口，也使儿童在心理上易于接受和理解。在教学《短诗三首》时应从单元整体着眼，带领学生打开现代诗的大门，激发兴趣，鼓励他们以多种方式收集自己喜欢的现代诗。同时，引导学生关注诗歌中的意象，立足反复朗读感悟，想象画面，体会情感，感受阅读诗歌的乐趣。

**教学目标：**

1. 认识"漫、涛"2个生字，积累"繁星、藤萝、波涛"3个词语。通过抓住相似的句式和押韵的特点，读出诗歌的音韵美。
2. 通过边读边想象画面，感受诗歌的意境美，进而体会诗人表达的情感。
3. 通过对比阅读，感受冰心诗歌的特点，拓展进行诗歌收集。

**教学重、难点：** 通过边读边想象画面，感受诗歌的意境美，进而体会诗人表达的情感。

**教学安排：** 2课时

**教学设计：**

**一、单元导入，激发学生兴趣**

（一）回顾所学，激发兴趣

学生回忆所知晓的各类型诗歌，进行交流。

（二）单元导入，明确任务

（出示单元导读及综合性学习要求）

引导：同学们读过的诗多种多样，本单元我们将走进现代诗的大门。我们不仅要举办诗歌朗诵会，还要合作编诗集。那么诗歌要怎么读才能做到用美丽的眼睛看世界呢？诗歌要怎么写才算是用美丽的眼睛看到了世界呢？让我们随着诗人的眼睛一起去读一读、看一看吧。

（三）齐读课题，发现特点

齐读课题。（板书课题）打开书本，发现本篇课文与其他诗歌的不同之处。

指导要点：文中3首诗题目都是《繁星》，但是编号不同。

交流：这三首小诗均选自冰心的作品集《繁星》。（板书：《繁星》）《繁星》中的短诗都没有单独的题目，只是用序号进行了编排。这是为什么呢？让我们去诗中寻找答案。

| 设计意图 |

在教学伊始，回顾所学的各类型诗歌，通过诵读的方式唤醒学生对于诗歌的记忆，让教学具有延续性。根据综合性学习的要求，将任务前置，出示举办诗歌朗诵会、合作编小诗集的任务，激发学生主动学习的兴趣。带领学生从单元整体视角了解学习任务，轻扣诗歌的大门。通过发现本文三首小诗题目相同、编号不同的特点，进一步激发学习兴趣。

## 二、初读交流，感受诗歌的"好听"

（一）自由读诗，感受"好听"

学习任务一

用喜欢的方式把三首小诗读准确，读通顺。交流自己读后的感受。

（二）抽生朗读，交流"好听"

引导：选择其中你最喜欢的一首读给大家听，说说你们为什么喜欢这一首。（根据学生朗读，相机正音）

指导要点：

1. 《繁星》（七一）里有很多"……的……"，读起来很美。
2. 《繁星》（一三一）里有很多"哪一……"，而且很押韵，读起来朗朗上口。
3. 《繁星》（一五九）里的句子结构相似。

小结：这三首小诗都很短，其中相似的句式和押韵的特点就是它们读起来"好听"的原因。让我们把三首小诗连起来读一读。

（三）整体感知，交流感受

交流：三首短诗都读了，你们有什么感受？

小结：我们读诗，就是要把诗读准确、读出自己的感受。还想读得更好听吗？让我们透过这些诗句，读出更美的世界。

| 设计意图 |

  冰心小诗中的韵律非常符合儿童思维与口语表达，读起来朗朗上口。本板块聚焦于感受诗歌的音韵美，引导学生用自己喜欢的方式自由读诗，发现三首诗"好听"的原因是句式相似和押韵。引导学生通过自由朗读、个别生朗读、齐读等多种形式，读出自己的体会，感受现代诗的音韵美。

### 三、品读想象，感受诗歌的"好看"

（一）方法指导，学习《繁星》（七一）

1. 读好词语，想象意境。

（1）引导：读好词语能够让诗歌更好听，怎样读好《繁星》（七一）里的这些词？

园中　　　　叶下　　　　膝上
月明的园中　藤萝的叶下　母亲的膝上

指导要点：一边读一边想象画面。

（2）追问：一边读一边把这些事物连在一起想，你们想到了什么画面？

指导要点：根据学生回答，指导把几个事物连起来想象为一个画面。

（3）追问：这样的画面带给你们怎样的感受？

指导要点：温馨、幸福、爱母亲。

小结：把诗人笔下的这么多事物连起来想，就构成了一幅温馨美好的画面。我们读诗，就是要透过这些事物去想象画面，这样就能看到诗人眼中的世界，体会到诗人的情感。

2. 配乐朗读，读出情感。

引导：（出示插图）你看，宁静的月夜可真美，皎洁的月光洒在寂静的园中，郁郁葱葱的藤萝被微风轻轻拂动，仿佛在窃窃私语。还是孩童的"我"依偎在母亲怀里，听她呢喃细语……这就是诗人永不漫灭的回忆。（配乐）多么温馨的画面，谁愿意读给大家听？

指导要点：抓住词语想象着画面读，节奏舒缓，读出温馨的感觉。

3. 仿照诗歌，尝试创编。

引导：每个人的记忆都是独特的，你和家人在一起时又有哪些难以忘怀的场景呢？试着在脑海中回想一个场景，抓住场景中独特的事物，像诗人冰心这样说一说。

| 这些事—— | 这些事—— |
|---|---|
| 是永不漫灭的回忆： | 是永不漫灭的回忆： |
| 月明的园中， | （    ）的（    ）， |
| 藤萝的叶下， | （    ）的（    ）， |
| 母亲的膝上。 | （    ）的（    ）。 |

全班交流，分享诗作。

（二）同桌合作，学习《繁星》（一三一）和繁星（一五九）

1. 合作学习，交流感受。

引导：原来读好诗歌不仅要读准诗句、读出韵味，还要想着画面读出我们的感受才能体会作者的情感。用上这样的方法，试着读好另外两首诗。

学习任务二

用上边读边想象画面的方法，自主学习其余两首诗。再和同桌交流，说说你有怎样的感受。

2. 想象画面，读出情感。

学生朗读诗歌，并自由分享。教师相机引导，说说想到的画面和自己的感受。

(1)《繁星》(一三一)。

指导要点：①抓住大海、星空、波涛来想象画面，关注韵脚 ang，感受大海的意境。②留意感叹号、问号，读出对大海的热爱。

(2)《繁星》(一五九)。

指导要点：①抓住两处不同的"风雨"来想象，关注相同的句式和相同字韵。(第一个指大自然中的雨打风吹，第二个指人生中的困难和挫折)；②联系生活实际，想象自己遇到挫折的场景，读出对母亲的爱和依恋。

提问：你遇到过"心中的风雨"吗？那时候妈妈是怎样安慰你的？

(三) 想象画面，读出感受

小结：就这样，一边读一边想象画面，我们不仅能把诗读"好听"，还能把诗读"好看"。

| 设计意图 |

本板块聚焦诗歌独特的意象和丰富的情感。先指导学习《繁星》(七一)，让学生通过边读边想象画面的方式，将一连串意象组合成意境，感受诗歌的意境美，体会作者对于母亲的眷恋之情。接着让学生运用方法，合作学习其余两首诗，并在集中汇报时进行相机点拨，指导读出诗歌表达的情感。在教学《繁星》(七一) 时，在请学生充分想象画面、感受作者的难忘时刻后，结合自身生活经验，给出支架，鼓励学生进行诗歌创编，给后续编写诗集打下基础。

四、对比发现，感受诗歌的"好有意思"

(一) 对比交流，走进作者

引导：三首小诗都是冰心写的，它们有哪些相同点和不同点呢？

学习任务三

对比读三首小诗，找一找三首诗的相同点和不同点，小组合作完成学习单。

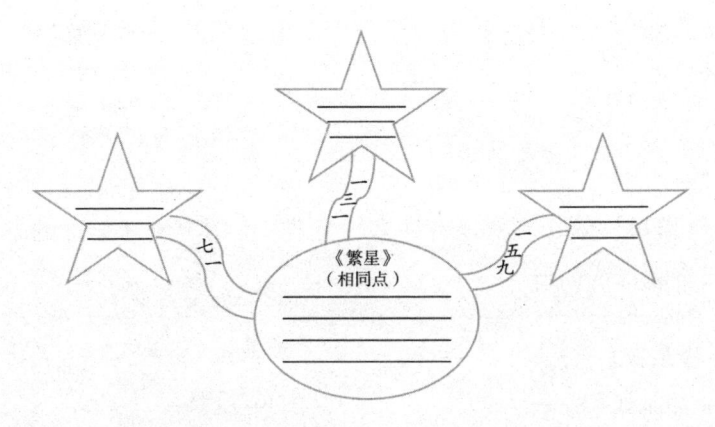

1. 合作学习，寻找异同。
2. 小组汇报，发现特点。

指导要点：

相同点：①三首短诗题目都是《繁星》。②三首诗都比较短小。③读起来都朗朗上口。④想象着画面读，感觉很美。

不同点：表达的情感不同。《繁星》（七一）和《繁星》（一五九）表达的是对母亲的思念和依恋；《繁星》（一三一）表达的是对大海的热爱。（相机板书：爱母亲、爱自然。）

3. 补充资料，了解作者。

冰心成长于一个幸福的家庭，在三四岁时她便和父母一起迁居烟台，一直住在海边。冰心的父亲是一位海军军官，所以她还经常去父亲的军舰上参观。她在《冰心自传》里写道："我的童年是在海边度过的，我特别喜欢大海。"

冰心从小爱读书，在读各种书报的过程中如果遇到自己喜欢的句子，就抄在笔记本上，有时也把自己的感想和回忆写上去。就这样，诗集《繁星》诞生了。它收录了164首短诗，用冰心的话说，是将自己一些"零碎的思想"收集在一个集子里，所以这些短诗没有单独的题目，只是用序号进行了编排。

小结：诗人冰心把自己的亲身经历和真实感受融进诗歌，让我们读起来觉得"好有意思"。我们也可以借鉴冰心的方法，随时记录下自己的感受，这样你们也能成为一个小诗人。文中的三首小诗有相同、有不同，但共同表达了诗人对母亲的爱、对大自然的爱，就像一串串珍珠，在《繁星》这个盒子里熠熠生辉。

（二）拓展阅读，收集诗歌

引导：《繁星》这个宝盒还有许多"珍珠"，用上刚才学过的方法再读读这两首写星空和母亲的诗。

| 《繁星》（一）<br>繁星闪烁着——<br>深蓝的天空，<br>何曾听得见它们对语？<br>沉默中，<br>微光里，<br>它们深深地互相颂赞了。 | 《繁星》（三三）<br>母亲啊！<br>撇开你的忧愁，<br>容我沉酣在你的怀里，<br>只有你是我灵魂的安顿。 |
|---|---|

总结：同一个诗人，写同一种情感，都展开不同的想象。冰心看到不同的事物都能联想到妈妈，写出不同的诗，可真有意思！当你们课外去搜集诗歌时，可以尝试去搜集同一个诗人对于同一种情感的不同表达的诗歌；也可以围绕一个主题，比如"母爱"，去搜集不同作者的作品。这样对比读，一定会更有意思！让我们带着发现美的眼睛继续去诗的海洋里寻觅珍宝吧！

| 设计意图 |

引导学生通过对比发现、补充创作背景，与作者深度"对话"，整体了解诗集《繁星》。通过对诗集《繁星》的拓展阅读，读出诗歌的"好有意思"，激发学生对于诗歌的兴趣，进而开展诗歌积累活动，开启本单元的综合性学习。

[板书设计]

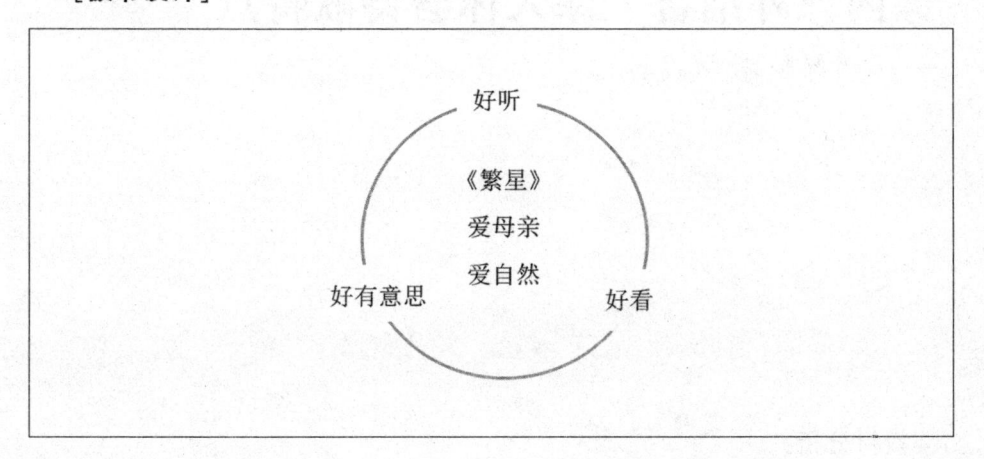

```
              好听
           《繁星》
           爱母亲
           爱自然
    好有意思        好看
```

（设计：徐颖　潘夷）

# 课内课外结合　深入体会诗歌特点
## ——《绿》教学设计

**教材分析：**

　　艾青的《绿》是本单元的第二篇精读课文，本单元的语文要素是："初步了解现代诗的一些特点，体会诗歌表达的情感。"通过前篇课文的学习，学生已经初步感知了现代诗音韵美、意象美的特点，体会到作者表达的情感。而本课要通过诗歌与散文比较，进一步了解诗歌的特点。《绿》是一首充满希望的现代诗，作者艾青被誉为"人民的诗人"，同时也是一位极具艺术涵养的画家，所以色彩是艾青诗歌艺术表达的要素之一。《绿》这首诗创作于1979年春天，此时，国家刚刚进入改革开放的新时代，作者也沉冤平反，任中国作家协会副主席，在率领全国诗人访问团走访沿海各地时写下了这首诗。诗歌的文本特点影响着教学的走向，《绿》的音韵美更多地是来自诗中反复的句式和结构，具有鲜明的节奏感。诗中独特的意象抒发的是诗人独特的感觉。艾青用写意的手法写出的"绿"不是某一物，而是万事万物生机盎然的意境。学习这首诗要唤醒学生丰富的想象，只有结合想象才能把作者的感觉转化为读者的感受，体会到诗中的意境美。同时，诗歌明快的节奏、美好的意境，体现了作者对生活充满了希望和热情的情感。

　　所以，《绿》的教学应当延续"读"这一学习路径，展开丰富的想象，感受作者独特的语言表达，体会诗歌的情感，通过比较阅读，进一步学习现代诗的特点。

**教学目标：**

1. 通过多种形式的朗读，探寻诗歌的音韵美，抓住反复的词句和省略号读出诗歌的节奏和韵味。

2. 通过朗读和想象与文本深度对话，感受诗中绿意盎然的意境，体会作者的情感。

3. 通过比较阅读的合作学习，进一步感受现代诗的特点，延展综合性学习活动的诗歌收集和朗读。

**教学重点：**

通过朗读和想象与文本深度对话，感受诗中绿意盎然的意境，体会作者的情感。

**教学难点：**

通过比较阅读，进一步感受现代诗的特点。

**教学安排：** 2课时

**教学设计：**

## 一、交流导入，唤醒学生兴趣

（一）回顾综合性学习活动，交流收集的诗歌

学生交流自己摘抄的现代诗时，教师适当追问收集的途径、作者和出处。

（二）认识作者：今天我们要认识一位独具特色的诗人，他的名字叫艾青

艾青（1910.3.27—1996.5.5），中国现代诗的代表诗人之一。主要作品有《大堰河——我的保姆》《艾青诗选》等。他被誉为"人民的诗人"，同时

也是一位极具艺术涵养的画家。色彩是艾青诗歌艺术表达的要素之一。

交流：如果你们要摘抄艾青的诗歌，你们会写下他的哪些信息？

引导：其实我们在摘抄自己喜欢的现代诗时也可以按作者来分类，选择同一作者的多首代表作品抄下来，并写下作者的重要信息。这样我们就能通过一首首诗去认识更多独具特色的诗人了。

齐读课题，交流从课题"绿"字会让你想到些什么？（板书课题）

过渡：还有很多同学想交流，因为和绿有关的美好事物实在太多了。把这些和"绿"有关的事物都放进一首诗，会是怎样的画面呢？让我们一起走进艾青笔下绿的世界。

| 设计意图 |

"轻叩诗歌大门"综合性学习活动是本单元的大情境任务，在交流自己喜欢的现代诗时也要写清楚诗歌的作者和出处。摘抄时可以像艾青的简介一样写下作者的重要信息，这不仅是在引导学生透过一首首诗去认识一个个独具特色的诗人，也是对本单元"根据需要收集资料，初步学习整理资料的方法"这一语文要素的补充。用开放式话题交流"绿"来导入新课，唤醒了学生脑海中的已有积累，提取和"绿"有关的词语、事物、诗句、文章等，为后面学生展开丰富的想象打开了思维。

## 二、初读诗文，整体感知诗韵

（一）教师配乐范读，初步感受诗歌的音韵美

（二）读好词语：要把这首诗读好听，先要读好这些词语。诗中有很多有趣的词语，怎么把它们读好听呢

【词组一】墨绿　浅绿　嫩绿　翠绿　淡绿　粉绿

交流：读一读这组词，你们有什么发现？

指导要点：这些词都是和绿色有关的词，但是绿色的浓淡、深浅都不一

样。这些绿色的词由深到浅，绿色前面加上了不一样的形容词。

教师引导：诗人艾青也是一位画家，他有一双会看颜色的眼睛，会在颜色前加上不同的词来形容颜色，这样一来绿色就有了丰富多彩的变化。请你们想象着这些变化，再来读一读这组词。

【词组二】挤　　重叠　　交叉

挤在一起　　重叠在一起　　交叉在一起

交流：读了这一组词，你们又有什么发现？

指导要点：生字"叉"是"又"字中间加一点。

前面都是表示动作的词，后面都是"在一起"。

教师引导：像这样表示动作的词可以读重一点，你们可以一边想象着动作一边读好词语。

（三）读好长句子

所有的绿/就整齐地/按着节拍/飘动在一起……

教师引导：读好长句子要注意停顿，停顿时声断气不断。

（四）自读课文，寻找诗韵

学习任务一：自由地读诗，把课文读正确，读流利。一边读一边寻找诗歌好听的秘密。

学生自由汇报，朗读自己喜欢的部分，教师适时引导，说说为什么读起来很好听？

指导要点：第二小节中这么多不同的绿放在一起，用自己的朗读表现出不一样。读省略号时多一点回味，读起来更有韵味。第三、四小节中相同的文字也可以读出变化，读出语调的起伏，就像音乐似的，动词读出动的感觉。

（五）整体读诗，读出诗歌的音韵美

朗读时，要把诗中反复出现的词句和标点符号读好听，读出不一样的节奏感，读得朗朗上口。

### （六）整体感知

自己读了诗，也听了小伙伴读，这首诗给你们怎样的感觉呢？

小结：读着读着，我们不仅发现了这首诗读起来好听的秘密，还读出了自己的想法。诗中还藏着什么秘密呢？让我们一起深入这首诗，一边读、一边品、一边聊吧！

| 设计意图 |

  朗读是学生学习诗歌的重要方式，由读词到读长句子，再到读课文，给足学生交流和训练的空间。用范读、自读、齐读等多种形式调动学生自主探寻诗歌的音韵美，发现这首诗读起来好听的秘密。同时也通过朗读来展现诗韵，抓住重复的词句和省略号读出诗歌的节奏和韵味。本课的生字不多，教师可以在朗读展示中随机正音，也可以在朗读中引导学生初步感受作者独特的语言表达形式，形成对诗歌的整体感知。

## 三、想象奇特，感受诗歌意境

### （一）品读诗句，寻找作者奇特的想象

学习任务二：美美地读诗，勾出你认为写得奇特的地方。想一想，说一说奇特在哪里？

### （二）想象画面，走进绿意盎然的诗境

学生自由交流自己的发现和感受，教师随机引导，抓住"奇特"指导朗读。指导要点：

（第一节）想象"绿色的墨水瓶倒翻了"是一幅怎样的画面。读出"到处都是绿的……"的神奇感觉。

（第二节）想象"绿得发黑、绿得发奇"是多么奇特的画面，读出绿色的多姿多彩。

（第三节）为什么寻常的"风、雨、水、阳光"在艾青的眼里是绿的呢？（播放绿色的动态景物画面，感受作者奇妙的想象）诗人不仅写出了奇特的绿，还通过动词（刮、下、流）展现出绿色的流动感。

（第四节）加上动作，一边读一边想象绿色灵动的画面。

（第五节）联系生活，想象奇特的画面。

（三）这首诗表现的"绿"是大自然的景象，更是诗人的感觉。说说"所有的绿就整齐地按着节拍飘动在一起"带给你们怎样的感受

思维拓展：一阵风吹来，绿色的（　　）整齐地按着节拍飘动在一起。

（四）朗读课文，师生串读，读出惊喜，读出惊奇

小结：读到这儿，这些奇特的画面又带给你怎样的感受？作者正是这样将自己独特的感受通过奇特的想象传递给读者的，此时的"绿"带给我们无尽的遐思。

| 设计意图 |

艾青笔下的"绿"不是写某一物，而是大自然中万事万物生机盎然的意境。通过师生间、生生间的品读走向深度学习，在交流和朗读中不断把文字转变成画面，将画面转变成意象，再将这些意象汇总起来，从而形成绿意盎然的意境。同时，诗中奇特的想象抒发的是诗人独特的感觉，学习这首诗要唤醒学生丰富的想象，只有结合想象才能把作者的感觉转化为读者的感受，体会到诗中的意境美。

### 四、结合背景，体会作者情感

（一）了解作者经历和时代背景

艾青在"文革"中曾赴黑龙江、新疆生活和劳动，创作中断了20余年。1979年沉冤平反后，任中国作家协会副主席，才重新开始写作。这首诗创作于1979年春天，此时，国家刚刚进入改革开放的新时代，艾青在率领全国诗

人访问团走访沿海各地时在广州写下了这首诗。

（二）体会作者情感

结合作者的经历和时代背景思考：现在在你心里"绿"还仅仅是一种颜色吗？把你的思考所得总结成一个词语写在黑板上。（希望、热情、快乐、生机勃勃……）

（三）配乐齐读

同学们，想象着画面，带着我们的理解，去细细地品读诗中的美好意境和作者充满希望的情感。现在拿起课本，让我们一起去赏画中绿，一起去品心中绿吧！

朗读指导：在节奏上，由缓到快；在力度上，由柔和到铿锵。

（四）小结

艾青曾经说过这样一句话："诗是人类向未来寄发的信息，诗给人类以朝向理想的勇气。"这首诗写的"绿"不仅是大自然中的绿，更是作者心中的绿，是艾青对未来充满希望、对理想饱含热情的象征。

| 设计意图 |

每一个板块的学习活动都是读者透过文本与作者的一次对话。从初步感知，到品读意境，再到理解作者的独特情思，是读者与作者、学生与生活一次次走向深度对话的过程。

五、对比阅读，了解诗歌特点

（一）出示阅读链接：宗璞笔下的"绿"带给你们怎样的感受

（二）合作学习：对比阅读，赏析作品

学习任务三：对比着读《绿》和《西湖漫笔》。小组合作整理异同，完成学习单并交流。

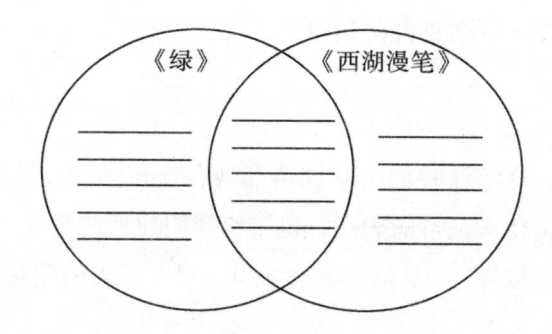

《绿》　《西湖漫笔》

（三）小组汇报

相同点：都写出了绿的色彩多和范围广，都体现了作者对绿的喜爱之情。

不同点：①文体不同。艾青的作品是诗歌，宗璞的作品是散文。②写法不同。《西湖漫笔》描绘的景象比较写实，而《绿》比较写意，更多地体现了诗人的独特感受。③感受不同。艾青笔下的"绿"，给人以热情和有希望的感受，情感更炽热；宗璞笔下的"绿"亲切可爱，温润人心。

（四）对比着读语文园地七中描写颜色的句子，学习不同诗人对色彩的不同表达方式

在我的窗前，有一棵白桦，仿佛涂上银霜，披了一身雪花。

白雾与远天晴空连在一起，晶白中透着淡蓝、青苍，一碧万顷。

那草滩的绿，绿得娇嫩；那菜花的黄，黄得蓬勃；而那湖水的蓝，又是蓝得多么醉人啊！

交流：很多诗人都喜欢写颜色，这些色彩背后往往藏着诗人独特的心境和感受。读一读这些描写颜色的句子，说说他们是怎么来写颜色的？

指导要点：有些诗人喜欢用颜色加上具体事物来表达（银霜）；有些诗人喜欢用两种不同的颜色叠加在一起来表达（晶白中透着淡蓝、青苍）；有些诗人会在颜色后面加上他独特的感受（绿得娇嫩、黄得蓬勃、蓝得醉人）。

交流：你们有收集到带有颜色的现代诗吗？找出来读给大家听一听吧！

思维拓展：同样是颜色，细读后我们发现了作者不一样的表达。小诗人们，你们能用上喜欢的颜色说两句吗？

（五）课堂总结

师：同学们，这节课我们一起读诗品诗，交流感受。诗歌明快的节奏和美好的意境不光是作者独特的表达，也带给我们独特的感受。"诗歌，能让我们用美丽的眼睛看世界。"希望大家继续用一双发现美的眼睛去欣赏这个世界的诗情画意。

| 设计意图 |

　　诗歌是诗人内心独特的表达。把诗歌和散文对比着读，把诗歌中不同的颜色对比着读，是通过这些文质兼美的语言、篇章让学生进一步建构起对现代诗特点的体会，并能用上这些方法去探寻更多诗歌的独特之美。

[板书设计]

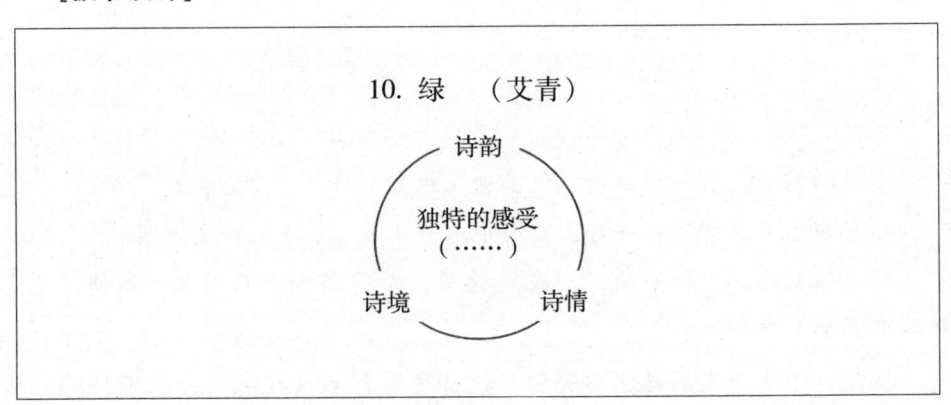

10. 绿　（艾青）

诗韵
独特的感受
（……）
诗境　诗情

（设计：徐颖　刘洁佚）

# 循着诗歌特点 朗读摘抄与创作
## ——《白桦》教学设计

**教材分析：**

  苏联诗人叶赛宁的《白桦》是现代诗歌单元的第三篇精读课文，选取的是顾蕴璞的翻译版本。继两篇中国现代诗后，教材选取一篇外国现代诗，旨在拓宽学生视野，引领学生走进五彩斑斓的诗歌世界。在前两课学习、收集和积累诗歌的基础之上，学生初步了解了诗歌的一些特点：朗朗上口的韵律、新奇的意象、独特的感受、真挚的情感。本课将进一步引导学生体会诗歌中词语运用所带来的音韵美，借助描绘雪中白桦的词语想象画面，感受白桦的"形象美"。同时，鼓励学生试着写写诗，表达自己的感受，写时要注意分行。

  叶赛宁从小生活在农村，十分热爱大自然，因此他的创作大都与自然、乡村、祖国有关。在诗人笔下，白桦宛如少女一般柔美、动人，且玉立于动态背景之中。意象的叠加共融，斑斓的色彩运用，构成了一幅富有动感的晨曦白桦图，使学生进一步感受到诗人独特的表达方式。补充相关资料，了解诗人借由"白桦"向世人展现的不仅仅是白桦的形态美、光泽变化的美，更是民族精神的美——"不畏严寒、傲霜斗雪"，感受作者对大自然的质朴热爱、对家乡的真挚情感、对祖国民族的深切爱恋。

  教学《白桦》时，和学生一起在读中悟，在悟中读，读出诗歌的"音韵美"，感受白桦的"形象美"，体会作者的"情感美"。同时，结合综合性学习活动，通过"学诗——读诗——写诗"的层层推进，让学生将所学化为所用，仿照诗句，试着当当"小诗人"，写写自己的感受。

**教学目标：**

1. 认识"绣、潇"等生字，会写"朦胧、毛茸茸"等词，抓住韵脚"桦、花、洒、画、霞、华"及字数相等的句子，读出现代诗的韵律美和节奏美。

2. 借助描绘雪中白桦的词语想象画面，感受白桦不同形态的美、光泽变化的美，从而整体感知白桦形象，体会诗歌中蕴含的真挚情感。

3. 结合综合性学习活动，试着写写现代诗，表达自己的感受，并和同学交流。

**教学重点：**借助描绘雪中白桦的词语，想象画面，感受白桦不同形态的美、光泽变化的美，从而整体感知白桦形象，体会诗歌中蕴含的真挚情感。

**教学难点：**结合综合性学习活动，试着写写现代诗，表达自己的感受。

**教学安排：**2课时

**教学设计：**

## 板块一　分享汇报　激发学生的兴趣

1. 回顾前两课的学习内容，明确学习起点。

2. 学生交流汇报前期收集、摘抄的诗歌进行朗读分享，教师相机评价、引导。这就是一场诗歌盛宴，我们也可以把同学们分享的诗歌统统收集下来。可是，这么多诗歌，要怎样收集才方便我们在以后的生活中阅读、查找呢？

学习任务一：以自己的阅读经验想一想可以在摘抄本上收集哪些内容？为了便于阅读和查找，还可以从哪些角度去收集诗歌？

指导要点：收集诗歌时，可以按不同诗人、不同内容、不同形式等分类进行收集，也可以根据同一诗人、同一主题等方式去收集、摘抄。

3. 我们可以把收集的诗歌出版成一册自己的《小诗集》。为了丰富《小诗集》的内容,我们一起去欣赏一篇别有风味的外国诗歌,走进百年前的俄罗斯自然风光,那将是怎样的一番美呢?让我们一起读读苏联诗人叶赛宁的《白桦》吧!

| 设计意图 |

  回顾前两课的学习内容,让学生基于已有知识来学习新知识。分享汇报前期诗歌收集、摘抄的成果,激发学生对诗歌的兴趣,并乐于分享,也为后续的诗歌朗诵会做好准备。结合单元语文要素"初步学习整理资料的方法"帮助学生丰富收集现代诗的途径和内容,引导学生明确接下来的摘抄可以多个角度进行分类整理,为"小组合作编诗集"做好铺垫。

### 板块二　借助词语,读出诗歌韵律美

1. 回顾前两课的学习方法,你们打算怎样读好《白桦》?

指导要点:读准字音,读出诗歌的节奏,边读边想象画面,读得有感情。

教师引导:请你们用学过的方法试着读读诗歌,注意读音要准确。指名读,检查读音。相机提示:"朦胧、徜徉"的读音。

2. 诗歌的美看似相同,却又各不一样。《白桦》这首诗中,藏着怎样独特的韵味呢?

学习任务二:读诗歌,想想《白桦》为什么读起来如此朗朗上口?

指导要点:关注韵脚,发现每个小节最后一个字读音相似,读起来朗朗上口。

3. 出示第一组词语:白桦　雪花　潇洒　如画

(1)指名读,随机正音"潇洒",提示"潇"是形声字,本义是"水清而深的样子",所以是三点水。联系生活经验,理解"潇洒"。

(2)这一组词语给你们留下怎样的印象?

指导要点:联系课文内容,想象这棵雪中的白桦,满树都是雪,而它枝头上的雪花还十分潇洒,如同一幅画一般。

（3）读诗歌，我们就要留意这些韵脚，一起来读读吧。

教师引导：诗歌读起来总是朗朗上口，原来秘密都藏在韵脚里。不过，在这首诗中，朗朗上口的秘密还有一个，等着我们去发现。

4. 出示第二组词语：雪绣的花边/潇洒　洁白的流苏/如画

（1）男生女生读，说说读起来感觉如何？

指导要点：字数相等，读起来很有节奏感。

（2）像这样对等的句式还有哪些呢？请你们找出来读给同桌听听。

（3）指名读。评价学生朗读，节奏是否准确，语调、语速是否合适。

（4）出示整首诗。请你们自己美美地读一读，读完后再美美地读给同桌听一听，互相评一评。

指导要点：读出韵律，读出节奏。

（5）指名读，齐读，感受诗歌的音韵美。

小结：正如朱光潜先生所说："诗和音乐一样，生命全在节奏。"这样一读，我们就读出了《白桦》里独有的音韵美、节奏美。读着读着，你们的眼前又出现了怎样的画面呢？

| 设计意图 |

在学习《繁星》（一三一）时，学生初步了解诗歌的韵脚"光、香、响"。"白桦、雪花、潇洒、如画"这一串词语展现出白桦带给作者的整体直观形象，以及局部特写感受，而这些词又恰好是诗歌的韵脚。教学时，借用词串让学生自主发现藏在其他小节的韵脚，进一步感受诗歌的特点。"雪绣的花边潇洒、洁白的流苏如画"一组词语，让学生发现各个小节的句式、字数相等的特点，感知诗歌富有节奏感。

### 板块三　想象画面，感知白桦形象美

1. 想象画面，感受雪中白桦不同的形态美。

（1）借助词语，边读边想象画面。

学习任务三：按照自己的节奏美美地读读一、二小节，边读边想象，说说你看到了怎样的画面？从哪些词想象到了这样的画面？

（2）朗读交流，感受白桦不同的形态美。

当学生自由交流想象的画面和感受时，教师相机引导，抓住"形态美"指导学生朗读。

相机出示：

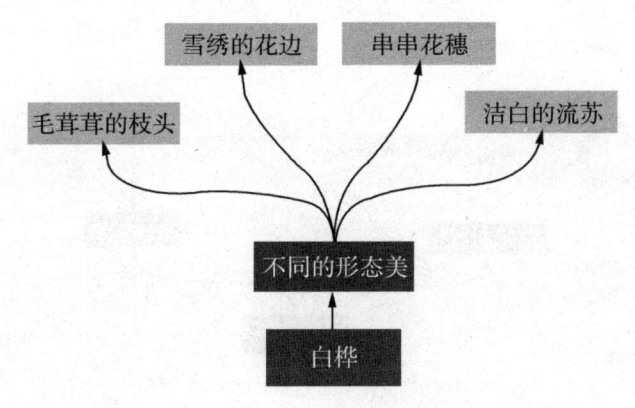

```
       雪绣的花边    串串花穗
毛茸茸的枝头              洁白的流苏
           ↘  ↓  ↙
         不同的形态美
              ↑
             白桦
```

指导要点：

①从"雪绣的花边"想象到白桦树好像一个女孩子，穿着洁白的裙子，裙子上的花边是用雪绣出来的，好神奇。

②了解"洁白的流苏"，想象白桦的裙子上有流苏，一穗一穗的，感受画面美。

③从"串串花穗"想象雪做成的花穗是白桦裙子上的装饰，感受白桦的美。

（3）请你们再带着自己的想象和感受美美地读给自己听。谁愿意美美地读给大家听？（抽生读、齐读）

教师引导：当好"鉴赏者"就要抓住描绘雪中白桦的词语，边读边想象画面，感受白桦如少女般柔美动人，如画卷般精美绝伦。诗人用自己的独特感受对寻常的事物加以丰富的想象，从不同角度展现了白桦的形态美。

2. 自主学习，想象雪中白桦光泽的变化美。

（1）自主学习三、四小节（出示学习单）试着用上刚刚的方法，自己去发现藏在诗歌中的白桦除了形态很美，还美在哪儿？

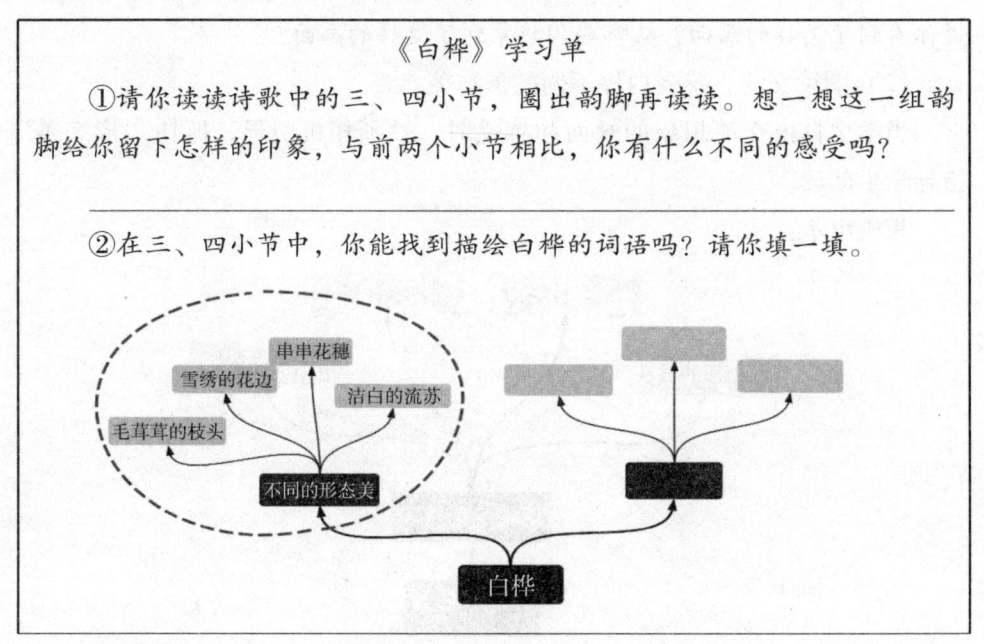

《白桦》学习单

①请你读读诗歌中的三、四小节，圈出韵脚再读读。想一想这一组韵脚给你留下怎样的印象，与前两个小节相比，你有什么不同的感受吗？

②在三、四小节中，你能找到描绘白桦的词语吗？请你填一填。

（串串花穗、雪绣的花边、洁白的流苏、毛茸茸的枝头 → 不同的形态美 ← 白桦）

（2）交流汇报。

教师引导：原来白桦还有着不同的光泽美，为什么光泽会发生变化呢？你们从哪些词中发现了秘密？

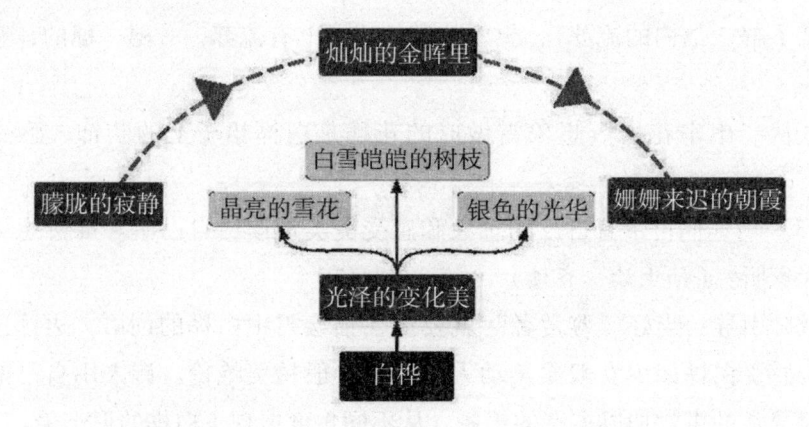

（朦胧的寂静、晶亮的雪花、白雪皑皑的树枝、银色的光华、姗姗来迟的朝霞、灿灿的金晖里 → 光泽的变化美 ← 白桦）

指导要点：感受随着时间的变化、光线的变化，白桦身上的雪的光泽在变化。

（3）师生合作朗读三、四小节。我们一起读出雪中白桦光泽的变化美。玉立在这寒冬的朝霞之下的白桦带给你怎样的感受？你们觉得这是一棵怎样的白桦？

指导要点：白桦即便是在白雪之下、严寒之中，它依旧挺拔、高洁、斗霜傲雪。

教师引导：这样一读，我们又读出了藏在诗歌中的白桦，不仅形态美，还有覆盖在白桦身上的雪的光泽的变化美。

（4）出示整首诗歌，配乐朗读。整体感受雪中白桦的形象美。

教师引导：诗人赋予寻常事物独特的美，而这一个一个独特的美融合在一起，就变成独特的景。难怪有人会说："诗歌，让我们用美丽的眼睛看世界。"

3. 链接作者，体悟情感美。

（1）教师引导：为什么在作者眼里，一株普通的白桦树如此动人、美丽？白桦常常出现在诗人笔下，这又是为什么呢？让我们一起走进诗人的世界。

（2）补充资料，了解诗人从小生活在俄罗斯的乡村，他与自然为伴，十分热爱大自然。在他眼里，大自然就是俄罗斯，而白桦是俄罗斯的国树，更是民族精神的象征。

（3）教师配乐范读《白桦》。思考：《白桦》这首诗中，饱含诗人怎样的真挚情感？

指导要点：

①白桦是自然景物，蕴含着诗人对大自然的热爱。

②白桦更是家乡的自然景物，与诗人的生活息息相关，也表达出对家乡的热爱。

③不畏严寒的白桦更是俄罗斯的国树，是民族精神的象征，因此，诗人借由白桦表达出自己对祖国的热爱。

（4）教师引导：请你饱含真情再来读读《白桦》，指名展示读。

小结：雪中白桦之美，美在不同的形态、光泽的变化、高洁的形象。这样一读，我们不仅读出了白桦的形象美，更感受到白桦身上"不畏严寒、斗霜傲雪"的精神美，以及作者对大自然、对家乡、对祖国深沉真挚的情感美。

| 设计意图 |

　　教师引导学习一、二小节，从韵脚到词语，让学生边读边想象画面，感受雪中白桦不同的形态美。在教学中渗透，诗歌中的意象是诗人赋予寻常事物的独特感受和丰富想象。通过不同方面的描绘，构成了一幅美丽动人的白桦图。通过学习方法，再让学生迁移运用到三、四小节，自主探索白桦之美不仅在于不同的形态，还有背景的变化、光泽的变化，感受白桦在金晖下的高洁、挺拔。结合相关资料，了解作者笔下的白桦更是民族精神的象征，感受作者真挚的情感。

## 板块四　尝试运用，试着当当"小诗人"

1. 链接交流平台，梳理诗歌特点。

（1）艾青说："诗是人类向未来寄发的信息，诗给人类以朝向理想的勇气。"我们不仅可以在诗歌里徜徉，还可以用诗歌表达我们自己的情感。怎么写呢？交流平台的小伙伴们可以来帮帮我们。

（2）出示交流平台。梳理总结诗歌特点：朗朗上口，想象丰富，感受独特，情感真挚。思考：你们从交流平台中得到哪些启发？

（3）出示例句：

| 这些事——<br>是永不漫灭的回忆：<br>月明的园中，<br>藤萝的叶下，<br>母亲的膝上。 | 春天的早晨，<br>怎样的可爱呢！<br>融冶的风，<br>飘扬的衣袖，<br>静悄的心情。 |

①读读诗句，找找诗歌里描绘了哪些场景或事物？把一个个事物融合起来，想象它们构成了一幅怎样的画面？

②第一首诗里，回忆了与母亲在一起的不同场景。第二首诗里，写了春天早晨不同的事物和诗人的心情。

2. 尝试运用方法，表达自己感受。

（1）出示学习任务。

学习任务四：回想你们的生活中有哪些让人印象深刻的场景呢？或是你喜欢的季节、时间又给你们留下怎样的印象？请你仿照诗歌尝试着自己写一写吧，注意写诗歌时要分行。

（2）在小组内互相欣赏、评价。

指导要点：写诗注意分行，写出自己的想象，写出不同的事物，写出自己的感受。

（3）全班展示。

课堂小结：《白桦》之美，美在诗歌的韵律、白桦的形象、诗人的情感。诗人正是赋予一个个平常的事物以新奇的想象、独特的感受，构成了一幅动起来的画面。华兹华斯说："诗是强烈感情的自然流露，它源于宁静中回忆起来的情感。"在以后的生活中，希望我们能用美丽的眼睛看世界，用诗歌表达心里独特的感受和情感！

| 设计意图 |

本课教学以"活动"为主线，从"分享诗歌""学习诗歌"到"创作诗歌"，旨在让学生把所学化为所用。通过"总结特点""学习例句"到"仿写创作"，让学生进一步感受诗歌的特点，从而回扣单元语文要素，也为接下来的合作编小诗集、举办诗歌朗诵会做好铺垫。

[板书设计]

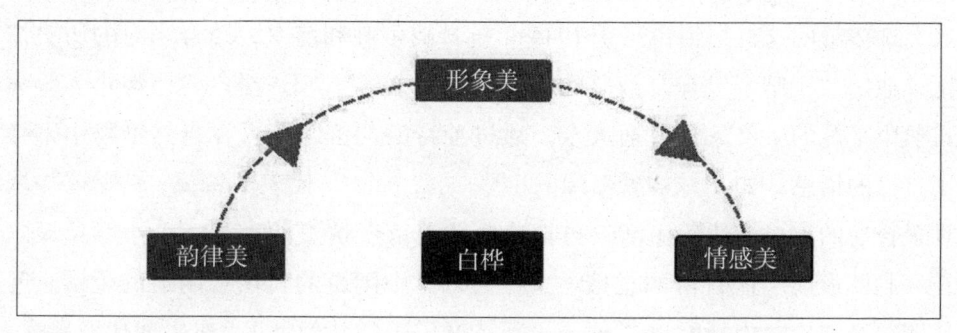

```
          形象美
        ↗      ↘
    韵律美   白桦   情感美
```

（设计：徐 颖　代函益）

# 循着诗歌特点　阅读想象与创作
——《在天晴了的时候》教学设计

**教材分析：**

《在天晴了的时候》是统编小学语文教科书四年级下册第三单元的最后一篇略读课文。本单元是现代诗教学单元，语文要素提出"初步了解现代诗的一些特点，体会诗歌表达的情感"。围绕这一要求，本单元安排了三位作家的现代诗作为精读课文，通过这三篇精读课文的学习帮助学生通过朗读"体会诗歌的韵味"、通过欣赏诗歌中大自然的景象体会诗人的感受，在反复诵读中"体会诗歌表达的情感"。"韵味""意象""情感"是隐藏在课后题中教材想要传递给学生的现代诗的一些特点，朗读、留心诗歌中描写自然景物的词语、关注特别句式带给人的印象和感受则是学生学习现代诗的一些方法。

戴望舒的这首抒情诗写于 1944 年抗日战争胜利前夕，结合当时的历史情况，他用"天晴了"象征战争的结束，用"小草""小白菊""凤蝶儿"等大自然中平凡的生灵象征普通大众。通过独特的词汇，诗人在自然景物中寄托了自己的情感。如"炫耀着新绿的小草"，"新绿"代表了希望，"炫耀"展现最普通的人也能快乐生活。再把这些藏着诗人情思的一个一个小意象聚集在一起就形成了这首诗的意境——在大自然中闲游的自由、闲适的生活。叶圣陶曾经评价戴望舒的诗"创造了新诗音乐美的新纪元"。作为现代派诗人，戴望舒所张扬的风格是用现代语言表现现代人的现代情感。而其中指涉的音乐美，是法国象征派诗人所运用的手法，即在诗歌的句子中间利用特有的技巧，比如重复、停顿，把诗的节奏加快或者放慢，从而更好地传递诗情。独特的遣词造句造就了诗歌独特的韵味，这在本首诗中也有具体的体现。

本课教学本着鼓励学生运用已有方法自主实践的目的，应将这一首诗歌的特点与本单元的整体编排相结合，引导学生循着"音韵""意象""意境"这些现代诗的特点，通过朗读、品读、感受等方式去体会属于《在天晴了的时候》这首诗独有的音乐美、意境美和情感美。

**教学目标：**

1. 能正确、流利地朗读整首诗，读好韵脚和节奏，感受诗歌的"好听"。
2. 能留心诗中的自然景物，边读边体会诗人赋予自然景物的情感，仿造句式进行创作，感受诗歌的"好看"。
3. 能结合诗歌的创作背景，体会诗人的情感，感受诗歌的"好有意思"。

**教学设计：**

### 板块一　解题引入，链接生活经验

1. 今天我们要一起来读一首现代诗，这是题目，谁能读？
2. 在你们的印象里，天晴了以前是怎样的景象？天晴了的时候又是怎样的景象？

| 设计意图 |

唤醒学生的生活记忆，让整首诗的学习有一个明媚的、充满希望的基调，为理解诗歌的情感做铺垫。

### 板块二　练习正确、流利地朗读整首诗，读好韵脚和特别的词句，感受诗歌的"好听"

1. 在诗人戴望舒的眼里，天晴了的时候是什么样的呢？我们去读一读吧。

请你们借助拼音，读准字音，读通诗句。

（1）自己读。

（2）请三位同学来读，纠正读音。（指导学生了解一些较难的生字词的意思，比如"曝着"和"晕皱"）

（3）全班齐读。

2. 这首诗好听吗？哪儿好听？（诗歌像音乐，我们来找一找哪儿好听）

（1）押韵让诗歌好听。（出示带韵脚的词语读一读）

（2）叠词来让诗歌好听。（出示叠词读一读，轻轻读）

（3）有的快读，有的慢读。

（4）特别的诗句让诗歌好听。（出示三个字与四个字的对应，想着快乐的感觉。读得轻快点儿）

（5）特别的标点符号也让诗歌好听。（指导读破折号的句子，提示：读慢一点，顺着诗人的目光看久一点）

（6）重复的句子让诗歌好听。（找一找重复的句子，读一读）

（7）请你再读一读，把这首诗读得更好听。

（8）小结：好听。

| 设计意图 |

　　戴望舒的诗歌非常讲究音乐美，他学习法国印象派诗人的创作特点，用特别的词和句来改变诗歌的节奏快慢，从而让诗歌具有音乐般的美感。教学时老师在分析文本的基础上有效引导学生关注诗歌中的音乐美，让学生通过朗读爱上这首诗。

**板块三　有感情地朗读第一小节，寻找意象，感受诗歌的"好看"**

1. 学习"在天晴了的时候，请到小径中去走走"。

（1）这首诗，除了好听，还好看，一起去小径中去看看吧。（读句子）

（2）"小径"是什么？小径中能看到什么？

留心":",诗人用这个符号告诉我们,他看到的都在下面呢。如果写完了,他就用"。"来表示,如果看到的景物很多,他会在中间加上";"。数一数共有几个分号和句号。

2. 学习后面几个分句。

(1) 读第一小节,都有谁?你们喜欢谁就把相应的诗句多读几遍吧。

(2) 都有谁?(板书:泥路、小草、小白菊、凤蝶儿)

(3) 你们喜欢谁?读一读关于它的诗句。

相机点评:

一脚踩下去,软软的泥从你的小脚丫里冒出来,温柔吧?再读。(板书:温柔)

不再胆怯的小白菊,每一个花瓣都绽放了,真美。再读。(板书:不再胆怯)

加上一个"新"绿得怎么样?难怪最普通的小草今天也很自信,像小朋友穿了新衣服一样,要小小炫耀一下,可爱极了。再读。(板书:炫耀)

不错。(板书:智慧)

(4) 再读一读(黑板上的词),这些是人吗?怎么会温柔?会胆怯?会炫耀?会有智慧?

(5) 带着这样的喜爱之情,让我们一起到小径中去走走吧,再读第一小节。(朗读第一小节,完整感受意境,发现表达的特点)

3. 模仿创作。

你还会看到谁?也像诗人这样写一写。理出描写意象的句式:(　　　)的(　　　),在(　　　)。

4. 小结:好看。

| 设计意图 |

　　戴望舒的诗歌塑造了自然域、个体域和社会域三大认知范围,完成了认知主体周围的自在信息与认知主体主动创造的再生信息之间的映射空间,即通过特殊的词汇与自然景物的结合,创造出独特的意象,体现了作者独特的情感。

学习时引导学生先找到自然信息,再结合带着诗人情感的词汇体会再生信息中的情感,并在情景中学习诗人拟人的写法,尝试创作自己的诗句。

### 板块四  有感情地朗读第二、三小节,体会意境与情感,感受诗歌的"好有意思"

1. 读到这里,你们觉得诗人爱谁?(板书:爱大自然)

2. 继续读诗,感受诗人对大自然的爱。读第二节,感受走进大自然的快乐。读第三节,感受陶醉在大自然中的快乐。诗人仅仅是爱大自然吗?他爱的是像大自然一样自由快乐的生活。

3. 思考:爱大自然,爱自由的生活不是很普通的事情吗?要读懂这首诗,还要读一读作者和他生活的时代。(出示背景资料,体会诗歌中的象征手法)

4. 小结:好有意思。

| 设计意图 |

　　读诗也是读人。在这首诗中诗人运用了象征的表现手法,用"天晴了"来象征战争的结束,用"小草"等大自然中微不足道的事物来象征普通大众,体现出诗人对大自然自由、悠闲生活的向往。只有读出了这样的情感,才算是理解了本诗的主旨。但是对于四年级的学生来说,"象征手法"只是一个概念,不宜直接给他们,教学过程中借用诗人的创作背景来帮助学生体会诗人的情感就显得很自然了。

(设计:徐  颖)

# 名师评说

行走在能力极限的边缘/张咏梅

语文路上的好伙伴/薛法根

# 行走在能力极限的边缘
——徐颖印象

第一次听"行走在能力极限的边缘"这句话是2013年在上海市教育评估院不大的会议室里，精瘦的顾泠沅老先生强调这是成为卓越教师必须经过的阶段。顺着老先生的描述每个人都可以想起曾经的过往，真正让我们长本事的都是当初令人头痛的困境，所以，我们常常也在感叹"痛并快乐着"，这种快乐是那种丰厚而深刻的快乐。尽管人有趋利避害的本能，也有贪图安逸的本性，但优秀的人从来都是直面挑战，迎难而上，以"痛饮生活的满杯"为更高的追求。

2018年，工作了22年的徐颖经过网络海选和专家推荐，获得了第三届小学语文十大青年名师的称号，我给她写了颁奖词："在网络投票的过程中，徐颖的学生家长把她叫作'刚需'老师，的确，她一直以一种自然生长的节律执着于教学研究和个人成长，很慢，但很扎实。这个过程中最重要的元素有三：个人发自内心对语文的热爱以及持续不断的积累；高规格任务平台展示激发的爆发式进步；系统理论学习带来的思想突破与深度研究能力。祝贺徐颖老师！希望她的入选能激励更多优秀的语文老师成长为我们这个时代需要的刚需老师。"这样的徐颖在世人眼中已属优秀，这个深爱专业、深爱咖啡的老师已过不惑，从容优雅地过着自己的生活，我们都觉得她的日子就应该这样理所当然地延续。

没想到，2019年她选择了从头再来，去了重庆最"年轻"且还没有专门教研机构的两江新区做专职语文教研员。于是，她开始了各种能力极限的体验，我常常在电话里清晰地感受到她的忙碌、疲惫，但还好，她没有丝毫的后悔与埋怨。我也直言，这一年，啥都不要说，就是连滚带爬唱念做打练功夫，至于结果如何，一年后再说。

后来，她感慨，行走在能力极限的边缘是最准确的表述。

知识不够用，重新架构专业阅读。徐颖入职教研员的那一年正是统编教材全面使用的第一年，如何正确理解、有效使用统编教材，过往的经验捉襟见肘，她必须重新规划专业阅读。

再次捧起《教育心理学》，她说：大学时是为了考试读，后来是为了上好课有选择地再读，现在是必须要系统深入地读，把《教育心理学》与统编教材结合起来读，用教育心理学原理解读教材、解读课堂。

四年级上册阅读策略单元要录光盘课附在全国发行的教参上，徐颖承担了这个任务，课后她这样反思：解决这个难点的关键在于弄清本课教学中"问题"和"提问"之间的关系。在学习的认知理论的联结主义模型中，知识表征的关键是结点之间的联系，而不是结点本身。这恰恰是提问策略教学的奇妙之处。学生本课要学习的有用知识不是"问题"本身，而是通过梳理提出的"问题"，学习如何提问。

徐颖的另一个专业阅读重点是文本解读。原本只喜欢读《红楼梦》《托斯卡纳艳阳下》的徐颖，如今为了研究解读文本的方法一头扎进《水浒传——金圣叹批评本》《三国演义——毛宗刚批评本》中，乐此不疲。她说："我从来没有像现在这样渴望学习。"

徐颖的第一个能力极限以这样安静的方式慢慢拓展，可是她面临的远不止一个极限。喜欢独处，沉迷于个人小世界的她意识到，新岗位需要打开自己，拥抱世界。作为两江新区第一个专职教研员，新区领导和广大老师都对她寄予了殷殷期待。开学前的第一次全区教师培训，她独当一面，需要协调场地、人员、设备甚至就餐,需要设计课程、邀请专家,800多位老师需要分组、设计小组活动。没有任何经验,那就逢山开路,遇水搭桥。培训的那天早上,她主动发位置导引,主动站在学校门口迎接,主动介绍培训准备情况,一切看起来都很平常,但这对于以前更多关注自我的徐颖是一个崭新的起步。这一连串的细节让我知道她的心理调适、角色定位已经逐步到位。从刚刚到岗有序高效组织全区第一次教师培训会开始,教研活动、课题研究、学校调研、课程开发、学业评价……新角色带给她的每一个挑战她都稳稳地接住,背后是口干舌燥的沟通、熬夜加班的付出。这其中需要改变的又是什么?她说:"我变勇敢了,和人沟通少了很多胆怯。我变得更有行动力了,想好了就做,事情太多,没有时间犹犹豫豫、瞻前顾后。我变得更理解人了,换一个工作的角度,忽然就更加理解别人的难处。我还变得更有担当了,因为没有任何退路……"也许连她自己都还没有意识到,行走在能力极限边缘的她已经在不知不觉中推动着自己的社会行为能力提升。经由教研员这个岗位,她与社会的链接更加广泛和深入,她被"抻大"了。

走出舒适区会让人被迫改变,但是如果一切的改变都是被迫的,那么改变的意义也许还不够大。面对新的开始,徐颖没有丝毫后悔和埋怨才是她最有价值的改变。"很神奇,"这是她对新工作、新生活的评价,"事情很多,但是它们彼此之间相互联系,我似乎能感觉到一种能量的流动,从专业发展中流出,又会最终流向、推动专业发展。"这番话很打动我,因为它让我感受到行走在能力极限的边缘其实是徐颖基于对专业的热爱和发自内心的主动选择。只有改变符合一个人的内在发展愿望时,一切才显得有意义,而看似琐碎的工作才会相互联系,构成一个人的完整生活。只有完整的生活才配得上幸福这两个字,这才是教育者应该追求的境界——过一种幸福、完整的教育生活。

在我的眼里,徐颖的职业生涯走过了三个阶段:喝着咖啡读历史读哲学;借由对课堂教学的研究推开一扇窗,窥探外面的世界;走出舒适区,更深、更真地走进丰富的教育生活。这个过程更像是一个教育者逐渐走出小我，不断打开原有边界，丰富教育人生的过程。

从徐颖身上，我看到教师成长最可贵的内在动力，那就是始终保持对世界和自己的好奇心。顾泠沅先生说的"行走在能力极限的边缘"需要的前置动因就是这份好奇心——想探寻未知的世界，想看到未知的自己。而教育最重要的不就是去传递这份深沉的动机，去影响更多人，以能量生更大的能量吗？

希望徐颖的故事能给更多的老师以勇气和力量。

（张咏梅　重庆市教育科学研究院初教所）

# 语文路上的好伙伴

一个人的成长离不开他的"成长圈"。不同的"成长圈"带给人不同的成长动能和发展机遇。一个要超越自己的人就要寻找新的"成长圈",和陌生的人在一起,你会看到不一样的风景。组块教学就是一个"成长圈",来自全国各地的语文老师在这里成为研究的伙伴,分享彼此的思想和经验。徐颖,就是这样一个语文路上的好伙伴。

**爱上语文课**

徐颖是重庆两江新区的小学语文教研员,也是组块教学重庆试验区的负责人。我认识她的时间不算长,她给我的第一印象就是喜欢上课。

2017年9月,我收到"千课万人"发来的一节视频课,邀请我作为指导老师为这节课写一段点评,执教者就是徐颖。一个月后,我受邀到上师大为重庆的国培班老师做讲座时见到了她本人。她主动向我请教,因为她的那节课修改后还要在11月的"千课万人"活动中上现场课。虽然我工作的学校离上师大不算远,但由于工作繁忙,始终没有抽出时间来和她交流。大约两周后的一天,我收到徐颖发来的一封电子信,信中详细说明了她对《太阳是大家的》这节课的思考,同时还结合在上师大的学习提出了她自己对现代诗教学的一些想法。看得出来,她做足了功课,对课堂教学有着一份真心的喜爱,所以我也很认真地给她回复了自己对这节课的一些看法。听说这节课经过她和团队老师的再次打磨后,在"千课万人"活动中获得了周一贯先生的好评,很是替她高兴。

　　这以后，徐颖时不时会和我讨论一些她在课堂教学中遇到的问题。她好学，乐思，还能在繁忙的工作生活中保持对课堂教学的探索热情，本身就是难能可贵的。透过徐颖的朋友圈，或者在一些教学交流活动中，常常看到她充满热情地思考着一堂一堂的课，每一堂精彩的课背后其实都是她辛苦的探索和无数次失败的尝试。她也会发一些磨课的动态，言语中都是享受。如果能把磨课的过程当作一种享受，我想她应该是真的喜欢上课。所以，看到她录制《教师教学用书》的提问策略课，被评为全国十大青年名师，参与研究的课在全国赛课、全市赛课中获得第一名的好成绩时，我也由衷地为她点赞。

　　不过，认识一堂课有时不能单看比赛的成绩，还需要有理论的思考，有深入课程和学科本质的探索。徐颖指导的《四季之美》一课设计很精致，对文本的分析也很深入，在重庆市的赛课中获得了第一名的好成绩，也有幸得到了陈先云先生和吴忠豪教授的点评。专家的点评不全都是赞同的声音，也有质疑的声音。她也请教过我对这堂课的看法，专家的观点引发了她对课堂教学更加深入的思考。也就是从那时候起，徐颖开始学习组块教学，学理论，看课例，将新的思考运用于自己的教学实践。她告诉我说，她又修改了《四季之美》，自己去课堂上再实践。敢于尝试，善于反思，我相信喜欢上课的徐颖一定能找到教学的秘诀。

### 一起上好语文课

　　2021年4月，重庆两江新区16所实验学校加入了组块教学的研究，成为重庆市第一个组块教学试验区。通过两江新区组块教学公众号，我发现喜欢上课的徐颖已经带动了一群老师共同研究，一起进步。特别是2021年暑假，她带着20几位实验校的老师来到程开甲小学参与学习活动，老师们态度认真、学习能力强，白天听课，晚上还要自己开会研讨，并把学习心得及时地发布在公众号上。每一期公众号的质量都很高，让我们很感动。这与徐颖的认真努力是分不开的。她刚刚调入教育发展研究院，工作很繁忙，也没有了假期，但她还是抽出时间自费赶过来学习。她告诉我说，和老师们一起学习，及时交流研讨，效果一定更好。

  2021年11月25日、26日，在组块教学专题直播活动中，我们有一个各地实验学校研究情况的短视频展播。两江新区实验校的视频中出现了这样一组数据：截至2021年11月，短短的7个月时间里，实验校的老师们开展读书活动30次、教学研讨16次、市外专题学习20人次、推送项目公众号22次、形成课例13节、形成论文15篇、参与教师4000人次、公众号最高浏览量达8209次。数据的背后是重庆两江新区实验校老师们学习和专业成长的热情，以及对课堂教学共同的爱。一个人可以走得很快，一群人却能走得更远。看到徐颖用自己的教育热情唤醒了更多人的教育热情，我很感动，也很替她高兴。因为喜欢上课的徐颖找到了更多志同道合的同伴，一起研究，一起努力，一定走得更远。

**从上好课到写好文**

  我曾讲过，上课和写文章是一回事，因为这两者之间有相通之处，都需要想清楚、想透彻，先想，再做。思考的内容也是相通的，比如：老师教什么？学生学什么？老师怎么教？学生怎么学？就是要总结提炼我们在教学实践中关于教学内容、教学方法、教学策略的一些思考。更重要的是，文章写好了，课也会有进步，因为写文章的人会看别人的文章。学得多了以后，看教材的视角也就不一样了，他会从写作者的视角来发现课文中语言文字运用的奥妙，比如谋篇布局，比如遣词造句，这样就促进了专业的进步。同时，如果老师自己会写文章，就会有更多好的经验传授给学生；教研员自己会写文章，就会有更多好的经验传授给老师们。

  徐颖作为喜爱上课的老师，同时也是一名教研员，教育写作对她来说就尤为重要。我第一次读她的文章是她发表在《小学语文教学》上的《二次成长的故事》，很生动，但她发表的教学论文却不多见。她很坦诚地说做教研员以前不太重视教育写作，并表示正在积极学习，补上这一课。徐颖是勤奋的，我相信假以时日她会写出不错的文章。但是2021年7月当她向我请教如何写一整本书并表示写作时间只有半年时，我觉得困难有点大，建议她先整理自己已有的资料，看看有什么。同时，我也追问了她几个问题：你的教学观点是什么？有什么自己的特点？有什么好的经验是值得大家学习的？也许我的追问太直接，她一时回答不清楚，显得有点忐忑。不过她用这样一段话来表达了自己要完成写作任务的决心，她说："对教育的认识如果仅仅停留在'喜欢上课'，也许职业生涯就流于经验和感性的'玄谈'了。一定要'逼'一下自己。"虽然具体不知道她打算怎么"逼"自己，但 2021 年年末，她果真发来信息说已经基本完成了组稿。从徐颖发的公众号中可以看到本学期她所在区域的教研活动很频繁也很扎实，比如在"课改中国行公益直播"活动中指导老师上课，相应的教学设计和设计思考很快就在公众号中推出了。原来，徐颖就是用这样的方式将工作、学习、实践与写作联系起来"逼"自己成长的。

一本书，一个人，一串有笑有泪的语文故事，沉淀为一段美好的成长记忆。徐颖的文字朴实而又温暖，正如她的为人。如果你有这样的语文伙伴，真的是一件幸运而又幸福的事。巧的是，你我都遇到了，真好！

（薛法根　江苏省苏州市教育科学研究院）